FISCHER

KRISTINA PFISTER

TAGE IM WARMEN LICHT

ROMAN

FISCHER

Aus Verantwortung für die Umwelt hat sich der S. Fischer Verlag zu einer nachhaltigen Buchproduktion verpflichtet. Der bewusste Umgang mit unseren Ressourcen, der Schutz unseres Klimas und der Natur gehören zu unseren obersten Unternehmenszielen.

Gemeinsam mit unseren Partnern und Lieferanten setzen wir uns für eine klimaneutrale Buchproduktion ein, die den Erwerb von Klimazertifikaten zur Kompensation des CO_2-Ausstoßes einschließt.

Weitere Informationen finden Sie unter: www.klimaneutralerverlag.de

Dieses Vorhaben wurde im Rahmen des Stipendienprogramms des Freistaats Bayern *Junge Kunst und neue Wege* unterstützt.

Bayerisches Staatsministerium für
Wissenschaft und Kunst

Die Arbeit an diesem Roman wurde zudem unterstützt vom »Grenzenlos«-Stipendium des Verbands deutscher Schriftstellerinnen und Schriftsteller, (VS), Regionalgruppe Mittelfranken in Kooperation mit dem Prager Literaturhaus deutschsprachiger Autoren, dem Amt für Internationale Beziehungen und dem Bildungscampus der Stadt Nürnberg sowie der Akademie Faber-Castell, Stein. Ein Dank gilt dem Literaturhaus Prag für die Unterstützung.

Pražský Prager
Literární Literatur
Dům Haus
autorů německého jazyka deutschsprachiger Autoren

MIX
Papier | Fördert gute Waldnutzung
FSC® C014496
FSC www.fsc.org

Originalausgabe
Erschienen bei FISCHER Taschenbuch
Frankfurt am Main, September 2023

Redaktion: Volker Jarck

Satz: Pinkuin Satz und Datentechnik, Berlin
Druck und Bindung: GGP Media GmbH, Pößneck
Printed in Germany
ISBN 978-3-596-70877-2

SOMETIMES I HEAR MY VOICE
AND IT'S BEEN HERE
SILENT ALL THESE YEARS

Tori Amos – Silent all these years

EIN BISSCHEN ZAUBER

OMA HANNE TRÄGT ihr schönstes, zitronengelbes Kleid, auf dem passenderweise auch Zitronen abgedruckt sind, und sieht aus wie einer meiner tollsten Filzstifte, zweifarbig, gelb und orange, und sehr, sehr leuchtend. Alle gucken blöd, weil man bei Beerdigungen was Schwarzes anziehen muss, sagt Mama, aber meiner Oma ist das egal.

»Er mochte das Kleid sehr«, sagt sie und isst einen winzigen Bissen von den gerösteten Semmelknödeln, von denen meine Eltern sagen, das sei kein angemessener Leichenschmaus, aber es ist das Lieblingsessen von meinem Opa, sagt Oma. Leichenschmaus klingt eklig und ich habe keinen Hunger. Immerhin ist mein Opa gestorben, und obwohl ich erst sieben bin und noch nicht so ganz genau weiß, was das bedeutet, weiß ich doch, dass es heißt, dass er nicht mehr da ist.

Ich vermisse ihn, er war nett, still und nett.

»Ich hab auch keinen Hunger«, sagt Oma Hanne, »und ich will auch gar nicht hier sein.«

Von der Wirtschaft im Ort gehe ich mit meiner Oma zurück zu ihrem Haus am Stadtrand. Bei ihrer Freundin Martha gegenüber ist es gemütlicher, sagt Oma, also setzen wir uns dort zwischen Blumen- und Gemüsebeeten auf ein Steinbänkchen, obwohl Martha nicht da ist, weil sie gerade irgendwo auf einem Markt ihr gutes Apfelmus verkauft. Die Steine sind noch warm von der Sonne. Letztes, mildes Licht, dunkelrote, weiße und pinke Rosenblüten, die beinahe zu glühen scheinen. Bei Martha fühlt man sich wie in einem Hexenhaus, und es gibt immer was Leckeres zu essen, und ich brauche jetzt ein bisschen Zauber.

Meine Oma hat einen Schlüssel, und sie holt kalten Pudding aus dem Kühlschrank, »weil, was Süßes geht immer«, und gemeinsam sitzen wir in Marthas Garten unter der alten Eiche und löffeln Vanillepudding aus einer großen Schüssel, der viel zu flüssig ist, weil es eigentlich eine Vanillesoße ist, die auf einen Apfelauflauf drauf sollte, aber der ist schon aufgegessen und nur die Soße übrig. Meine Augen jucken vom vielen Weinen und Oma streicht mir mit großen Händen über den Rücken.

Mama hat gesagt, ich muss jetzt ganz stark sein, aber ich will weinen und hier mit Oma sitzen und traurig sein. Ich wische mir meine Nase mit meinem Ärmel ab und sage: »Ich will gar nicht stark sein.«

»Das ist total okay.« Oma schnipst einen Käfer von ihrem Knie, der sich dort auf die ganzen Zitronen setzen wollte. »Das stimmt nämlich gar nicht, dass man immer stark sein muss.«

»Nicht?«

»Nee. Manchmal ist das sogar hinderlich, wenn man stark ist.«

Das verstehe ich nicht, und nehme noch einen Löffel Pudding. »Aber du bist doch immer stark«, sage ich und denke an ihre riesigen Hände, die immer arbeiten und zupacken und anpacken. Außerdem habe ich Oma auch noch nie weinen sehen.

»Nee«, sagt sie. »Nicht immer. Und guck mal, wenn wir beide jetzt so tun würden, als wären wir stark, müssten wir da unten beim Wirt hocken und Semmelknödel essen und Schwarz tragen und schwitzen und dürften keine Miene verziehen. Und ich sitze viel lieber hier mit dir und esse Pudding und weine ein bisschen.«

»Du weinst doch gar nicht.«

»Doch, schon ein bisschen.«

Anscheinend weint Oma unsichtbare Tränen, aber das ist okay. Manche Tränen sind vielleicht unsichtbar besser als sichtbar.

Im Hof bremsen Fahrradreifen, schlittern über den staubigen Boden, und ich weiß, noch bevor seine Fahrradglocke klingelt, dass es Henners ist, der angefahren kommt, um mich zu trösten. Er lässt sein Fahrrad fallen und winkt, und dann sitzen wir zu dritt auf die kleine Bank gequetscht und essen Vanillesoße, die auf Omas Schoß in unserer Mitte steht, und schweigen, und Omas Hände streichen über unsere beiden Rücken, warm und schwer.

»Wieso sitzt ihr denn hier bei Martha?«, fragt Henning schließlich, »ich hab euch fast nicht gefunden.«

Oma Hanne und ich sehen uns an. »Weil es hier gemütlicher ist, natürlich«, sage ich, und Oma nickt. Ich denke an das Eierschalen-Haus gegenüber und meinen Opa, der dort gern am Fenster saß und rausguckte auf seine Apfelbäume.

»Ich find's drüben aber auch gut«, sage ich entschieden, und Henning, der nicht ganz so überzeugt wirkt, sagt: »Habt ihr eigentlich immer da gewohnt, du und der Hermann?«

»Nee«, sagt Oma.

»Wieso nicht?«, fragt Henning. Er hat ein bisschen Vanillesoße über der Lippe kleben.

»Manchmal muss man mal raus«, sagt Oma.

»Echt?«, fragt Henning skeptisch.

»Manche Leute schon«, sagt Oma. »Manchmal passiert was, dass man mal weg muss.«

»Was denn?«, frage ich.

»Das Leben«, sagt Oma, und weil ich wieder nichts kapiere, esse ich noch einen Löffel Pudding. Henning nickt langsam, als würde er genau wissen, was Oma meint. Die Schüssel ist fast leer und man muss schon kratzen, damit man noch einen ganzen Löffel zusammenkriegt.

»Gehst du jetzt weg?«, frage ich.

»Nö«, sagt Oma. »Jetzt nicht.«

Ich bin erleichtert. Henning schleckt mit dem Finger die Schüssel leer und Oma murrt irgendwas davon, dass sie ein Insektenmagnet ist in diesem Kleid, und das stimmt, um uns schwirrt und surrt es, und dauernd landet eine Fliege auf ihrem Schoß oder ihrem Busen oder ihren Armen.

»Das ist, weil du so gelb bist«, sagt Henning, »Käfer fliegen immer ins Licht.«

Oma lächelt und ich denke, dass Henning recht hat, meine Oma ist irgendwie ein bisschen wie Licht. Ich kuschle mich an ihren Zitronenbauch und lege den Kopf an ihre knochige Schulter.

»Ich glaube, ich will einen Hund«, sagt Oma.

KAPITEL 1

WIR SCHLIEFEN ALLE schlecht in diesem September, Linni wegen ihrer Schulangst, ich wegen des Briefes in meiner Schublade und Bootsmann, weil er sein Frauchen vermisste.

Der Hund hatte die Angewohnheit, um Punkt zwanzig Uhr anzufangen zu jaulen und dann so ziemlich bis vier Uhr morgens nicht mehr damit aufzuhören.

Er trauert, sagte Linnea, und ich kaufte uns Ohropax und dem Hund Baldriantropfen, die ich unter sein Futter mischte, aber nichts half. Wir hatten ihn im letzten Juli zu uns genommen, gleich nachdem meine Oma beerdigt worden war und Martha mit dem Testament gewedelt hatte. Bootsmann und das Haus waren für mich, und weil ich das Haus nicht wollte und mich keine zehn Pferde zurück in dieses Kaff gebracht hätten, musste der stinkende, alte Hund zu uns nach München ziehen, ob er wollte oder nicht.

Und er wollte eher nicht. Das erste halbe Jahr verlief glimpflich, er wirkte verwirrt, schien aber anzunehmen, dass meine Oma Hanne doch noch irgendwann käme, um ihn abzuholen. Stundenlang harrte er vor der Wohnungstür aus, bellte, sobald ein Nachbar vorbeiging, und sah dabei aus wie ein zusammengerollter, verfilzter, aber sehr aufmerksamer Fußvorleger, eine dieser Würste, die man gegen Zugluft unter Türenschlitze klemmt. Ein Teppich, an den man ein paar dünne Äste als Beine montiert hatte, so hatte er schon immer ausgesehen, und er war vermutlich nicht gerade der Hellste. Man musste aufpassen, dass man nicht auf ihn trat oder über ihn stolperte. Meine Oma Hanne hatte ihn damals aus einem Wurf von Mischlingen von ihrem Nachbarn die Straße runter bekommen, weil er so hässlich war, dass niemand sonst ihn wollte. Oma hatte ihn abgöttisch geliebt, er war mit Fleischabfällen und Hundewurst zu einem riesigen Vieh herangefüttert worden, hatte ständig Probleme mit seinem Leberfett und Cholesterin und hörte erst bei uns auf zu fressen. Jetzt musste man ihn dazu zwingen, musste ihm seine Leckerli unter normales Futter mischen, die er sich dann herauspickte, und ab und an überlegte ich, ob ich wie bei einem Kleinkind ein Flugzeug mit einem Löffelchen Trockenfutter in sein müffelndes Maul fliegen lassen sollte.

Er war zu groß für unsere Dreizimmerwohnung, seine Krallen kratzten über den Parkettboden und er haarte unser Sofa voll. Wir gingen abwechselnd mehrmals am Tag mit ihm raus, hauptsächlich ich, während Linnea den Rest ihrer Ferien genoss und meine Augen viereckig geworden waren vom vielen Scrollen durch Jobportale und vom Schreiben von unzähligen, immer gleichen Bewerbungen: *Ich bin sehr motiviert, engagiert, interessiert, ich freue mich darauf, Ihnen meine Fähigkeiten in einem persönlichen Gespräch …*

Ich ging lange mit Bootsmann spazieren, wagte mich sogar ans Laufen, kaufte mir Joggingschuhe und jagte ihn eine Runde durch den Westpark. Und trotzdem schien nur ich erschöpft und der alte Hund fing spätestens nach der Tagesschau an zu jaulen. Linnea hörte ihre Hörspiele und Podcasts und schlief meistens dabei ein, nur um dann, gegen ein Uhr nachts, in mein Zimmer zu tapsen und zu mir ins Bett zu kriechen, wo sie in Schnappatmung verfiel, bis ich ihr den Rücken kraulte und ihr versicherte, ich würde noch mal mit ihrer Klassenlehrerin sprechen, und dieses Jahr würde bestimmt alles anders … Und ob sie nicht doch die Schule wechseln …? Oder eventuell doch noch mal den Autogenes-Training-Kurs in der VHS, der hätte so gut geholfen, jedenfalls sagte das meine Kollegin, äh, Ex-Kollegin …

Außerdem war da dieser Brief von unserem Vermieter, den ich schon über zwei Wochen ignoriert hatte – Eigenbedarf, Kündigung, drei Monate.

Und dann? Linnea und ich würden nichts finden – nicht in dieser Stadt, nicht mit meinen mickrigen Ersparnissen und nicht mit meiner Stirn, auf der, da war ich ganz sicher, groß und leuchtend »arbeitslos!« blinkte.

Und schon gar nicht mit diesem nie schlafenden, ständig jaulenden Teppich von einem Köter, der aus dem Maul stank und nur getrocknete Pansen fraß, obwohl er gerade die, das hatte Omas alte Freundin Martha mir eingebläut, auf keinen Fall kriegen sollte.

Ich schob Linnea, die endlich eingeschlafen war, von mir weg und wühlte mich aus dem Bett. Manchmal versuchte ich es mit Einschlaf-Meditationen, aber jedes Mal wachte ich am Ende auf, so wie man früher beim Vorlesen aufgewacht war, sobald die Stimme der Eltern verklang, nur um »weiter …« zu sagen, obwohl man schon vorher rein gar nichts mitbekommen hatte. Manchmal versuchte ich Progressive Muskelentspannung, manchmal langweilige Netflix-Serien. Und manchmal half eben gar nichts, außer Aufstehen.

Bootsmann saß traurig wie immer vor der Schlafzimmertür und stupste mich mit einer feuchten Schnauze an.

»Nee«, sagte ich. »Ich kann auch nicht schlafen. Weißt du doch.«

Draußen wurde es hell – ein milchiges Blau kündigte einen grauen Spätsommertag an, und auf dem Anrufbeantworter blinkten seit gestern Abend zwei ungehörte Nachrichten. Ich kochte mir einen Kaffee, setzte mich ans Fenster und drückte auf den Knopf. Die eine Nachricht war von meiner Mutter, ich solle mich endlich mal um *mein Erbe* kümmern (sie sagte das, als wäre sie sauer auf mich, dass es mein und nicht ihr Erbe war), Immobilien seien doch etwas wert, auch wenn sie in einem Kaff am Arsch der Welt standen, und verfallene Immobilien würden weit weniger Käufer finden als ... bla bla bla. Die zweite Nachricht war von Linneas Vater, der die nächsten Wochenenden besprechen wollte. Im Hintergrund heulte das Baby und eigentlich wollte er nichts bereden, das wurde schnell deutlich, er wollte sich nur rausreden – keine Zeit, viel zu tun, der Job und das neue Kind und außerdem leide seine Frau an postnataler Depression und er könne jetzt wirklich nicht auch noch auf Linni ...

Ich drückte seine Stimme weg.

Ich trank meinen Kaffee und blickte hinaus auf die verregnete Straße, die vorbeirollenden Autos, vereinzelt, um diese Uhrzeit, die Schlieren am Fenster. Es zog, immer zog es in dieser Wohnung.

Vier Nächte dachte ich darüber nach, sprach mit meiner Freundin Ariane, die nur die Schultern zuckte.

»Stadtflucht, Stadtflucht«, sagte sie. »Das macht doch jetzt jeder. Ist einfach zu teuer hier. Nur schade, dass es zu weit zum Pendeln ist.«

Wir tranken Kaffee in einem dieser Pop-up-Läden, die überall aus dem Boden sprossen, und ich fragte mich, ob ich das vermissen würde. Die Stadt, die Kultur, die Cafés. Bootsmann schnarchte unter dem Tisch zu meinen Füßen, holte seinen Schlaf nach, scheinbar ohne Probleme. Ich rieb meine müden Augen und bestellte mir noch einen Espresso Macchiato.

»Es ist ja nicht nur die Stadt«, sagte ich. »Es fühlt sich so an, als wäre überall der Wurm drin, Ari.«

»Na, ganz so ist das ja nicht, du Pessimistin.« Ariane leckte sich ein wenig Milchschaum von der Oberlippe. »Du strugglest halt so ein bisschen, im Moment. Aber die Silke, weißt schon, meine

Kollegin, die kennt jemanden, der arbeitet in so einer Steuerkanzlei gleich bei dir ums Eck, die bräuchten wohl 'ne Schwangerschaftsvertretung für ihre eine Sekretärin …«

»Hm«, machte ich und dachte über das Haus meiner Oma nach, ließ den Blick schweifen über die Straße und die geparkten Autos und eine alte Dame, die ein bisschen Hundekacke vom Asphalt in einen roten Beutel kratzte. »Und Linni«, sagte ich und blinzelte mich von der Dame los. »Linni kommt einfach nicht klar in dieser Schule.«

»Immer noch der fiese Englischlehrer?«

»Mathe«, sagte ich. »Und solche Leute sollte man nicht auf kleine Kinder loslassen. Oder auf Menschen im Allgemeinen.«

»Hast du mal überlegt, sie zu dieser Psychologin zu schicken, die ich dir …«

»Sie geht doch schon zu einer, eine Bekannte von Lars. Aber sie sagt da ja eh nix.«

»Ja, aber dann braucht sie halt ein paar Stunden mehr und dann …«

»Ich glaub, sie muss einfach aus diesem toxischen Umfeld raus.« Ich hasste dieses Wort, es war in etwa so schrecklich wie »proaktiv« oder »kontraproduktiv«, so nervige, hochtrabende Wörter, die man als Elternteil ständig hörte und dann in seinen Wortschatz aufnahm, ob man nun wollte, oder nicht.

»Vielleicht«, sagte Ariane. Einen Moment lang schwiegen wir. »Ach, weißt du, wenn ich ein Haus erben würde, wäre ich sofort weg hier. Egal, wo es ist.«

Das war bei mir ein bisschen anders. Der Ort war keiner, an den ich zurückkehren wollte. Ganz und gar nicht.

»Egal, wo? Selbst auf dem Kaff bei deinen Schwiegereltern?«

»Überall, nur nicht dort«, sagte sie entschieden.

Ich grinste. Sie grinste.

»Meine Güte, was werde ich dich vermissen, Mädel«, sagte sie. »Mit wem soll ich denn dann über Gott und die Welt lästern?«

»Mit deinen Yoga-Freundinnen?«, schlug ich vor.

»Die ruhen alle viel zu sehr in sich.«

Ich blies Luft in die Wangen. »Ich weiß ja noch gar nicht, was ich mache.«

Sie kniff ein Auge zu und legte den Kopf schief.

»Ach, du hast dich doch längst entschieden.«

Bootsmann stieß einen tiefen Seufzer im Schlaf aus und pustete mir heißen Hundeatem gegen das Schienbein.

Und dann, einfach so, traf ich die Entscheidung, die ich laut Ari längst getroffen hatte.

KAPITEL 2

DU BIST TOTAL verrückt, Mama.«

Linnea saß auf der Rückbank und starrte missmutig aus dem Fenster. Ich betrachtete sie im Rückspiegel – wann war sie nur so groß geworden? Fragten sich das alle Eltern ständig? Ich konnte mich erinnern, wie schrecklich ich es als Kind gefunden hatte, wenn mir Erwachsene Sätze wie »Du bist ja so groß geworden!« und »Was bist du viel gewachsen!« entgegengerufen hatten, als wäre ich eine wandelnde Messlatte. Aber jetzt ertappte ich mich immer öfter dabei, wie ich selbst staunend vor meinem kleinen Mädchen stand, das früher in meiner Armbeuge gelegen hatte und mittlerweile größer war als ich, was zwar nicht viel heißen mochte, aber immerhin war sie erst dreizehn.

»Ich weiß«, sagte ich leichthin, viel leichter, als ich mich fühlte. »Deine Mutter spinnt. Als hättest du das nicht längst geahnt.«

»Ich wusste es schon immer«, sagte Linnea und rollte theatralisch die Augen. »Du bist völlig übergeschnappt.«

»Du könntest bei deinem Vater bleiben«, bluffte ich, denn nichts war unwahrscheinlicher als ein freudestrahlender Lars, der Linnea mit offenen Armen in seinem verdammt großen Reihenhaus willkommen hieß, »nur für ein paar Monate? Bis deine Mutter wieder auf die Beine kommt? Klar!«

Pah, und auf keinen Fall sollte er wissen, er mit seinem perfekten Leben, seinem perfekten Job und seiner perfekten Frau, dass ich arbeitslos und bald schon obdachlos sein würde.

Drei Monate, du meine Güte. Ich hatte mich an den Mieterschutzbund gewandt, aber die konnten wenig machen, auch wenn wir schon jahrelang in der kleinen Wohnung lebten.

Also hatte ich meine Mutter angerufen, kurz nach sieben, an diesem regnerischen Septembermorgen, an dem die Schlieren am Fenster hinabgelaufen waren: »Mama? Du hast recht, ich muss mich um mein Erbe kümmern. Nein, du musst niemanden hinschicken, nein, ich kann das selbst, nein, ich brauche keinen Hausverwalter … auch keinen Hausmeister, nein … wir ziehen da selbst hin. Ja. Wir. Linni und ich. Ja, noch dieses Jahr. Bald. Sehr bald. Sozusagen nächste Woche.«

Dann hatte ich mir gefühlte fünf Stunden lang anhören müssen, wie unvernünftig ich sei, das Kind und die Schule und Stabilität und Sicherheit und überhaupt, ob ich wüsste, in welchem Zustand das Haus …?

Aber ich klopfte nur Bootsmann auf den Rücken, hielt den Hörer von meinem Ohr weg und flüsterte ihm »Es geht nach Hause, alter Junge« in seine verzottelten Schlappohren.

Und hier waren wir, eine Woche später, mit meinem alten, klapprigen Golf, vollgepackt mit all unseren unmittelbaren Habseligkeiten, während sich unsere Möbel eingelagert hinter einer Tür mit einer sehr langen Nummer stapelten, nur für den Fall, dass … und weil ich mir eben doch nicht so ganz sicher war, … und weil mich ab und an ein dumpfes Bauchgrimmen überfiel, das vielleicht mit der Rückkehr ins Städtchen, vielleicht mit gewissen Personen, die ich dort eventuell treffen würde, zu tun hatte. Aber Linnea kannte weder Victoria Pozzi noch Henning Buchäcker noch Markus Siebert; sie kannte auch Martha kaum und ihre Uroma hatte sie auch nicht wirklich gekannt, so viele Jahre war ich nicht dort gewesen, und sie musste nichts davon wissen.

»Das wird super«, sagte ich deshalb mit einem breiten Lächeln in den Rückspiegel, aber sie strafte mich nur mit einem Blick, von dem ich sicher war, dass ich ihn erst in der tiefsten Pubertät, mit vierzehn oder so, gelernt hatte.

»Bootsmann ist schlecht«, sagte Linnea. »Er kotzt bestimmt gleich wieder.«

Sie kurbelte das Fenster herunter, Regen in winzigen Tröpfchen und kalte Herbstluft stoben herein. Der Hund hängte seinen Kopf aus dem Wagen, und seine Ohren schlackerten im Fahrtwind.

Meine Oma Hanne war im letzten Juli gestorben, einfach so, im Schlaf unter der alten Eiche im Garten ihrer Nachbarin und besten Freundin Martha. Die hatte sie gefunden, ein Buch auf dem Schoß, die Augen geschlossen, den Rücken gegen den Stamm gelehnt.

Bei der Beerdigung trug Martha ein rotkariertes Holzfällerhemd, meine Mutter regte sich auf, und viele Frauen aus dem Ort kamen seltsamerweise mit blaugefärbten Haaren oder blauen Perücken, was Martha mit einem Achselzucken abtat und meine Mutter mit Kommentaren wie »... meine Güte, dieses Kaff!« bedachte.

Nach der Scheidung von meinem Vater hatte meine Mutter noch drei Jahre in ihrem Heimatort ausgeharrt und war dann schleunigst in eine größere Stadt gezogen. Mittlerweile war sie ihrem neuen Freund Horst, der seinem Namen alle Ehre machte, an die Ostseeküste gefolgt, wo sie seither so tat, als käme sie nicht aus einem Provinznest im Süden Deutschlands, wo die meisten ihrer neuen Freunde vermutlich nicht mal in der Lage wären, ein Smalltalk-Gespräch über den Gartenzaun zu führen, weil sie den Dialekt gar nicht verstehen würden.

Es war heiß an diesem Julitag und ich schwitzte in meinen schwarzen Jeans, meinem schwarzen T-Shirt und meinen schwarzen Vans, die meiner Mutter für eine Beerdigung zu leger waren, wie sie mich mehrmals am Tag wissen ließ. Ich hatte zu wenig getrunken und ein dumpfes Surren im Ohr, das etwas mit dem Kreislauf zu tun hatte oder darauf hinwies, dass mir, ganz plötzlich, mit einem »Zitsch!« irgendein Kurzschluss im Hirn den Garaus machen würde, als brannte eine Glühbirne durch, wovon ich so felsenfest überzeugt war, dass das Surren noch schlimmer wurde und mir schwindelig, und ich mich vorzeitig aus der kleinen Trauergesellschaft absetzte. Diese leichte Ahnung, dieser Spleen, einfach irgendwann umzukippen, überfiel mich auf Friedhöfen und auch in Krankenhäusern oder Altenheimen häufiger, wie ein siebter Sinn, eine Vorahnung.

Ich zog Linnea hinter mir her in die Wirtschaft eine Straße weiter, wo der Leichenschmaus abgehalten werden sollte, und bestellte uns, wie früher, jeweils eine große, trübe Apfelsaftschorle, die nicht mit Wasser, sondern mit Limo gemischt war, und eiskalt im Glas zischte, so kalt, dass es an den Zähnen weh tat.

»Wieso haben die alle blaue Haare?«, fragte Linnea über ihrem Saft, und ich zuckte die Schultern, schob ihr über den Tresen ein Schälchen Erdnüsse hin und ging pinkeln. Die Toiletten befanden sich einmal über den Hof, und als ich draußen vor der Tür stand, hatte ich das komische Gefühl, beobachtet zu werden. Das hatte dieser Ort so an sich: Todesgedanken (»Zitsch!«) und Blicke im Nacken, von Leuten, die gar nicht da waren. Dabei war der Ort eigentlich viel zu groß, um sich beobachtet zu fühlen: Kein Dorf, sondern eine Stadt, wenn auch eine sehr kleine: 12.000 Einwohner, vermutlich mittlerweile ein paar mehr. Es gab zwei Dorfwirtschaften, eine kleine Bibliothek, eine Mittelschule und ein Gymnasium, und sogar ein Schwimmbad. Eine Autobahnanbindung, und mittlerweile sogar diverse Neubausiedlungen mit schmalen Reihenhäusern mit hübschen Vorgärten voller Laufräder und Fahrradanhänger und Trampoline. Man kannte nicht jeden, jedenfalls nicht wirklich, und wenn, nur vom Sehen.

Ich drehte mich um, kniff die Augen zusammen gegen die Sonne. Über den Parkplatz schien mich tatsächlich jemand zu mustern, und ich ließ meine Sonnenbrille, die ich in die Stirn geschoben hatte, zurück auf meine Nase rutschen. Eigentlich glaubte ich nicht, dass mich hier jemand erkennen würde, dem ich mich nicht persönlich vorstellte, wenigstens nicht aus dreißig Metern Entfernung: Ich war zwanzig Jahre älter, fünfzehn Kilo schwerer und meine Haare waren nicht mehr blondgesträhnt und glattgeföhnt, sondern dunkelbraun mit einem raspelkurzen Pony, der das Einzige war, was ich jetzt an ihnen glättete. Ich zuckte zusammen, als etwas um meine Beine strich, bemerkte eine schwarze Katze, dachte: *Schwarze Katze von links …*, bückte mich und streichelte ihr struppiges Fell. Als ich aufblickte, war die Person vom Parkplatz verschwunden.

Stattdessen winkte mir Martha zu, rotkariert, auch zwanzig Jahre älter, aber jetzt ohne beste Freundin, und hakte sich bei mir unter, wollte wissen, wie es mir ging, und Linnea, Mensch, war die groß geworden, »die hat dich ja fast schon überholt«.

Ich bekam Linni nicht dazu, sich mit mir meine alte Autofahr-Playlist anzuhören, und sie weigerte sich auch, mit zu albernen Popsongs im Radio zu singen, verdrehte nur wieder die Augen, als ich es tat. Um die Stimmung aufzulockern, schaltete ich schließlich einen der weniger blutrünstigen True Crime-Podcasts ein, die sie so sehr liebte und wir verbrachten die nächsten eineinhalb Stunden damit, uns mit den düsteren Machenschaften eines Berliner Großfamilienclans zu beschäftigen, was das Kind von seiner schlechten Laune ablenkte.

Und dann – der Regen pladderte mittlerweile so stark auf die Windschutzscheibe, dass ich nur noch dreißig fahren konnte – bogen wir in Oma Hannes Straße ein, rumpelten über die matschige Auffahrt zum Haus, das spitz und düster dem Regen trotzte, und waren da.

KAPITEL 3

FEHLT NUR NOCH ein Blitz«, sagte ich, während wir beide nach draußen auf das Gebäude schauten.

Genau wie die meisten anderen Häuser der Siedlung (Marthas ausgenommen) war Oma Hannes Haus ein typischer 50er-Jahre-Bau, mit einem spitzen Dach, einem ersten Stock mit schmalen Zimmern und einem dunklen Dachboden, mit kleinen Fenstern und vier breiten Treppenstufen, die zur Haustür hinaufführten, die sich unter einen milchigen Glas-Windfang duckte. Der ordentliche Jägerzaun rings um das Grundstück war jetzt ein wenig verwittert und an einigen Stellen windschief. Der Kies in der Auffahrt mit Blättern übersät und von Unkraut durchsetzt. Am Nussbaum, der gleich am Übergang vom Hof zum Garten stand, hing noch immer die uralte Schaukel, die mein Opa für mich dort angebracht hatte. Sie war aus rotem, mittlerweile blassrosa ausgebleichtem Plastik und schwankte jetzt unheilvoll im Gewitterwind. Tatsächlich zuckte gleich darauf ein Blitz über dem Haus.

»Ha!«, machte ich. »Kra-wumm!« Meine Hände imitierten flackerndes Blitzlicht. »… wie in *Psycho* oder bei Agatha Christie oder so was.« Ich klang heiter, ich nannte diese Stimme insgeheim *die lustige Mama-Stimme,* wo mir so gar nicht nach Witzen zumute war. Ich fühlte mich eher, als sei alles eine ganz, ganz blöde Idee gewesen, aber das musste Linni ja nicht wissen.

»Ich hab noch nie *Psycho* anschauen dürfen«, sagte sie vom Rücksitz. Ich drehte mich zu ihr um und zeigte mit dem Zeigefinger auf sie. »Ganz genau! Zu Recht! Aber du weißt, was ich meine.« Schwere Tropfen trommeln auf dem Autodach.

»Ja«, sagte sie. »Böses Omen.«

Wir blickten weiterhin nach draußen. Ich drehte mich um und schielte durch die Heckscheibe nach drüben über die Straße, zu Marthas Häuschen, wo ein warmer Lichtschein aus einem der blau umrahmten Fenster nach draußen in die Dunkelheit fiel. Martha. Und wir vorm dunklen Haus meiner Oma.

»Haben wir einen Regenschirm dabei, Linni?«

Hatten wir nicht, also zogen wir uns unsere Jacken über die Schultern, hielten Reisetaschen über unsere Köpfe und rannten. Auf halben Weg kam der Hund an mir vorbeigeschossen und bellte jauchzend. Ich fummelte lange mit dem Schlüssel am Schloss herum, und als wir endlich drinnen standen, waren wir alle drei völlig durchgeweicht.

»Kalt«, stellte Linnea fest. »Und dunkel.«

Der Hund tropfte und schüttelte schmutziges Wasser aus seinem Fell. Ich drückte Regen aus meinen Haaren und sah mich im Halbdunkel des Flures um.

Es roch staubig und irgendwie … alt, nach Tapeten und Hühnerbrühe und Feuerholz, das im Ofen verbrennt. Meine Oma Hanne, die die Augenbrauen hebt, den Hund schimpft, weil er alles dreckig macht, und mich, weil ich meine Gummistiefel noch anhabe und schlammige Fußspuren auf dem gewienerten Linoleum hinterlasse.

»Mama, das Licht geht nicht!«

Linnea drückte mehrmals den schweren Schalter neben der Haustür, aber nichts tat sich.

»Scheiße«, murmelte ich, während der Hund nass und filzig an mir vorbei in die Küche strich, freudig mit dem Schwanz wedelnd, als würde er sie dort gleich wiedersehen, in ihrer Schürze und ihren beigen Wollhosen, am Herd, wo sie uns ein paar warme Apfelküchel ausbrät und …

»Mama, kein einziges Licht geht!«, quietschte Linnea vom Lichtschalter neben der Küchentür und schmiegte sich dann an mich.

Ich probierte selbst noch ein paar Schalter, als würde es etwas ändern, wenn ein Erwachsener drauf drückte, aber nichts tat sich. »Scheiße«, murmelte ich wieder und wartete darauf, dass sich meine Augen an die Dunkelheit in den Räumen gewöhnten, aber ich erkannte nur Schemen und Schatten und dunkle Ecken, in denen noch weniger zu sehen war.

»Und außerdem ist es eiskalt«, stellte Linnea fest, die in ihrem Rucksack kramte, »und ich finde meinen Schlafanzug nicht und meine Zahnbürste auch nicht.«

»Ist doch alles im Auto. Warte kurz …« Ich drehte mich zur Tür, aber Linnea klammerte sich an meinen Arm. »Ich bleib hier nicht allein!«, rief sie.

»Es ist nur ein Haus ohne Strom«, sagte ich.

»Nur!«, rief Linnea und drehte sich nach dem Hund um. »Die Ersten, die in Horrorfilmen sterben, sind Haustiere«, erklärte sie ihm, und wir rannten gemeinsam, Hand in Hand, durch den strömenden Regen zum Auto, Kies spritzte unter unseren Füßen, gefolgt vom Hund, der anscheinend auch nicht allein im Haus bleiben wollte.

»Und als Nächstes Leute, die unehelichen Sex haben«, sagte Linnea, während wir uns irgendwelche Taschen schnappten.

»Wieso weißt du so was?«, schimpfte ich, um mich nicht mit meinen eigenen Gedanken zu gruseln, »du bist dreizehn!«

»Eben.«

Ich griff mir den großen Überseekoffer meiner Mutter, in dem ich die meisten unserer Schlafutensilien vermutete, und wuchtete ihn durch den Matsch zurück zum Haus. Linnea kramte noch in ein paar Kisten nach Handtüchern oder so.

»Wir müssen also bloß auf Bootsmann aufpassen. Und der gehört ja eigentlich deiner Uroma.«

Linni grummelte etwas Unverständliches.

»Jetzt komm!«, rief ich. »Wir schlafen oben, da riecht es nicht so nach … da ist es nicht so … äh … dunkel.«

Gruselig, war das richtige Wort, aber wozu war man erwachsen und ein rationaler Mensch?

Auf keinen Fall wollte ich unten in Omas Zimmer schlafen, wo bestimmt noch ihre Wanduhr tickte und alles nach ihrem Parfüm roch, Veilchenduft und Mottenkugeln, und im Schrank noch ihr alter Pelzmantel hing, den sie niemals getragen hatte. Als wäre sie immer noch da …

Wir tasteten uns die knarrende Treppe hoch in den ersten Stock, vorbei am Treppenlift, die linke Hand an der Wand, mit der rechten schleifte ich den Koffer hinter mir her.

Etwas huschte in einem Augenwinkel an uns vorbei, Linnea hatte es wohl nicht bemerkt. Vielleicht gab es hier Geister verstorbener Mäuse. Die wären mir lieber als lebendige.

»Hier oben war nur ein Kinderzimmer und ein Gästezimmer und das Arbeitszimmer von meinem Opa, da hat er immer rumgewerkelt«, erklärte ich Linnea. »Die Zimmer hat sie eine Zeitlang vermietet.«

Ein paar Jahre lang hatte hier ein nörgeliger Mieter gelebt, ein hutzeliges altes Männlein namens Herr Moser, das sich irgendwann mal in einen nur geringfügig weniger hutzeligen und nörgeligen Herrn Fäustle verwandelt hatte, mir aber immer wie derselbe Mann vorgekommen war. Daher der leicht antiquiert wirkende Treppenlift. Danach hatte Oma Hanne alle drei Zimmer zu Gästezimmern ummöbliert und ich hatte eines davon bekommen. Aber auch später waren die Betten in mindestens einem gerade nicht vermieteten Zimmer immer mit frischen Laken bezogen worden. Für meine

Mutter, wenn die mal vorbeikam, oder für mich. Nicht, dass ich in den letzten zwanzig Jahren mal vorbeigekommen wäre.

Ein Gefühl von schlechtem Gewissen überfiel mich, und ich stieß schnell die Tür oben auf. Meine Mutter, oder irgendwer, hatte die Möbel hier oben mit steifen Plastikplanen abgedeckt, was mich an Geisterhäuser in diversen Horrorfilmen denken ließ.

»Hier ist es genauso gruselig«, maulte Linnea.

Ich schob sie vorwärts und erzählte ihr nicht, wie der Dachboden aussah, wo wir damals mit blutroter Farbe ein Pentagramm auf die rauen Dielen gepinselt hatten. Wir, der Hexenzirkel: Maria, Vicky, Henning.

Auch hier im ersten Stock funktionierte der Strom nicht, aber in einer Kommode fand ich eine Taschenlampe, die noch ging. Wir schlichen den Flur entlang, zitternder Taschenlampenfinger vor uns, »wie bei den drei Fragezeichen, hm?«, sagte ich und konnte Linneas Augenrollen beinahe spüren. Und dann waren wir im größten Schlafzimmer, wo, genau wie früher, das Bett immer frisch bezogen war, jedenfalls mit Wäsche, die nach Weichspüler roch, aber nicht ganz so nach Oma Hanne, nach Kindheit und Erinnerungen.

»Hier hängt ein Foto von dir an der Wand«, sagte Linnea, und ich leuchtete mit der Handytaschenlampe auf einen kleinen Bilderrahmen über dem Bett.

»Oder? Das bist doch du?«

Das Bild einer jungen Maria, mit weißen Sonnencremestreifen neben der Nase, nassen Haaren und einem irren Lachen auf dem Gesicht. Sie späht in eine dem Anschein nach gleißende Sonne und ich wusste gar nicht, wer dieses Mädchen eigentlich war.

»Früher mal«, murmelte ich. »Komm.«

Im Koffer fand ich ein paar Jogginghosen und weite T-Shirts, wenn schon nicht unsere Pyjamas, und Linnea warf mir ein Handtuch zu, mit dem wir notdürftig unsere Haare abtrocknen konnten. Ohne nasse Füße und in warmen, trockenen Klamotten fühlte sich schon gleich alles besser an.

»Ich hab neulich so einen Podcast gehört …«, fing meine Tochter an und ich stöhnte.

»Linni, jetzt bitte keine Gruselgeschichten. Du weißt, ich bin nicht so taff wie du.«

Sie schob die Unterlippe vor. »Jedenfalls ging es da um so einen Typen, der hat ein kleines Nachbarsmädchen auf seinen Dachboden gelockt und ermordet und danach dann erst …«

»Meine Güte, Linnea, muss das sein?«

»Und die Leiche lag da dann vier Jahre lang und keiner hat es gemerkt. Und er ist immer wieder …«

»Ich will nicht, dass du dir so was anhörst, Linnea Zeitler!« Sie ignorierte mich und drehte den Kopf zu mir her.

»Und dann wurde der auch noch freigesprochen!«

»Wieso das denn?«

»Zu wenige Beweise.«

»Ach du Scheiße«, sagte ich. Eine Leitung oder ein Rohr knackte, und ich zuckte zusammen. Ich dachte an den staubigen Dachboden über uns, und dass auch niemand merken würde, wenn dort ein paar Leichen herumliegen würden. Draußen zuckte theatralisch ein Blitz. Donner grollte.

»Hast du nicht eine nettere Geschichte auf Lager?«

Sie zuckte die Achseln. »Ich höre nur die schlimmen. Die sind interessanter.«

»Aha.« *Und dann schläfst du nicht,* fügte ich in Gedanken hinzu, sagte aber nichts.

»Wollen wir jetzt einen hören?«, fragte sie. »*Zeit Verbrechen* hat was Neues …«

»Nein!«

»Aber ich hab mein Buch nicht mitgenommen. Es ist noch in irgendeiner Kiste.«

»Und was liest du?«

»Sag ich wohl besser nicht.«

»Ja, besser ist das wohl.«

»Friedhof der Kuscheltiere!« Sie strahlte. »Hat mir Papa gegeben. Er meint, man kann sich nicht früh genug abhärten.«

»Ach, meint er das?« *Der muss ja dann auch keine schlaflosen Nächte mit dir verbringen*, dachte die kleine Stimme in meinem Kopf, aber wieder schwieg ich.

»Und da geht es um was? Um Zombietiere!«

»Nicht nur. Alles, was auf diesem Indianerfriedhof begraben wird, wird wieder lebendig. Und dann stirbt das Kind von denen …«

»Ah!«, machte ich, steckte mir die Finger in die Ohren und machte: »La-la-la-la! Kein Stephen King bei Gewitter und Stromausfall.«

»Das ist kein Ausfall, der geht hier einfach nicht.«

»Stimmt.« Ich seufzte. »Meinst du, du kannst schlafen?«

»Auf keinen Fall«, sagte sie. »Ich stelle mir vor, dass Uri hier auftaucht, in einem weißen Nachthemd und …«

»Deine Uroma würde uns nie erschrecken«, behauptete ich und schielte in eine der dunkleren Zimmerecken. Kleiderständergeister, Schatten in Spiegeln. »Sie wäre einer der netten Geister und würde uns 'ne heiße Suppe kochen oder so.«

»So was können Gespenster gar nicht.«

»Oder einen Kaba machen.«

»Die haben ja keinen, ähm, richtigen Körper.«

»Aber die greifen doch immer an, in so Filmen. Da könnten die doch auch Milch warm machen. Wieso müssen Geister eigentlich immer böse sein?«

»Na, weil sie sonst keine Geister wären. Die haben in ihrem

Leben irgendetwas falsch gemacht oder vergessen oder noch eine Rechnung offen, deshalb bleiben sie in der Zwischenwelt stecken.«

»Ach, so ist das? Ungelöstes aus einem früheren Leben?« Ich dachte an das Pentagramm auf Omas Dachboden, an Staubschichten und ungeklärte Situationen. Stellte mir vor, wie ich zur Spukgestalt werden würde, hier, in diesem Haus, in diesem Ort, aus dem ich nicht nur geflohen war, weil Metropolen cooler waren als Kleinstädte. Blass am Fenster, ein winkender Schemen …

»Ja!«, sagte Linnea. »Und wenn die dann, äh, Erlösung finden, können sie weiterziehen.«

»In den Himmel oder was?«

»Ja, oder halt irgendwie so was.«

Weiterziehen. Erlösung. »Romantisch. Weißt du, welche Gespenster ich mag?«

»Nein.«

»Casper, zum Beispiel. Oder den Fast-kopflosen-Nick.«

»Die langweiligen also«, sagte sie.

Ich lehnte mich aus dem Bett und kramte in einer Tasche.

»Ta-Daa!«, machte ich und zog mein Tablet aus dem Koffer. »Hat sogar noch dreißig Prozent!«

Linnea seufzte.

Wir kuschelten uns nebeneinander in das Gästebett. Die Bettdecken waren schwer, die Kissen dick, die Bezüge blumig und gestärkt, und ich dachte an meine Oma, die Königin der Kirschkernkissen, aufgewärmt in einem Ungetüm von Mikrowelle, fast größer als die ganze Speisekammer. Die Bettwäsche hier oben roch nach Weichspüler und Staub.

Wir sahen uns einen Teil von *Harry Potter und der Stein der Weisen* auf meinem Tablet an, bis der Akku uns verließ.

»Weißt du, dass du spinnst, Mama?«, sagte das Kind dann schläfrig. »Wieso sind wir überhaupt hier?«

Ich hatte gehofft, sie würde beim Film einschlafen, und strich ihr über den Kopf.

»Man erbt ja nicht ständig Häuser.« Ich lenkte ab, aber glücklicherweise ging sie darauf ein.

»Warum hast du das Haus denn überhaupt geerbt, normalerweise kriegen doch zuerst die Kinder was, nicht die Enkel.«

»Meine Oma mochte mich lieber als deine Oma«, sagte ich.

»Hä?«

»Ich war einfach ständig bei ihr, jedenfalls früher. Und sie wusste ja, dass Mama versorgt ist. Deshalb wahrscheinlich.«

»Wieso warst du ständig bei ihr?«

»Weil ich damals der Kummerkasten für beide meiner Elternteile war«, sagte ich. »Und das war grässlich. Ich war immer zwischen den Fronten.« Im Scheidungskrieg meiner Eltern wurde ich jahrelang mal auf diese, mal auf jene Seite gezogen und hörte mir von beiden Gejammer und Geschimpfe an, worauf ich spätestens als Teenager keinerlei Lust mehr hatte. Also packte ich mit fünfzehn einen großen Überseekoffer und lebte für die meiste Zeit der nächsten zwei Jahre am anderen Ende der Stadt bei Oma Hanne, die sich, genau wie ich, am liebsten raushielt.

»Und deshalb hast du lieber bei deiner Oma gewohnt als zu Hause?«, fragte Linnea.

»Zeitweise, exactamento.«

Eine Weile schwiegen wir. Das Trommeln des Regens gegen die Scheiben ließ langsam nach.

»Ich würde ja nicht gern bei Oma wohnen«, sagte Linnea schließlich schläfrig.

Ich konnte sie in gewissem Sinne verstehen.

»Ach, Oma Hanne, die war anders. Die war 'ne tolle Frau. Da war ich gern.«

»Wieso waren wir dann später nie hier?«

Wieder schwieg ich. Dann tätschelte ich meiner Tochter den Rücken.

»Das wird schon«, sagte ich, zu ihr oder zu mir selbst, ich war mir nicht sicher.

»Aber ich kenne niemanden in der Schule. Nie-man-den.«

»Das ist doch unter Umständen was Gutes? Du kannst ganz neu anfangen! Keine blöde Laura, kein fieser Herr Fischer ...«

»Aber ich bin viel zu spät, es ist mitten im Schuljahr ...«

»... eine Woche. Vor einer Woche waren die Ferien zu Ende.«

»Trotzdem. Ich falle da total auf ...«

Auffallen. Das war immer Linnis größte Angst. Sie war jetzt schon größer als die meisten ihrer Schulkameraden (die Jungs eingeschlossen), hatte leuchtend rote Haare und jetzt war sie auch noch zu spät und ganz neu. Das war wirklich blöd. Ich verstand es.

»Die haben sich spätestens in zwei Wochen an dich gewöhnt«, sagte ich zuversichtlich. »Allerallerspätestens. *Wallah*!«

Linnea stöhnte. »Sag nicht *wallah*, Mama, das ist so peinlich.«

Trotzdem lehnte sie den Kopf an meine Schulter, und ich lächelte in ihr Haar. Draußen schuhute ein Käuzchen, und Mondlicht fiel ins Zimmer.

»Schau«, sagte ich. »Es hat sogar schon aufgehört zu regnen.«

»Und?«

»Gutes Omen?«

Bootsmann sprang plötzlich aufs Bett und legte sich quer über unsere Füße. Linnea schimpfte, und ich schob ihn mit den Füßen von mir weg. Er wusste ganz genau, dass er das nicht durfte, aber heute war alles egal – immerhin hatten wir auch keine Zähne geputzt, wie mir eben erst einfiel, und was Linnea, die normalerweise sehr streng bei so was war, anscheinend auch vergessen hatte.

»Nacht, Kürbisnase«, sagte ich, und sie protestierte nur ganz leise gegen den Spitznamen.

Und dann passierte etwas Wunderbares: Alle außer mir schliefen ein. Der Hund schnarchte ruhig an unseren Füßen, wärmte uns mit seinem heißen, stinkenden Hundeatem, Linnea pennte einfach weg und wachte auch nicht um eins noch mal auf. Der Regen setzte wieder ein und ließ dann endgültig nach, während es draußen heller wurde, mir war warm, Linneas Atem kitzelte mich an der Wange, und kurz, ganz kurz nur, dachte ich, dass es vielleicht doch richtig war, hier zu sein.

DAMALS

Ich bin aufgewacht, weil Oma Hanne unten herumpoltert. Es ist der 31. Oktober, es ist kurz nach zehn, und die Luft ist klar und kalt. Von meinem Fenster im Gästezimmer aus kann ich bis zum Wald sehen, über die Apfelbäume im Garten und über Martha hinweg, die wie immer schon im Garten herumwerkelt. Das Klappern von Geschirr in der Küche, Martha im Garten, der Geruch nach frisch gebrühtem Kaffee. Das ist besser als streitende Eltern, die sich auf den Tod nicht ausstehen können, wie meine Mutter immer sagt, und die sich schon um zehn Uhr morgens ankeifen. Das Gästezimmer meiner Großmutter sieht mittlerweile aus wie meines, ein Zweitwohnsitz, bald vermutlich ein dritter, wenn meine Eltern getrennte Wege gehen.

Ich ziehe mir einen von Hennings Hoodies über, die er ständig hier vergisst, drei Nummern zu groß, so dass ich herrlich warm darin versinke, und gehe nach unten in die Küche, wo zwei große Bäckertüten auf dem Tisch liegen.

»Morgen.« Ich gähne, schenke mir eine Tasse Kaffee ein und setze mich an den Tisch. Der Kaffee bei meiner Großmutter ist dünn und bitter und ich trinke ihn schwarz und schnell. Meine Oma riecht an einem Laib Brot. Roggen aus dem Holzofen, mit dunkler Kruste. So wie es riecht, sehr frisch und sehr warm.

»Oh Mann«, sagt sie.

»Untersteh dich«, sage ich und säble mir selbst eine dicke Scheibe davon ab. Sie öffnet eine Tüte mit Weißbrötchen und Martha kommt

herein: »Wir müssen heute unbedingt das Fallobst aufsammeln. Maria, kannst du nicht Henners anrufen, ob er …«
»Wir müssen heute unsere Outfits planen«, sage ich. »Und Henning muss sicher seiner Mom helfen, wegen der Party.«
»Die Party!«, sagt Martha und wirft theatralisch die Arme in die Luft. »Wie konnte ich die nur vergessen.«
Meine Oma grinst erst ihr, dann mir zu, und dann sagt sie »Ach, was soll's«, nimmt sich eine Scheibe Brot, beschmiert sie dick mit Butter und beißt beherzt zu.
»Nicht!«, rufen Martha und ich gleichzeitig aus, als wäre das Roggenbrot der rotleuchtende Zünder einer Bombe, den Oma Hanne versehentlich gedrückt hat. Oma zuckt die Achseln und grinst noch breiter.
»Kann nicht anders«, sagt sie mit vollem Mund. »Es ist frisch und es ist vom Bäcker Fröhlich, das ist erwiesenermaßen das leckerste Brot Deutschlands.«
»Also dann, raus«, sagt Martha ernst. »Schnell.«
Sie scheucht uns beide in den Garten, Oma mit ihrem Butterbrot und mich mit meinem, das ich mit Honig bestrichen habe, denn es sind Ferien, und in den Ferien gönne ich mir was Süßes. Ich murre ein bisschen, aber Oma Hanne macht ein Spiel draus, wie seit Jahren, als wäre ich immer noch zehn, und nicht siebzehn, Fallobst aufzusammeln und in die großen Plastikbottiche zu werfen. Fauler Apfel in weiße Tonne, aus drei Metern Entfernung, dann fünf, dann bis zum hinteren Birnbaum und dann noch weiter, so weit, dass nur noch Oma trifft. Ich versage schon bei fünf Metern, gleich hinter dem ersten Gemüsebeet, und stolpere in Omas alten Gummistiefeln, die mir viel zu groß sind, ebenfalls wie als Kind, wo sie mir ständig Klamotten »auf Vorrat« gekauft hat und ich aussah wie ein winziger Landstreicher, alles an den Ärmeln und den Knöcheln umgekrempelt, und Oma immer behauptete: »Da wächst sie schon noch rein.«

Ich bin nicht wirklich reingewachsen, ich bin immer noch viel kleiner als meine große, schöne Oma, die ihre graugesträhnten, roten Haare mit einer Spange hochgesteckt hat, die weiche, beige Wollhosen und eine dunkle Wachsjacke trägt und gerade so tut, als würde sie mit einem faulen Apfel Boule spielen: tief in die Knie gehen, den Arm seitlich schlenkern lassen, und dann von unten …, »Allez hop!«, ruft sie und trifft. Meine Oma trifft immer. Sie macht einen kleinen Siegestanz.

Ich werfe und mein Apfel zermatscht neben dem Fass.

»Ach, Maria«, ruft Martha quer durch den Garten.

»Ich bin einfach zu klein«, behaupte ich, weil man nichts für seine Größe kann und das eine gute Ausrede ist.

»Man braucht eh nur innere Größe«, sagt meine Oma, »dann spielt die äußere keine Rolle.«

»Ja, ja«, sage ich. »Und jetzt ab mit dir nach hinten, du mit deiner Roggenallergie, das hält ja niemand aus.«

»Ich treffe auch von da hinten«, sagt meine Oma und stolziert davon, »das ist gar kein Problem.«

»Weg von mir!«, ruft Martha, als Hanne in ihre Nähe kommt und macht ein Kreuz mit den Zeigefingern, als sei Oma ein Vampir. Ein stinkender Vampir. Ich lache, und ein fauler Apfel zischt an meinem Ohr vorbei, Oma trifft den Eimer trotzdem, auch von ganz hinten im Garten, wo sie in gebührendem Abstand zu uns Fallobst aufsammelt, weil ihre Roggenbrot-Fürze still und tödlich sind, so nennt sie das selbst, »still und tödlich«.

KAPITEL 4

IN DER SPEISEKAMMER fand ich am nächsten Morgen ein ganzes Regal voller eingemachter saurer Gurken. Die hatten wir nach dem Tod meiner Oma einfach stehen lassen, weil niemand sie wollte und sie doch zu schade zum Wegschmeißen waren.

Ich öffnete ein Glas, und die eingelegten Gurken waren kein bisschen sauer, sondern erstaunlich süß, zuckrige Essiggurken, knackig, aber innen überraschend weich, mit weißen Perlzwiebeln und Senfkörnern und Dill garniert. Weil Sonntag war und wir ansonsten rein gar nichts zu essen hatten, außer einem halben Glas Mayonnaise, einer Flasche Ketchup und ein paar Gewürzen, Salz, Pfeffer, Curry, die ich von zu Hause mitgebracht hatte, fuhren Linnea, Bootsmann und ich, Gurken lutschend, durch den noch immer strömenden Regen in die Innenstadt, wo ich in der einzigen geöffneten Bäckerei gefühlte Stunden anstand, um eine große Tüte mit Salami belegte Brötchen, Butterbrezen und süße Teilchen zu kaufen. Der September war bisher grau in grau gewesen, und auch jetzt glänzte das Kopfsteinpflaster nass. Wir rannten zurück zum Auto, duckten uns unter unsere dünnen Regenjacken, die wir über unsere Köpfe hielten.

Vor kurzem, Ende August, zu Hause, war noch Sommer gewesen, Spätsommer zwar, aber mit weichem Licht und lauen Abenden, an denen man mit einer dünnen Strickjacke auf dem Balkon sitzen und bei einem Glas Weißwein Fledermäuse beobachten konnte. Jetzt hatte es abgekühlt und nach ein paar Tagen Dauerregen hatte es zwar tagsüber noch achtzehn Grad, aber am Abend wurde es schon so frisch, dass man sich nach dicken Wollsocken und einer Daunenjacke sehnte.

Und so saßen wir dann da, in unserem neuen Zuhause, das noch keines war, beide in Leggins und weite, weiche Fleece-Pullis gehüllt, weil es immer noch schweinekalt in der Wohnung war, in unserer neuen Küche, der alten meiner Oma, vor ihrem Holzofen, kauten Gurkenbrötchen und Salzbrezen und zum Nachtisch Nussschnecken mit viel Zuckerguss, bis wir uns einigermaßen wohlfühlten.

»Also, Mama: Wieso waren wir nie hier?«, fragte Linnea mit vollem Mund und betrachtete die Anrichte, auf der sich Staub abgelagert hatte. »Mochtest du sie nicht?«

Ich antwortete nicht, fütterte stattdessen den Hund mit Stückchen der süßen Gurken, was ihn offenbar an sein Frauchen erinnerte, denn er konnte nicht genug davon kriegen und leckte sogar meine essignassen Finger ab.

Geliebt hatte ich Oma Hanne. Ihre knochigen Arme, die mich an sich drückten, ihre harsche Art, ihre absolute Bodenständigkeit. Wie sie mir Apfelschnitze schnitt und Grießbrei anrührte und immer da war, wenn man sie brauchte, ohne großes Theater oder Tamtam.

»Doch, Linni«, sagte ich also schließlich. »Aber … irgendwie …« Ich wusste nicht, was ich sagen sollte. Die anderen nicht? Den Ort? Die Erinnerungen? »Weiß nicht. War irgendwie zu viel los.«

Linnea hob die Augenbrauen und sah ihr dabei so ähnlich. Sie hatte überhaupt gar nichts von mir geerbt, so rein äußerlich, und von Lars auch nicht, und auch nichts von ihren eigenen Großeltern, weder väterlicher- noch mütterlicherseits. Sie hatte einfach zwei Generationen übersprungen und sah voll und ganz aus wie Oma Hannelore: großgewachsen und dünn, schlaksig fast, mit dem ganzen Gesicht voller Sommersprossen und karottenroten Haaren, glatt und seidig und uferlos lang. Natürlich hatte Oma Hanne ihr Haar immer hochgesteckt, und es war von grauen Strähnen durchzogen gewesen, aber ja, es gab Bilder von ihr, aus ihrer Jugend, wo sie und Linni Schwestern hätten sein können. Zwillingsschwestern. Ich blinzelte den Gedanken weg, klatschte in die Hände (der Hund zuckte zusammen) und stand auf.

»Packen wir aus?«

Linnea zupfte an einer Nussschnecke herum. »Müssen wir wirklich?«

Sie hatte recht. Noch könnten wir heimfahren. Einfach diese ganze Nacht als Episode abtun, später drüber lachen, in unserem normalen Münchner Leben, in einer kleineren, aber lauschigen Wohnung am Rande des U-Bahn-Netzes, letzte Haltestelle, aber immer noch Großstadt, immer noch zentral. Sie würde zurück in ihre Schule gehen und ich würde einen Job finden, von denen es in Großstädten weitaus mehr gab als hier, in einer Kleinstadt am Arsch der Welt, und alles würde weitergehen wie bisher.

Bootsmanns nasse Zunge leckte einmal quer über meinen Handrücken und ich sah erst ihn, dann Linnea an.

»Weißt du was? Wir ziehen oben ein. Da ist es gemütlicher als hier unten, oder?«

Auf dem Weg in den ersten Stock, beladen mit zwei großen, aber merkwürdig leichten Umzugskartons, meinte ich in der Diele, im großen, goldumfassten Spiegel neben der Schlafzimmertür die lange, dünne Gestalt meiner Großmutter einzufangen, die gleichen gehobenen Augenbrauen wie Linnea. »Meinst du wirklich?«, schien sie zu sagen.

Ich stolperte über eine Stufe, hinter mir jaulte der Hund, und der Spiegel war nur ein Spiegel.

Wir bezogen also die Zimmer im ersten Stock und ließen den Geist meiner Oma vorerst unten in ihrem Schlafzimmer hausen, dessen Türen wir verschlossen. Die Küche gab es nur im Erdgeschoss, die mussten wir in Beschlag nehmen, und auch das Bad und die Speisekammer hier unten waren natürlich praktisch. Ich rief erst den Strom-, dann den Gasversorger-Notdienst an, und mir wurde versprochen, dass sich gleich am Montag jemand um die Anschlüsse kümmern werde. Während ich in der Warteschleife hing, putzte ich beide Bäder, die leicht modrig rochen, sprühte ein vermutlich jahrzehntealtes Schimmelspray auf besonders schwarze Ecken neben der Badewanne und trug Linnea auf, in den anderen Zimmern und auf der Treppe Staub zu wischen. Wir schüttelten alle Planen von den Möbeln, wickelten die Folie zusammen und verstauten sie im Keller. Ich zog das Bett ab, lüftete Matratze und Decken, tat das Gleiche mit dem kleineren Bett im Zimmer nebenan, das Linneas werden sollte, ließ sowieso das ganze Haus durchpusten – offene Fenster, offene Türen, die dann und wann knallten, Nieselregen, der hereinwehte, und flatternde Vorhänge, bis ich auch die abhängte und auf einen großen Wäscheberg in der Waschküche im Keller warf.

Es sollte so aussehen, als könnten wir uns hier wohlfühlen.

Hanne war zum Glück keine große Verfechterin von Tapeten gewesen, und so waren die meisten Zimmer einfach weiß gestrichen. Die Ausstattung verströmte 60er-Jahre-Charme und die Linoleum-Fußböden quietschten, wenn man darüber ging. Wir verschoben ein paar Möbel, hängten Bilder mit Motiven, die wirklich zum Fürchten waren, ab (Stillleben mit frisch geschossenen Hasen, Früchten und Tellern, oder Landschaftsgemälde mit Hirschen und anderem Wild, was meinem Opa, Herrn Moser und wohl auch dem letzten Herrn Fäustle gefallen hatte) und unsere eigenen, mitgebrachten Bilder auf: Leinwände mit bunten, abstrakten Gemälden von Linnea, und einige Illustrationen von mir, unseren Kalender mit Kunstwerken aus dem Expressionismus. Betten wurden vor Fenster geschoben, Möbelstücke in den Keller gehievt, Schränke vollgestopft mit unseren nach Zuhause riechenden Klamotten, auf einen Heizkörper kam unsere Duftlampe, ein Nachtlicht mit Bewegungsmelder neben die Badezimmertür, eine Lichterkette um die Anrichte in der Küche und unser Sisal-Teppich ins Wohnzimmer.

»Et voilà!«, sagte ich schließlich, als alle Kisten leer waren und das Haus zumindest teilweise aussah wie ein Ort, an dem wir möglicherweise für länger bleiben könnten. Linnea räumte unser gepunktetes Lieblingsgeschirr in den weißen Küchenschrank und schloss ihn dann.

»Omas Zimmer ist immer noch gruselig. Und da müssen wir immer dran vorbei.«

»Dann dekorieren wir da halt auch noch um«, sagte ich. »Das machen wir aber morgen. Jetzt müssen wir uns erst mal Essen organisieren.«

»Hier gibt's ja nicht mal Internetanschluss«, maulte Linnea.

»Mobile Daten, du Schlauberger.« Ich googelte bereits nach einem Lieferservice. »Auf was hast du Lust? Thai? Pizza? Oder ...« Ich senkte bedeutungsvoll die Stimme. »Mäckes?«

»Du musst ja sehr verzweifelt sein«, sagte Linnea und dann zuckten wir beide zusammen, als es an der Haustür klingelte.

Bootsmann schoss unter dem Küchentisch hervor und rannte bellend aus dem Raum.

Linnea und ich sahen uns an. »Weiß jemand, dass wir hier sind?«, fragte sie. Ich hob die Schultern.

Es klingelte wieder. Bootsmann bellte noch immer.

Ich folgte langsam dem Hund in den Flur und tat, als wäre ich sehr ruhig und gelassen. Linnea schlich hinter mir her, drückte sich an meinen Arm, und ich hatte das Gefühl, ich sollte mir irgendetwas zum Zuschlagen greifen, eine alte Stehlampe vielleicht oder einen ausrangierten Baseballschläger, wie in einem Horrorfilm aus den USA.

Der Hund sprang jauchzend an der Haustür auf und ab und stürzte hinaus, sobald ich sie aufriss.

Draußen stand Martha und kämpfte mit einem zerfledderten Regenschirm. Einfach nur Martha. Ich atmete auf.

»Gott«, sagte ich. »Hast du uns erschreckt.«

»Wieso?« Die alte Frau trat ins Haus und scheuchte auch den Hund wieder zurück in den Flur. »Kann eine Nachbarin nicht mal die lange verschollene Enkelin ihrer Freundin besuchen? Und Urenkelin, du meine Güte!«

Sie musterte Linnea, die immer noch halb versteckt hinter mir stand. »Mensch. Wie Hanne. Haargenau.«

Linnea sagte nichts.

»Komm rein«, sagte ich und Martha schob sich in Omas Küche, wie eh und je. Martha wohnte einmal über die Straße, in einem niedlichen kleinen Häuschen, das von Kletterrosen und Blauregen ganz eingewachsen war und dessen Garten voll war mit allerlei Gemüse, Kräutern und Heilpflanzen. *Die Hexe*, hatten meine Schulkameradinnen sie früher genannt, aber für mich war sie schon immer nur Martha, die alte Martha Paplinski, seit jeher die dickste Freundin meiner Oma, mit etwas ruppigem Charme, aber unter der rauen Schale sehr, sehr nett.

»Wir haben uns eigentlich eher im ersten Stock eingerichtet.« Ich stand noch immer neben der Haustür und deutete die Treppenstufen nach oben.

»Wieso das denn?«, fragte Martha und wehrte den stürmischen Hund ab, der an ihrem Bein hinaufsprang. »Hannelore ist nicht mehr da. Die wird nicht ihr Reich zurückfordern.« Sie zwinkerte Linnea zu, die sich bei diesen Worten skeptisch im Raum umgesehen hatte. »Spuken wäre nicht so ihr Ding«, sagte Martha lächelnd.

Ich dachte an die Schemen im Spiegel und sagte nichts, setzte stattdessen Wasser für Tee auf.

»Lass mal«, sagte Martha. »Ich wollte euch eigentlich zu mir zum Essen einladen. Ihr habt doch sicher nichts im Haus und es ist Sonntag ...«

Ich warf Linnea einen Blick zu, überprüfte, ob sie sich schon sehr auf Mäckes gefreut hatte. »Martha kocht ausgezeichnet«, sagte ich und die nickte.

»Ich mache ganz wunderbare Kürbisnudeln, da ist dir drei Tage lang nicht mehr kalt.«

Während wir zu ihr hinüberstiefelten, hörte es kurz auf zu regnen, Martha schimpfte über ihren kaputten Schirm, und Linnea sprang über Wasserpfützen, die sich in der Auffahrt gebildet hatten, klingelte an der Glocke des Lastenfahrrads, das am Kastanienbaum lehnte, rostig und schwer. Ich bückte mich nach einer Kastanie, pulte sie aus ihrer stacheligen Hülle und steckte sie als Handschmeichler in meine Jackentasche. Um den Baum herum machten die Beeren Platz für eine von Hühnern ausgekratzte Wiese, an die rechts daneben Marthas Scheune anschloss. An Vormittagen hatte sie die immer geöffnet und in einem Straßenverkauf Selbstgemachtes verkauft, das wusste ich noch.

»Demnächst mache ich daraus einen richtigen Hofladen«, sagte Martha, die meinen Blick bemerkt hatte, und winkte uns dann weiter in Richtung Haustür. Marthas Haus war mehr eine Hütte mit nur einem Erdgeschoss und einem Spitzboden, auf dem sie ihr Schlafzimmer untergebracht hatte. Sie kam mir kleiner vor als früher, was daran liegen konnte, dass ich seit Jahren nicht hier gewesen war. Seit ich denken konnte, hatte Martha dort allein gewohnt, hatte Rosen und Brombeeren, Himbeeren und Johannisbeeren um ihren niedrigen Holzzaun gepflanzt, die die weiß verputzte Fassade einwucherten, als lebte dort Dornröschen höchstpersönlich. Jetzt drückte sich eine dürre Katze durch ein nur angelehntes Fenster; hellblaue Fensterläden, mit wildem Wein und Ramblerrosen überwachsen, die sich an der Dachrinne entlang hangelten und bis unters Dach krochen.

»Filou, du Mistvieh!«, rief Martha. »Kscht! Der macht mir drinnen wieder alles nass!« Das stimmte garantiert; der Regen tropfte von den schon fast verblühten Rosensträuchern und rot verwelkten Weinblättern. Ich bog eine dornige Ranke aus dem Weg, während ich Martha folgte, und erinnerte mich an die vornehmen Namen der Rosen: *Munstead Wood, Gräfin Diana, Rhapsody in Blue.*

Nicht nur ihre Hütte, auch Martha selbst schien ein wenig geschrumpft zu sein. Sie trug Jeans und ihre obligatorischen Wanderschuhe, an die ich mich noch erinnern konnte, dazu einen dicken Wollpulli, der für das milde Nieselregenwetter eigentlich viel zu warm wirkte, und eine goldene Haarspange in ihren kinnkurzen Haaren, die ihr ein beinahe mädchenhaftes Aussehen verlieh.

»Kommt rein, kommt rein«, sagte Martha, und schob mit dem Fuß die räudige, wie gerupft aussehende Katze aus dem Weg. Die fauchte Bootsmann an, der nasse Pfotentapser auf Marthas Fußboden hinterließ.

»Das ist Filou, er ist mir vor einiger Zeit zugelaufen, war wohl angefahren worden, drei Wochen hab ich ihn betütert, und er bleibt nur, wenn es regnet, das undankbare Vieh.«

Martha warf mir ein altes Handtuch zu, ich schnappte den Hund und versuchte kaum erfolgreich, ihn abzutrocknen.

In ihrem Flur knarrten Holzdielen, es duftete nach warmer Butter und Salbei. Über dem Herd dampfte die Luft und ein wohliges Gefühl stieg in mir hoch, etwas, das ich hier immer gefühlt hatte, Geborgenheit, Vertrauen, Heimat. Wir streiften die Schuhe und Jacken ab. Linnea blieb immer noch dicht hinter mir und bückte sich, um die Katze zu streicheln. Ich folgte Martha und dem Hund in die Wohnküche, vorbei an der kurzen Diele mit ein paar Holzkisten und einer vollgestopften Garderobe und einem winzigen Bad. Eine alte Holzstiege führte unters Dach ins Schlafzimmer, und das war es dann auch. Wobei man die Scheune eigentlich auch noch zu Marthas Wohnraum zählen konnte; dort lagerte ihr eingemachtes Obst, ihr Honig und manche der Apfelsorten aus Oma Hannes Garten, hier gab es Geburtstagsfeiern oder Jubiläen, und ab und an hatten auf dem ehemaligen Heuboden Freundinnen von ihr übernachtet.

Linnea blickte sich im Raum um, der mir noch immer so vertraut schien, als hätte sich kaum was geändert. Die Pflanzen waren größer, die Yucca-Palme am Fenster, die ihr meine Oma mal zum Geburtstag geschenkt hatte, sah üppig aus, der alte, mir wohlbekannte Gummibaum war bis unter die Decke gewachsen, krümmte sich an ihr entlang. Am Fenster standen kümmerliche Teile, die ich nicht zuordnen konnte, mit krummen Stämmen und welken Blättern.

»Ich päppel die auf!«, sagte Martha, die meinem Blick gefolgt war. »Wenn dir mal eine eingeht, bring sie zu mir, das machen alle.«

Ich schaute aus dem hinteren Fenster, wo sich zwischen einem Staketenzaun aus lose zusammengebundenen Stecken der hübscheste kleine Bauerngarten erstreckte, den man sich vorstellen konnte: breite Trittsteine, die durch ordentliche Gemüsebeete führten, wo jetzt im Herbst noch Grünkohl, Möhren, Rote Beete und Kürbis, Kopfsalat und Zucchini wuchsen. Blumenbeete dazwischen, aus denen Kapuzinerkresse und andere, im Zweifelsfall ebenfalls essbare Blüten leuchteten. Im hinteren Teil des Gartens, das wusste ich noch, stand ein Bienenstock, der die Blüten im Garten im Frühjahr und Sommer surren und summen ließ, und die knorrige Eiche, die so alt war, dass sie längst kaum noch Eicheln trug. Und unter der meine Oma Hanne so gern gelesen hatte.

Die offenen Regale in der Wohnung quollen über von Kochbüchern und Romanen und Ordnern, wie eh und je. Zettelstapel auf dem Boden neben einem schmalen Schreibtisch. Flackernde Kerzen und Rosenquarzbrocken auf dem Fensterbrett, wo es sich die Katze bequem gemacht hatte und hinaus in den Regen guckte. Eine Öllaterne baumelte neben der Stiege nach oben. Martha klatschte in die Hände und scheuchte Bootsmann vom blauen Cord-Sofa, das mit Kissen und Decken überladen war. »Du weißt ganz genau, dass du hier nicht auf die Couch darfst, du …« Der Hund sprang herunter und versteckte sich unter dem riesigen, ovalen Esstisch mitten im Raum. Unterschiedliche Stühle drum herum, mehr noch, als ich sie in Erinnerung hatte: wackelige Holzstühle mit Korbgeflecht-Lehne, Polstersessel, wippende Bürostühle, gelb, grün und violett lackierte Sperrmüll-Hocker. Es gab auch einen Gymnastikball in grellem Grün, auf dem man sitzen konnte. Martha rückte einen Blumenstrauß in einer gepunkteten Vase zur Seite, legte drei wie selbstgehäkelt aussehende Platzdeckchen und Teller, angelaufene Silberlöffel auf den Tisch. Auf dem Herd fing ein Teekessel an zu pfeifen. Linnea zuckte zusammen. Sie stand dicht an der Wand neben dem Eingang, versuchte wie immer in fremder Umgebung, sich unsichtbar zu machen, ein Strich vor dem weißen Putz.

»Setzt euch, setzt euch, es ist fast fertig.«

Martha ging zum Herd, stellte den Kessel ab und rührte in einem Topf, aus dem es herrlich duftete. Sie hatte immer gern gekocht, gern und gut, und immer so, dass man sich davon leicht überessen konnte, nahrhafte, gut wärmende Mahlzeiten, die ich eine Zeitlang jeden Mittag bei ihr bekommen hatte, wenn meine Eltern arbeiten gingen, meine Oma unterwegs war.

Linni und ich setzten uns; ich versank im Polstersessel und wechselte auf den Gymnastikball, wippte darauf herum.

»Kürbisnudeln mit Salbeibutter.« Martha knallte den Topf vor uns auf den Tisch. »Haut rein.«

Ich tat Linnea was auf, dann mir, und der erste Löffel, den ich mir in den Mund schob, schmeckte köstlich. Wie heimkommen, dachte der etwas pathetische Teil von mir, und ich schloss kurz die Augen.

»Und du bist jetzt also wieder da«, sagte Martha, als hätte sie gehört, was ich dachte, nach einigen Minuten Stille, in denen wir einfach nur die Nudeln genossen hatten.

»Vorübergehend«, sagte ich mit vollem Mund, genau wie früher, man musste es einfach in sich hineinstopfen, dieses köstliche Essen. Vorübergehend, dieses Mantra, das immer in meinem Kopf war, vorübergehend, vorübergehend. »Nichts ist für immer.«

»Ha«, machte Martha. »Wem sagst du das.«

Sie warf einen Blick zum Regal, ich folgte ihm: ein Foto von ihr und meiner Oma, unter der Eiche in Marthas Garten, Arm in Arm, beide mit geröteten Wangen und breitem Lächeln im Gesicht. Es war ein Jahr her, fast eineinhalb, seit sie gestorben war. Sie fehlte ihr sicher noch immer.

Ich betrachtete Martha, ihr Gesicht, die Fältchen um ihre Augen, die tief lagen, wie in Höhlen, aber trotzdem freundlich blickten. Ihre lockigen, kurzen Haare, mit der goldenen Spange gebändigt. Ihre spitze, lange Nase. Ein wenig Kürbissoße hing an ihrem Kinn und sie wischte den Fleck mit einer vornehm anmutenden Geste weg.

»Also vorübergehend, hm?« Martha wandte sich wieder ihren Nudeln zu.

»Wir räumen erst mal das Haus aus«, sagte ich. »Stimmt's, Linni? Und dann sehen wir weiter. Wir können ja jederzeit zurück.«

Meine Tochter sah mich skeptisch an, hob die Augenbrauen, sagte aber nichts.

Martha schaute von ihr zu mir und wieder zurück, lachte leise und sagte dann: »Mensch, du bist ja mittlerweile genauso ein langer Lulatsch wie die Hanne! Wenn die dich sehen könnte!«

Linnea lächelte höflich; sie wusste, dass sie ihrer Uroma ähnlich sah, ich sagte es ihr manchmal, meine Eltern sagten es ihr, wann immer sie sie sahen, und bei der Beerdigung hatten sie auch einige Leute darauf angesprochen.

»Gehst du dann hier zur Schule?«, fragte Martha.

»Hm«, murmelte Linnea.

Ich war Martha dankbar, dass sie keinen Kommentar dazu abgab, wie wenig Linni sprach, nichts von wegen: »Na, du bist ja eine ganz Stille!« Oder: »Mach doch mal deinen Mund auf, Kind!« Dinge, die wir ab und an zu hören bekamen, was Linni traurig und gereizt gleichzeitig machte und mich irgendwie hilflos, als hätte ich als Elternteil versagt. Lars schickte sie zum Psychologen, was bisher auch nichts genützt hatte, weil sie (so vermutete ich) auch dort nichts preisgab.

Martha tat, als wäre das alles normal. So war sie und genauso war Oma Hanne auch gewesen: Sie nahmen Leute so, wie sie waren, und schafften es dadurch, ganz andere Seiten an ihnen hervorzulocken. Einfach nur, weil man sich bei ihnen wohlfühlte. Kurz fragte ich mich, warum ich je weggegangen war. Warum ich nicht einfach hiergeblieben war, mich eingeigelt hatte an diesem Ort, bei diesen zwei starken, strahlenden Frauen, die streunende Katzen aufpäppelten und Kürbisnudeln kochten, so gut, dass man sich sofort zu Hause fühlte.

»Ich hab sie neulich angemeldet. Morgen geht's schon los.«

Ich biss mir auf die Zunge, bereute den letzten Satz, als ich Linneas bleiches Gesicht sah. Sie ließ ihren Löffel sinken und blickte zur Katze am Fenster.

Marthas Augen zogen sich unmerklich zusammen, dann sagte sie: »Ihr habt doch keinen Strom da drüben, oder?« Und dann, ohne eine Antwort abzuwarten: »Ihr bleibt mal besser hier, heute Nacht.«

Wir blieben den ganzen Nachmittag, Linnea spielte mit der Katze, ich erzählte Martha von der Wohnungskündigung, dem verlorenen Job, von Lars und dem Baby. Martha hatte so eine ruhige Art zuzuhören, ohne zu bewerten, dass ich mich am Ende des Nachmittags erschöpft und leergesprochen fühlte, aber auch erleichtert, als hätte ich mir Sorgen, von denen ich kaum gewusst hatte, wie belastend sie waren, von der Seele, von meinen Schultern gesprochen. Martha versprach, uns zu helfen, das Haus wohnlich zu machen, wohnlich und gemütlich, »das kann ich gut, und dann reinigen wir mal die ganze alte Energie, schmeißen alles raus, was euch nicht guttut, und dann wird das schon.« Sie nickte Linnea aufmunternd zu, die erst schnell wegsah und dann mir einen Blick zuwarf, der wieder in die Kategorie frühe Pubertät gehörte.

Im Laufe des Tages ließ der Regen nach und ein paar noch warme Sonnenstrahlen stahlen sich durch die Wolkendecke. Ich schlüpfte in ein Paar Gartenhandschuhe von Martha, schnitt einige späte Rosenblüten ab, die das Haus umrankten, fragte nach den klingenden Namen, die mir Martha aus dem offenen Fenster zurief und die ich schon als Kind faszinierend fand. *Henners und ich, mit Rosenblüten im Haar und vornehmen Gesichtsausdrücken, ›bitte sehr, der Herr‹, ›Dankeschön, die Dame‹.* Wir hatten uns Phantasienamen für alle Rosensorten in Marthas Garten ausgedacht: Die Luftige Isolde, die Rote Rosi, oder, das kam von Oma, North Cothelstone Hall.

Es gab Roggenbrot zum Abendessen, selbstgebacken, mit einem in einem Marmeladenglas wohnenden Sauerteig, den man täglich füttern musste, dazu körnigen Frischkäse mit Schnittlauch, und ich brachte ein Glas Gurken aus Omas Speisekammer dazu.

Wir holten ein paar Übernachtungssachen, Schlafanzüge, Zahnbürsten, klappten das alte Sofa auf, bezogen es mit einem Bettlaken, die kratzigen Wolldecken mit Bezügen und bekamen dicke, selbstgestrickte Socken von Martha: »Manchmal zieht es hier unten nachts etwas.«

Sie kochte einen Schlummertrunk, irgendeinen Tee mit Früchten und Gewürzen, eine Art Punsch, der nach Lavendel und Baldrian roch und uns schläfrig machte. Bootsmann rollte sich neben der Haustür zusammen und schlief sofort ein; seit wir hier waren, schien er alle seine schlaflosen Nächte aus dem Jahr davor nachholen zu wollen, döste einfach weg und atmete laut vor sich hin.

»Der Hund hat doch was mit den Nebenhöhlen«, grummelte Martha, »wenn ihr Ohrenstöpsel braucht, sagt Bescheid.«

Aber ich fand sein Schnarchen bei weitem besser als sein ewiges Jaulen zu Hause in München. Zu Hause, dachte ich. Wo auch immer das jetzt war.

Wir luden meinen Laptop auf, und als Martha erstaunlich gelenkig ihre Stiege nach oben geklettert war, schauten Linnea und ich, zwischen die Kissen und Decken auf dem Sofa eingekuschelt, den Film von gestern zu Ende.

»Was meinte sie denn damit, die Energie reinigen?«, fragte Linnea, während der Abspann lief und ich leise mitsummte.

»Oh, Martha ist eine Hexe«, sagte ich, sehr ernst, musste dann aber selbst grinsen. »Sieht man doch hier, oder?« Ich machte eine ausladende Geste durch den schummrigen, nur von Kerzenlicht und unserem Laptop beleuchteten Raum. Die Katze hatte sich auf Linneas Schoß zusammengerollt und schnurrte leise unter ihren Streicheleinheiten. »Und du solltest dir erst mal die Scheune ansehen!«

»Ernsthaft?«

»Na ja, sie beschäftigt sich mit Energiearbeit«, sagte ich. »Ganz ernsthaft. Und ihre Kochkünste sind magisch, oder nicht?«

Linnea zuckte die Schultern und ließ sich dann tiefer in die Kissen sinken. »Das ist cool«, sagte sie überraschenderweise. »Ich mag Hexen. Ich wollte schon immer mal eine kennenlernen.«

Ich erzählte ihr nichts von dem Hexenzirkel, den wir in ihrem Alter gehabt hatten, Victoria Pozzi, der kleine Henning Buchäcker und ich, kein bisschen so frühreif wie Linnea jetzt, und felsenfest davon überzeugt, dass unsere Sprüche und Rituale wirklich etwas bewirken konnten. Wir hatten uns mit unserem Ouija-Board gegruselt, das noch irgendwo auf Oma Hannes Dachboden liegen musste, hatten Drudenfüße gezeichnet und Kräutercremes gegen Pickel gerührt.

Vicky, die fast vom Fahrrad fällt, so haarscharf bremst sie vor der Schaukel, auf der ich sitze und mit den Schuhspitzen am Boden schlenkere. »Oh mein Gott, oh mein Gott, oh mein Gott! Unser Spruch hat gewirkt, Stefan ist total verpustelt!« Henning, der auf den Stufen vor dem Eierschalen-Haus sitzt und schreibt, reckt einen Daumen in die Höhe: »Der Hexenzirkel schlägt zurück!«

Ich lächelte, als ich daran dachte, damals war noch alles gut gewesen, gut und einfach. Ein komisches, wehmütiges Gefühl überfiel mich, und obwohl der Hund fest schlief, Linneas Augen schon halb zufielen, wo doch morgen der verhasste, erste Schultag anstand, obwohl ich so gut gegessen hatte wie lange nicht und Marthas warme Wollsocken trug, hatte ich kurz das Gefühl, ich müsse Kind und Hund packen, ins Auto verfrachten und schnellstmöglich zurück in unser altes Leben fahren. Ich seufzte, stand auf und blies die Kerzen aus.

KAPITEL 5

EIN KREISCHENDER SCHREI wie von einem gefolterten Baby, gefolgt von einem kurzen, tiefen Bellen weckte uns im Morgengrauen.

Ich blinzelte, wusste einen Moment lang nicht, wo ich war, und sah dann Bootsmann neben unserem Sofa, der ängstlich vor der Katze zurückwich, die ihm anscheinend eine verpasst hatte. Ein blutiger Kratzer erstreckte sich einmal quer über seine Schnauze. Linnea saß kerzengerade im Bett neben mir und fragte: »Wann müssen wir los?«

»Es ist kaum hell«, sagte ich mit belegter, vom Schlafen brüchiger Stimme, streichelte Bootsmanns zerkratzte Schnauze und sank zurück in die Kissen. »Wir haben noch viel Zeit.«

Ich wusste, sie wollte auf keinen Fall zu spät kommen. Tatsächlich stand sie auf, putzte ihre Zähne, rannte hinaus über den Hof und über die wenig befahrene Straße zu unserem Auto in Hannes Hofeinfahrt, kam mit einer Reisetasche zurück, zog sich dreimal um und als Martha um halb sieben zu uns heruntergestiegen kam, saß Linnea fix und fertig angezogen, gekämmt und geputzt am Küchentisch.

»Mama«, sagte sie immer wieder. »Mama, jetzt komm. Wach auf.«

Ich stöhnte, drückte mir ein Kissen über den Kopf, schaffte es aber schließlich aufzustehen, als Marthas Kaffeemaschine blubberte und der Duft nach frischem Kaffee und Kakao durch den Raum zog. Wir frühstückten Porridge mit Zimt und Apfelmus und Martha drückte

Linnea einen kleinen blauen Stein in die Hand. »Lapislazuli«, sagte sie. »Steck den mal ein.«

Die ganze Fahrt über zappelte Linnea auf ihrem Sitz herum, spielte mit dem Stein, warf ihn hoch, fing ihn auf.

Heute hatte der Herbst beschlossen, eine Pause einzulegen, und lockere Wölkchen flockten über einen babyblauen Himmel. Ich schwitzte in meinem schwarzen Pulli unterm Regenmantel und pfriemelte mir während der Fahrt die Hände aus den Ärmeln, knüllte ihn hinter mir zusammen.

»Ich geh mit rein, oder?«, fragte ich, als wir vor dem tristen Kasten von Schulgebäude hielten, und fügte direkt hinzu: »Soll ich mit rein?«

Es war zwanzig vor acht, Schüler strömten über den gepflasterten Pausenhof. »Ich geh mit«, beschloss ich, ohne Linneas Antwort abzuwarten, parkte das Auto und dann standen wir da, meine Tochter und ich, vor dieser Schule, in die ich so lange gegangen war. Mir war selbst flau im Magen und wieder überkam mich der starke Drang, Linni ins Auto zu schieben, einzusteigen und so schnell wie möglich aus dieser Stadt zu verschwinden, egal, wie einladend das Wetter heute war oder wie hübsch das Kopfsteinpflaster in der Altstadt.

»Na, komm«, sagte ich laut, zu ihr oder zu mir, und klatschte blöde in die Hände, wie so eine amerikanische Soccer-Mom, die ihre Kinder antreibt. »Wir gehen jetzt mal da rein.«

Die Schule war ein grauer Block, nur Beton und Steine; in gepflasterten Kreisen eingefasste Bäume waren das einzige Grün weit und breit. Das Gebäude kam mir kleiner vor als früher, obwohl ich seit meinem fünfzehnten Geburtstag nicht mehr gewachsen war. Die große Eingangstür offen, drinnen quietschende Sohlen auf den orangefarbenen Böden, tuschelnde Teenager in Grüppchen. Wann hört man auf, Angst vor coolen Teenagern zu haben? Das war kein

Respekt, das war schon pure Furcht, ihre gehobenen Augenbrauen, ihre Blicke, ihr Getuschel. Der Geruch nach Vanilledeo und Pubertätsschweiß. Kleine Mädchen mit dünnen, langen Beinen und die etwas älteren, weniger geschminkt als wir damals, Natürlichkeit war jetzt in, schielten zu den Jungsgruppen hinüber. Immer Gruppen, ich hatte das schon früher nicht gemocht, ich mochte es noch immer nicht. Wie hielten Lehrer es hier aus? Wurden sie nicht tagtäglich von Erinnerungen an ihre eigene Schulzeit heimgesucht? Fanden sie das vielleicht sogar gut, im Gegensatz zu mir? Oder gewöhnte man sich irgendwann daran, überlagerte der Lehrer-Alltag die Schüler-Erinnerungen, selbst die tiefsitzenden, im Körpergedächtnis gespeicherten? Darüber hatte ich einen Artikel gelesen, Körpergedächtnis, ganz plötzlich getriggert von belanglosen Dingen wie gesprenkeltem Linoleumboden, orangenen Spinden oder – ich zuckte kurz zusammen – einer Schulglocke zur ersten Stunde, die noch ganz genauso klang wie damals.

Vicky, Henning und ich im Pausenhof, eine Schokomilch in der Hand, die wir heimlich teilen, weil wir eigentlich schon zu alt dafür sind. Hennings ewig pfeifendes Hörgerät. Er erzählt uns Geschichten, die er sich ausdenkt, über Fluchttunnel unterhalb des Jungenklos und wie wir so einfach rausspazieren, als wäre die Schule ein Gefängnis. »Ihr seid so kindisch«, sagt Vicky. »Kein Wunder, dass uns alle verarschen.«
»Keiner verarscht euch«, sagt Henning. Er nestelt an seinem Ohr herum. Das stimmt. Vicky und ich sind viel zu unscheinbar, um verarscht zu werden. Henning wiegt ungefähr zwanzig Kilo zu viel für seine Größe und hat dieses piepsende Ding im Ohr. Ich beuge mich vor und streiche ihm die Haare zurück. »Scheiß auf die«, flüstere ich sehr laut. »Scheiß auf sie alle.«

Ich wusste, wo das Sekretariat war, natürlich wusste ich das, und ich hielt Linneas schwitzige Hand fest, obwohl sie mehrmals versuchte, mir die zu entziehen.

Ich klopfte und ging hinein, Telefone klingelten, Schüler gaben Krankmeldungen ab, reichten Entschuldigungen nach, Gewusel, Stimmengewirr. An vorderster Front saß eine sehr junge Frau mit einem langen, violett-rot glänzenden Zopf und einem Nasenring, die uns direkt anstrahlte. Wenigstens das Personal hatte sich geändert, wenn schon nicht der Geruch und das Aussehen und das Mobiliar. Sie hatten die griesgrämige alte Frau Haas durch diese freundliche, junge Dame ersetzt, eine gute Idee.

»Linnea!«, sagte sie. »Stimmt's?«

Ich starrte sie an, Linnea starrte sie ebenfalls an.

»Ja«, sagte ich, weil Linni nur kurz nickte, »ich bin ihre Mutter, sie geht in die …« Ich wühlte nach einem Blatt Papier in meiner Handtasche. »… 7b.«

»Genau«, sagte die Frau. »Ich bin Frau Prasilova, die Sekretärin hier. Herzlich willkommen!« Sie strahlte und klickte dann auf ihrem PC herum. »Linnea Zeitler, 7b, und deine Mitschülerin sollte auch gleich da sein, ich hab ihr gesagt, Viertel vor, dann nimmt sie dich mit … ah, Samira, da bist du ja!«

Wir drehten uns um und in der Tür stand ein winziges Mädchen mit tiefschwarzen Haaren, das schüchtern zu uns herein lächelte.

»Hallo«, piepste sie.

»Ich hab mir gedacht, so am ersten Tag mit einer Woche Verspätung ist es nett, wenn dich jemand an die Hand nimmt.« Die Sekretärin mit dem Nasenring sagte das ohne Vorwurf oder Bewertung, sie lächelte einfach den beiden so unterschiedlichen Mädchen zu: Linnea, groß, schlank und blass, überragte ihre neue Mitschülerin, die klein, eher stämmig und sehr dunkel war, um mindestens zwei Köpfe. Ich ließ endlich Linnis Hand los und drückte nur noch einmal kurz ihren Oberarm. »Toi, toi, toi«, sagte ich und kam mir selbst albern dabei vor. »Das wird super, wirst schon sehen.«

Ich sah den beiden hinterher, Samira sagte etwas, Linnea musste sich ein bisschen nach unten beugen, und dann drehte ich mich wieder zur Sekretärin um.

»Das wird schon«, sagte die, als hätte sie meine besorgten Gedanken gelesen. »Samira ist eine ganz Nette, und ein bisschen eine Außenseiterin, ich dachte, das ist gut, wenn sich gleich zwei zusammentun können, die noch nicht so richtig Anschluss gefunden haben.«

»Ja«, sagte ich. »Okay.«

Wieder klingelte ein Telefon. »Entschuldigung.« Frau Prasilova ging ran, winkte mir noch mit zwei Fingern zu und war dann schon völlig in ihr Gespräch vertieft. Ich kam mir zu langsam vor, wie gehemmt. Mit schnellen Schritten ging ich durch die Hallen zurück nach draußen, rannte beinahe, schaute auf den Boden, auf meine Füße, wollte einfach raus. Als würden hier die Geister der Marias lauern, die ich gewesen war, aus deren Klauen ich mich mühsam befreit hatte, und nur darauf warten, mich wieder einzufangen. Ich wäre ein von ihnen besessener Zombie, willenlos und genau die gleiche Person wie damals.

»Huch!«, machte jemand und ich schaute hoch, während um mich herum Zettel und Blätter und eine schwere Ledertasche auf den Boden segelten.

»Oh, Mist, sorry«, murmelte ich, sammelte ein paar der herumflatternden Schulaufgaben ein und stockte dann. Vor mir stand Victoria Pozzi. Mehr als zwanzig Jahre älter, ein bisschen dünner als damals, knochiger vielleicht, aber eindeutig Victoria Pozzi.

»Vicky«, sagte ich und hielt ihr den Stapel hin. Sie selbst hatte Hefte vom Boden geklaubt und schob sie gerade zurück in ihre Tasche. Sie sah mich einen Moment lang verwirrt an.

»Ja?«

Und dann fiel etwas in ihrem Gesicht zusammen, Unverständnis wurde zu Erkennen, wurde zu Erstaunen und zu noch etwas, so etwas wie Furcht huschte für einen winzigen Moment über ihr feines und adrett geschminktes Gesicht.

»Maria?«

Ich zupfte an meinem Pony und war mir plötzlich meiner fünfzehn zusätzlichen Kilos, meiner ersten Falten und meiner vermutlich zu engen Jeans sehr bewusst. Ein Schnürsenkel meiner Doc Martens war aufgegangen, merkte ich.

»Oh«, sagte sie. »Ich hab mich schon gefragt, ob die neue Schülerin mit euch verwandt ist. Ich hätte aber nie gedacht, dass du … also, dass du …«

Ich lächelte höflich, eine verzogene Fratze, die nicht zu mir passte. Vicky lächelte auch, sie schaffte es, ihr Lächeln etwas natürlicher wirken zu lassen. Sie atmete einmal tief durch. »Also wohnst du jetzt wieder hier?«

Ich nickte, zu mehr war ich nicht fähig.

»Und Linnea ist deine … deine …«

»Tochter, ja.« Ich fragte mich, warum es so unfassbar war, dass ich eine Tochter hatte.

»Maria Zeitler ist zurück«, sagte Vicky und ihre aufgesetzte Natürlichkeit schien ein wenig zu bröckeln. Sie klang fast wie damals.

»Und Victoria Pozzi ist jetzt Lehrerin«, sagte ich. »Dabei haben wir doch immer gesagt, niemand kriegt uns jemals in diese Schule zurück.«

»Siebert«, sagte sie.

»Was?« Der Name kam glockenhell aus ihrem Mund und löste irgendetwas in mir aus, ein kaum merkliches Schütteln. Körpergedächtnis, dachte ich. Körpergedächtnis.

»Victoria Siebert«, wiederholte sie. »Ich hab den Namen von meinem Mann angenommen.«

»Deinem Mann.«

»Markus.«

»Klar«, sagte ich. Mir war leicht schwindelig. Ich hielt noch immer eine Schulaufgabe in der Hand, der Schüler hatte eine Vier bekommen, dick umrandet, viele rote Striche am Rand, *das geht doch besser, Jannis.*

»Sie ist in meiner Klasse. Linnea, meine ich.« Vickys Lächeln war keinen Millimeter verrutscht. Vicky Pozzi. Vicky Siebert.

»Gut«, hörte ich mich sagen, obwohl ich nicht wusste, ob das wirklich gut war. Ob Vicky eine gute Lehrerin war. Sie war eine verdammt schlechte Freundin gewesen, damals, aber das musste ja nichts heißen. Schlagartig wurde mir übel, ich kniete mich hin, um den Schuh zu binden oder um einen plötzlichen Schwindelanfall zu kaschieren, keine Ahnung.

»Schön«, sagte sie mit einem weiteren, freundlichen Lächeln. »Wir können ja mal einen Kaffee trinken gehen, oder so.«

Ich starrte sie an, sagte aber: »Klar.«

Und damit nahm sie mir die Schulaufgabe aus der Hand und ging davon.

Ich verließ das Schulgebäude, und erst als ich im Auto war, merkte ich, dass ich zitterte. Victoria Siebert. Ich legte den Kopf aufs Lenkrad und blieb einen Moment lang einfach so sitzen, dann haute ich ein paarmal mit der Stirn gegen das Plastik, bis ich aus Versehen hupte und erschrocken den Kopf hochriss.

KAPITEL 6

ICH GING EINKAUFEN, warf Brot und Emmentaler und Camembert und Äpfel und Karotten und Kürbisse und Hundefutter in meinen Einkaufswagen, ohne groß zu merken, was ich tat.

Der Rewe war ganz neu, ein sauberer, schicker Laden, der nichts mit dem stickigen Supermarkt mit engen Gängen zu tun hatte, den es hier früher neben der Schule gegeben hatte. Danach fuhr ich in der Gegend herum, ignorierte das auftauende Tiefkühlgemüse in meinem Kofferraum, schaute mir vom Auto aus an, was sich geändert hatte in der Stadt. Es gab eine große Baustelle in der Nähe der Altstadt, wo eine Tiefgarage entstehen sollte, das Museum war völlig eingerüstet, augenscheinlich baufällig und sollte erst in drei Jahren wiedereröffnet werden. Häuser, die früher halb verfallen gewesen waren, waren jetzt frisch renoviert. Ein Industriegebiet mit neuen, größeren Supermärkten am südlichen Rand der Stadt, und auch am Schwimmbad hing ein Schild, dass es nächstes Jahr saniert würde.

Das Haus von Oma Hanne stand noch immer am Stadtrand, am nördlichen, ein wenig abgelegen in einer Siedlung, die aus der Zeit gefallen wirkte, kleine, spitze Häuschen mit gepflegten Gärten außen herum, und ein paar wenige weiß getünchte Hütten wie Marthas, mit Bauwagen im Garten und Gemüseanbau, Scheunen, in denen Traktoren standen, auch wenn sie wahrscheinlich nur noch als Hobby benutzt wurden.

Ich rumpelte in die Auffahrt, hörte Bootsmann bellen, den wir bei Martha gelassen hatten und der jetzt aus ihrer Tür schoss und mir über die Straße entgegenkam. Ich klopfte sein borstiges Fell. Die Schaukel am Nussbaum schwang in der sanften Brise und während ich Bootsmann kraulte, betrachtete ich das Grundstück, das jetzt im Hellen kaum weniger gespenstisch wirkte als am Abend unserer Ankunft bei Gewitter und gestern bei Regen. Verlassen, so wirkte es, hatte es doch ein Jahr lang leer gestanden. Die Fassade war mal blass gelb angestrichen gewesen und hatte im Lauf der Zeit eine braun-graue Patina bekommen. (»Das Haus sieht aus wie verschimmelt«, hatte Linnea bereits stirnrunzelnd kommentiert.) Der Putz erinnerte vage an die Eier eines exotischen Vogels. Das war nichts Neues; das Eierschalen-Haus nannten wir es als Kinder, weil ich eine Phase hatte, in der ich meinte, Häuser wären besser, wenn sie klingende Namen hatten, genau wie in England. Hexenhaus, Eierschalen-Anwesen. Und Hennings Zuhause wurde zur Villa Kürbisgrund.

Ich räumte die Einkäufe aus dem Wagen und trug sie ins Haus, durch den im Vergleich mit Marthas Garten fast kargen Hof. Mein Opa war ein Arbeiter gewesen, der hatte es nicht so mit Gemütlichkeit. Wenn es sich meine Oma nett machen wollte, ging sie zu Martha hinüber, wo man hinten im Garten auf warmen Holzdielen in Korbstühlen sitzen und auf das Blumenmeer gucken konnte.

Bei meiner Oma schwang nur die ausgeblichene Plastikschaukel im Wind; und die lud wenig zum Sitzen ein.

Ich verstaute die Einkäufe in der Speisekammer, die mir, genau wie das gesamte Haus, so fremd vorkam, noch immer gespenstisch, und doch jetzt unsere war.

Danach stromerte ich durch den Garten, kaute an einem Müsliriegel und betrachtete die Wiese, die im Frühjahr immer vor Gänseblümchen weiß leuchtete (weil sich meine Oma nicht darum scherte, ob der Rasen aussah wie ein Rasen), und Omas Obstbäume, um die sich jetzt Martha kümmerte: zwei knorrige Apfelbäume, ein sehr hoher, der sogar zwei verschiedene Sorten trug, ein ebenfalls recht imposanter Birnbaum, Zwetschgen und Kirschen.

Die Gänseblümchen auf der Wiese waren längst vertrocknet; ich ging durch knisterndes braunes Herbstlaub. Im Vorbeigehen rupfte ich ein wenig Unkraut aus den zwei überwucherten Gemüserabatten und kratzte mit dem Fuß etwas Moos von der locker gepflasterten Terrasse, zu der es keinen direkten Zugang gab (man musste aus der Haustür treten und einmal links ums Haus gehen) und die sowieso hauptsächlich dafür genutzt worden war, Nüsse zu trocknen oder die großen Bottiche zum Mosten der Äpfel hinzustellen. Nein, gemütlich war etwas anderes. Am Zaun entlang blühten noch ein paar weiße Herbstanemonen, das war alles, kein Vergleich zu Marthas üppigem Blumengarten. Ich war gerade dabei, einen Herbstblumenstrauß für unsere Küche zu pflücken, als ein Typ von den Strom- und Gasbetrieben in die Einfahrt bog. Ich schickte ihn in den Keller zur Gastherme, froh, dass wir es jetzt wenigstens bald warm haben würden, und machte mir Musik über mein Handy und eine Lautsprecherbox an; putzte ein paar weitere Fenster, die von außen noch stumpf und schmutzig ausgesehen hatten, und hörte dazu alberne Popsongs, die mir früher peinlich gewesen wären, meine Taylor-Swift-Playlist rauf und runter, tänzelte mit, vergaß Victoria Pozzi und das komische Gefühl, das die Schule in mir ausgelöst hatte, genauso wie das schlechte Gewissen, dass meine eigene Tochter jetzt ebenfalls auf dieser Schule war, die ich so wenig gemocht hatte. Aber Linnea würde sich dort wohlfühlen, das kleine Mädchen hatte nett ausgesehen, die Sekretärin auch, und eigentlich viel zu wunderbar unkonventionell für eben diese Schule, und Dinge änderten sich. Menschen änderten sich. War ich dafür nicht das beste Beispiel?

Ich fing an, unten noch einmal gründlich sauber zu machen, ein paar Möbel zu verrücken und die Teppiche auszuklopfen. In jedem Zimmer wischte ich Staub, riss die Fenster auf und warf vertrocknete Zimmerpflanzen weg. Nicht mal ihr altes Schlafzimmer, wo sie mich aus dem Spiegel angeblickt hatte, ließ ich aus.

Dann saß ich mit dem Hund in der Küche, aß süß-saure Gurken und Camembertbrot und fühlte mich gleich etwas besser. »Alles nur vorübergehend«, murmelte ich mir selbst zu. Unsere Möbel lagerten noch zu Hause in München, warteten nur darauf, dass wir zurückkamen, uns eine hübsche, neue Wohnung suchten und mit unserem wahren Leben weitermachten. Lars war in München, der hatte mir schon geschrieben, aufgeregte E-Mails und WhatsApp-Nachrichten, *sag mal, geht's noch, du könntest mich ja wenigstens informieren, wenn du kilometerweit wegziehst, sie ist auch meine Tochter,* bla bla bla.

Es war eine Notlösung, dieses Haus, das nicht groß, aber doch viel zu groß für uns beide war; wir waren hier nicht daheim. Ich konnte es uns nett machen, so was konnte ich immer, aber das hieß nicht, dass wir hierbleiben mussten. Der Gedanke beruhigte mich, und das Camembertbrot auch.

Bootsmann kratzte bereits an der Tür, und ich holte seine Leine, schlüpfte in ein paar Gummistiefel meiner Oma, und ging mit ihm Gassi. Er kannte den Weg, Oma Hanne war immer denselben gegangen, einmal quer über die Wiese links neben dem Haus und dann auf den Feldweg in Richtung Wald, eine Runde bis zur Lichtung, wo das verfallene Häuschen, die Einsiedler-Bude, stand, die mich als Kind sehr gegruselt hatte, dann über den Stadtrand und durch die dorfähnliche Siedlung wieder zurück. Die Luft tat gut und pustete mir die trüben Gedanken aus dem Kopf. Der Hund schien sich zu freuen, endlich wieder in gewohnten Gefilden unterwegs zu sein; ich ließ ihn von der Leine und er stromerte schnüffelnd ein paar Meter vor mir her, hob dann und wann das Bein.

Wir kamen nicht besonders schnell voran, die Gummistiefel waren mir zu groß und ich schlurfte mehr den Weg entlang, als dass ich ging, und Bootsmann war ja sowieso nicht mehr der Agilste. Die Wiese quatschte unter meinen Füßen, der Feldweg war vom vielen Regen aufgeweicht, Krähen saßen in einem stoppeligen Feld und pickten im Boden. Der Himmel hing schwer über uns, einheitsbreigrau. Wir stiegen einen sanften Hügel hinauf, passierten oben das alte Wegkreuz, ein steinerner Jesus mit geneigtem Kopf und dünnen Rippen litt sehr elend vor sich hin. Eine Krähe saß auf seinem Kopf und blickte mich an, als wir vorbeigingen. Jemand hatte ein rotes Grablicht und ein paar Blumen unter das Kreuz gestellt, warum auch immer. Weiter draußen, links neben mir, sah ich ein paar adrette, weiße Reihenhäuser, dicht nebeneinander und sehr modern, wie frisch aus dem Boden gestampft. Also wurde hier doch gebaut. Von Omas Haus aus war das nicht zu sehen gewesen, dem Hügel sei Dank. Eine neue Straße führte zu diesen Häusern und dahinter bauten sie gerade eine weitere Reihe, ein wenig versetzt, mit den gleichen schmalen Gärten, großen Balkons Richtung Südwesten und Terrassen aus Sichtbeton. Bootsmann schnüffelte kurz in den Wind, sah mich fragend an. »Du Fauli«, sagte ich. »Wir gehen schon noch ein Stück.«

Und wir wanderten an der Siedlung vorbei weiter in Richtung Wald. Der Weg führte direkt hinein, neben einer Schranke parkte ein einsames Auto, Zufahrt verboten. Ein großer Haufen aufgeschichteter Stämme, die mit einer orangen Farbe besprüht waren, zeigte mir, wo wir abbiegen mussten, aber Bootsmann wusste es sowieso. Der Waldweg war ein bekannter Wanderweg, an den Bäumen kleine, quadratische Schildchen, wo man sich befand, gelbe Striche und ab und an eine Kilometerangabe bis zum nächsten Ort. Meine schweren Gummistiefelschritte federten auf dem weichen, von Kiefernnadeln übersäten Boden. Es roch nach nasser Erde und

Pilzen; dann und wann sah man welche aus dem Boden sprießen, kleine weiße Köpfchen, keine Ahnung, ob sie essbar waren. Meine Oma war Pilze sammeln gegangen mit Marthas Freundinnen-Truppe, gebückte Frauen mit Weidekörben und roten Fleece-Pullis, und am Abend gab es Champignoncremesuppe oder Pfifferling-Omelett von Martha.

Ich bin zwölf, oder dreizehn, und schlechtgelaunt und trotte hinter dem lauten, bunten Haufen Frauen her, mir ist langweilig, weder Vicky noch Henning hatten Zeit, und ich wäre lieber zu Hause und würde mir was im Fernsehen angucken, sogar irgendetwas Langweiliges wie diese Sendung über Landwirtschaft, die mein Opa immer geschaut hat.

Ich stapfte durch den vor Regen tropfenden Wald, froh über Omas alte Gummistiefel, die mir zwar viel zu groß, aber wenigstens wasserdicht waren. Sie reichten mir bis zu den Knien. Der Hund war mittlerweile nur noch ein Schatten zwischen den Bäumen vor mir.

Das alte Häuschen tauchte backsteinrot zwischen den Bäumen auf, als der Wald dichter wurde. Es stand auf einer kleinen Lichtung zwischen besonders dickem Nadelbaumbewuchs, der sich weiter hinten wieder zu einem helleren Mischwald auflockerte: ein kleines Steinhaus, in dem angeblich noch bis in die siebziger Jahre ein einsamer Mönch oder Eremit gelebt hatte, und das jetzt mit Graffiti besprüht war. Einsiedler-Bude, hatten wir es deshalb genannt. Bootsmann bellte, als wir daran vorbeikamen, und blieb stehen.

Ich schaute auf das Haus. »Was ist denn?«, fragte ich ihn, versuchte, ihn am Halsband weiterzuziehen, aber er bellte wieder und blieb, wo er war. Er war erstaunlich stark. Mich schauderte, als ich einen Schatten an einem der Fenster wahrnahm. Wahrscheinlich bloß ein paar Schulschwänzer, dachte ich.

»Jetzt komm, Bootsmann.«

Der Hund wedelte mit dem Schwanz. Aus dem Haus trat ein großer Mann in einem olivgrünen Parka, so grün, dass er zwischen den Bäumen kaum zu sehen war. Ich tat, als hätte ich ihn tatsächlich übersehen, und ging weiter. Ich hatte jetzt keine Lust auf Begegnungen mit kauzigen Leuten, die in verlassenen Hütten herumhingen.

»Hanuta?«

Ich drehte mich um. Ich kannte den Spitznamen, kannte die Stimme, die jetzt tiefer klang, aber immer noch fast wie damals. Er kam aus dem Haus und blieb dann wie angewurzelt stehen, starrte mich an.

»Oder? Maria? Das bist du doch.«

»Hi«, sagte ich und starrte zurück. »Hallo.«

»Maria Zeitler«, sagte Henning, denn er war es, drei Köpfe größer als damals, und dünner, aber doch breiter, mit seinen braunen Haaren und einem Bartschatten auf seinen nicht mehr ganz so runden Wangen. Tatsächlich hatte sich ein relativ markantes Kinn aus seinem Milchbubi-Gesicht herausgeschält.

Hexenzirkel, Hühnergötter, Blutsgeschwister. Übernachtungen in Superman-Bettwäsche, getauschte Pausenbrote. Und dann später, dieser dumme eine Abend, und alles vorbei, für immer, für über zwanzig Jahre.

Meine Füße in den Gummistiefeln waren kalt. Ich hätte mich am liebsten umgedreht und wäre einfach gegangen, aber die Sohlen klebten regelrecht am matschigen Waldboden. Ich bewegte sie ein bisschen, es gab ein suckelndes Geräusch.

»Du, hier?!«

Er starrte mich immer noch an, als wäre ich eine Erscheinung.

Ein Hund stromerte von irgendwo hinter Henning zwischen den Bäumen hervor, ein sehr schöner, schwarz-weißer Hund, der aussah wie die Hütehunde bei »Ein Schweinchen namens Babe«, den ich erst kürzlich mit Linnea angeschaut hatte, obwohl die sich viel zu alt dafür fand. Bootsmann stieß ein freudiges Bellen aus.

»Wolf«, blökte ich wie die ängstlichen Schafe im Film, bevor ich mich davon abhalten konnte. Ein weiterer Rollenwechsel, ich war wieder zehn, mein Gehirn spielte ein bisschen verrückt. »Wolf!«

Henning runzelte die Stirn, drehte sich um. »Was?«

»Der Hund sieht aus wie die von diesem Kinderfilm mit dem Hüteschwein«, sagte ich. »Und die Schafe nennen ihn immer Wolf und haben Angst vor dem.«

»Oh«, sagte er. »Das ist Socke. Vor dem braucht man keine Angst haben.«

»Wegen der …?« Der Hund hatte weiße Beine, die aussahen, als trüge er an jedem davon lange, hochgezogene Tennissocken.

»Ja.« Henning wurde rot. »Nicht sehr einfallsreich, ich weiß. Und ist das … Bootsmann?«

Bootsmann kam schwanzwedelnd auf Henning und Socke zu; er schien beide zu kennen, die Hunde beschnupperten sich.

»Ja«, sagte ich. »Lebt immer noch.«

»Ha«, machte Henning, »und du auch.« Er sah mich lange an. »Und was machst du jetzt hier?«, fragte er schließlich.

»Äh … ich wohne wieder hier.«

»Ach?«

»Ja, vorübergehend.«

Er nickte langsam, als sei das Information genug. »Tut mir leid mit deiner Oma«, sagte er.

»Ich hab vergessen, wie klein diese Stadt ist.«

»Außerdem bin ich die Lokalpresse«, sagte Henning. »Ich weiß alles.« Er lächelte. Lokalpresse, dachte ich. Das passt.

»Warst du da drin?«, fragte ich überflüssigerweise, da ich ja gesehen hatte, wie er herauskam.

»Ich schreibe an einer Artikelserie über verlassene Orte in der Umgebung. *Lost places,* du weißt schon. Ist irgendwie in.«

»Ah«, sagte ich. *Lost places.* Ich musste an die Plastikplanen über Omas Möbeln denken, an den Geruch nach Staub und abgenutzten Lavendelsäckchen.

»Du bist so groß«, sagte ich, ohne nachzudenken.

Er zuckte die Achseln. »Knapp 1,90.« Es klang stolz. »Du bist aber immer noch …« Er machte eine Geste, die »kurz« oder vielleicht auch »winzig« oder »ein Zwerg« andeuten sollte, und ich zog eine Grimasse. Der kleine Henning Buchäcker hatte mich überholt.

»Mit siebzehn hatte ich noch mal einen richtigen Wachstumsschub, da hat schon keiner mehr dran geglaubt … wann seid ihr noch mal weggezogen?«

Ich überlegte. »Vor fast genau zweiundzwanzig Jahren«, sagte ich dann. »Nach der Zwölften.«

Die Party in der alten Schulturnhalle. Halloween. Danach hatte sich alles aufgelöst, Vicky, Henning und ich, und im Sommer drauf war ich mit meinem Vater weggezogen.

»Abi hab ich dann schon in München gemacht«, erklärte ich, wie zu mir selbst.

Wir schwiegen eine Weile. Etwas fiepte leise und Henning drückte an seinem linken Ohr herum.

»Batterien sind leer.« Er fummelte sein Hörgerät, das jetzt viel kleiner und unauffälliger war als damals, aus dem Ohr, steckte es ein. »Du musst in mein gutes Ohr sprechen.«

Er pfiff den Hund zu sich, fragte: »Gehen wir ein Stück?«, stellte sich, wie gewohnt, wie früher, wie immer, links neben mich, das rechte Ohr mir zugewandt, sein gutes Ohr.

Damals war er in der Schule dafür gehänselt worden, weil Kinder fies und gemein waren, der kleine, dicke Henning mit dem Hörgerät, er hatte es hinter einer Matte von Locken versteckt; heute waren seine Haare kürzer, es schien ihm nichts mehr auszumachen.

Mathe beim fiesen Herrn Plass. Ein Kichern aus den hinteren Bänken. Henning, der an der Tafel steht und nicht weiß, wie man die bescheuerte Gleichung löst. Ich weiß es auch nicht, aber mich hat es heute nicht erwischt. Wer immer sich das Konzept der »Abfrage« ausgedacht hat, gehört bestraft. Hart. »Meine Güte, Buchäcker«, sagt der Lehrer, der uns mit Nachnamen anspricht, obwohl wir gerade mal dreizehn Jahre alt sind. »Das ist Wiederholungsstoff. So was haben wir letztes Jahr schon durchgenommen. Das solltest du im Schlaf können.«
»Hat er halt nicht gehört«, sagt Stefan von hinten und wieder geht ein Kichern wie eine Welle durch den ganzen Klassenraum.

»Du bist nicht mehr blond«, sagte Henning.

»War ich doch nie. Ich bin besser als Brünette.«

Er lächelte. »Ich hätte dich fast nicht erkannt.«

Ich zuckte die Schultern. »Tja, zweiundzwanzig Jahre.«

Er neigte seinen Kopf ein wenig zu mir herunter. Der Größenunterschied kam mir gewaltig vor, früher waren wir fast gleich groß gewesen, der Wachstumsschub musste exorbitant gewesen sein, er überragte mich jetzt um bestimmt dreißig Zentimeter.

»Krass lang, oder? Wir sind alt geworden, hm?«

»Du vielleicht.« Ich grinste.

Wir gingen nebeneinander her, die Hunde vor uns im Blick, ich stolperte in meinen zu großen Gummistiefeln. Henning roch noch genau wie damals, und mir fiel ein, dass ich mich womöglich nur deshalb in Lars verliebt hatte, weil mich dessen Geruch an Henners erinnert hatte – *Henners und seine ganze Familie, dieses ganze, war-*

me, immer volle Haus, seine herzliche Mutter, Mittagessen zwischen seinen tausend Brüdern, die mich und ihren Jüngsten wegen unserer geringen Größe veräppeln, geschnitzte Kürbisgesichter, Spaghetti bolognese, Waschpulver, Holzofenasche.

Auf einmal tat es mir leid, dass ich nie hier gewesen war, dass wir jetzt nichts mehr waren als ein paar Fremde, die sich zufällig im Wald über den Weg gelaufen waren und sich nichts zu sagen hatten. Man konnte das Übliche abhaken, die altbekannten Fragen: Was machst du jetzt so, bist du verheiratet, hast du Kinder, bist du immer noch hier, aber was brachte das, rein gar nichts.

Diese bescheuerte Party, damals. Dieser bescheuerte Moment, der alles kaputt gemacht hatte. Ich schluckte trocken.

»Wo hast du gelebt, die letzten Jahre?«, fragte er.

»München«, sagte ich und fügte mutig hinzu: »Meine Tochter ist da geboren.«

»Oh«, sagte er.

»Sie ist dreizehn«, sagte ich; plötzlich wollte ich ihm von ihr erzählen, von etwas, was zu mir und meinem Leben gehörte, meinem jetzigen Leben, von jemandem, die so wichtig war für mich. Damals war ich mir sicher gewesen, niemals Kinder zu wollen, ich wollte ein freies und ungebundenes Leben führen, um die Welt reisen und an niemanden denken müssen, wenn ich nicht wollte.

»Hast du Kinder?«

»Nein«, sagte er. »Noch nicht.«

Wieder schwiegen wir.

»Hast du immer hier gewohnt?«, fragte ich schließlich. Es fing wieder an zu regnen und über uns auf den Baumkronen prasselte es leise; wir bekamen noch nichts ab.

»Du weißt doch«, sagte er. »Ich wollte nie weg.«

»Manchmal ändert man ja seine Meinung«, sagte ich, und er hob die Augenbrauen.

»Ja«, sagte er. »Hab ich halt nicht. Ich find's immer noch schön hier.«

Ich stülpte mir meine Kapuze über den Kopf, Henning tat dasselbe, nahm sie dann aber wieder ab, vermutlich weil er mich sonst schlechter verstanden hätte.

»Du wolltest immer weg«, sagte er. »Jetzt bist du wieder da.«

»Vorübergehend«, sagte ich, wiederholte das Wort von vorhin, wusste selbst nicht genau, warum.

Der Waldrand tauchte vor uns auf, Henners nickte nach links. »Ich muss da lang.«

»Und ich da.« Ich deutete nach rechts; er wusste ganz genau, wo das Haus meiner Oma stand.

»Na, dann«, sagte er.

»Na, dann«, sagte ich. Er pfiff seinen Hund heran, tippte sich an die Stirn, ich winkte, und dann marschierte er über den nassen Feldweg davon. Ich schaute ihm nach.

Nach ein paar Schritten drehte er sich um. »Wir sehen uns, Hanuta. Spätestens bei Martha.«

Ich blinzelte ein wenig überrascht, und etwas breitete sich in meiner Brust aus, etwas, von dem ich noch nicht sagen konnte, was es war.

Hanuta, dachte ich. So hatte er mich immer genannt, wegen meines Zweitnamens, den meine Eltern leider nach meiner Großmutter ausgewählt hatten, Maria Hannelore Zeitler, und weil ich früher immer so gerne Hanuta gegessen hatte, mein obligatorischer Pausensnack. Weil meine Mutter gegen Süßes war, tauschte ich meine Apfelschnitze gegen Hennings Hanuta-Nachtisch, den er in seiner roten Brotzeitbox hatte, und erst jetzt fiel mir auf, dass er ja möglicherweise die nussige Süßigkeit viel lieber selber gehabt hätte.

Ich merkte erst, dass ich an der Neubausiedlung angekommen war, als ich direkt von ein paar Mamis in stylischen Kinderwagen überholt und gegrüßt wurde. Ich nickte kurz zurück, sie lächelten freundlich, warfen einen Blick auf den Hund. Ich ging den Weg rechts an der Siedlung vorbei, so nah, dass ich in die großzügigen Fenster blicken konnte, auf Kleinfamilienidyllen in Reih und Glied: Stokke Tripp Trapps, helles Parkett, Kindergekritzelgemälde an bunten Kühlschränken, neumodische Holzöfen mit Glasscheiben.

Und dann sah ich ihn. Er saß im Garten auf einem Liegestuhl und feuerte zwei kleine Mädchen an, die auf einem riesigen Trampolin herumhopsten. Keine Ahnung, warum sie daheim waren, an einem Arbeitstag, nur er und die Mädchen. Er war älter, die Geheimratsecken, die sich schon damals angekündigt hatten, tiefer, und er lachte über etwas, das eines der Mädchen sagte, die mit wehenden Haaren ab und an über der Trampolinabsperrung auftauchten. Wie aus dem Bilderbuch, dachte ich. Vickys Kinder auf diesem Trampolin, und ein Stay-at-home-Dad, der aussah wie der perfekte Ehemann aus einer Vorabendserie. Er hatte damals schon Medizin studiert, fünf Jahre älter als wir alle, wahrscheinlich war er jetzt Oberarzt und verführte auf der Arbeit regelmäßig seine Oberschwestern.

Mir wurde schlecht, ich packte Bootsmann am Halsband, legte ihm mit zitternden Fingern seine Leine an, er protestierte, schüttelte den Kopf, bespritzte mich mit Regentröpfchen aus seinem stinkenden Pelz, ich zerrte ihn weg, den Hügel hinauf, weg von der Siedlung, weg von Markus Siebert, der jetzt so nah an dem Haus wohnte, wo ich doch hatte leben wollen, wo ich mir die letzten paar Tage eingeredet hatte, dass Linnea und ich hier eine Heimat haben könnten, wenn wir es uns nur ein bisschen nett machten.

Ich trocknete den Hund ab, sobald ich drinnen war, stülpte mir die klobigen Stiefel von den Füßen und stand dann schwer atmend da.

Der erste, richtige Tag hier, der erste Montag nach diesem ersten Wochenende, und schon hatte ich Vicky, Henning und Markus getroffen, meine ganze schön weggesperrte Vergangenheit in drei Personen. Der Hund sah mich vorwurfsvoll an, ich kratzte ihm sein Futter aus einer Dose in den Napf und rannte dann auf den Dachboden.

Früher war ich so oft im Eierschalen-Haus gewesen, dass mir meine Oma im Gästezimmer einen eigenen Raum eingerichtet hatte. Später waren wohl alle meine Möbel auf den Dachboden gebracht worden, denn ich entdeckte sie in einer Ecke: die Bretter und der Lattenrost eines schmalen Vollholz-Bettes, und ein kleiner Schrank, an dessen Innenseite ich noch auf ein altes Film-Poster von »The Craft« stieß. Als ich den Schrank öffnete, roch es leicht modrig, aber vieles von früher war noch drin, ein paar alte Klamotten, Schulhefte und Ordner. Ich hatte das Gefühl, als hockte mein 15-jähriges Ich irgendwo zwischen den tiefsitzenden Schlaghosen und löchrigen Socken, bereit, wie ein Ghul nach meinen Handgelenken zu greifen, wenn ich zu nah ranging.

Eingewickelt in zwei alte, ausgeleierte Pullis fand ich das Türschild, das ich vor vielen Jahren für Oma Hannes Haus gebastelt hatte: »Eierschalen-Anwesen«, bunte Buchstaben auf Ton, ein Loch für einen Nagel oben drin. Keine Ahnung, wie es hier gelandet war. Ich legte es zurück zwischen die Pullis, vorsichtig, um es nicht zu zerstören. Neben dem auseinandergebauten Bett stand eine Truhe, die voll war mit Fantasybüchern. Die hatte ich als Kind geliebt, stapelweise verschlungen. Es war so schön gewesen, in eine ganz andere Welt abzutauchen, eine Welt, in der man Dinge mit Zauberei lösen konnte, wo man die Auserwählte war, Superkräfte hatte und dazu auserkoren war, diese Welt zu retten oder wenigstens seine Gefährten. Eine Welt, in der Freunde mit einem die waghalsige Reise in ferne Länder aufnahmen, treu ergeben und stets helfend zur Seite. Eine Welt, in der es schwarz-weiß zuging, in der man genau wusste, was das Böse war. Wer der Oberschurke oder die schlimmste Hexe von allen war. Am Ende wurde alles gut, egal, wie viele Fehler die Hauptfiguren vorher machten. Wenn es noch nicht gut war, gab es einen Cliffhanger, und dann kamen bestimmt noch vier Bände hinterher, bis endlich jeder zufrieden war und die Welt gerettet. Etliche Bände »Rad der Zeit«, etliche Cornelia Funke, Wolfgang Hohlbein, *Outlander,* zerfledderte und mit Zetteln und getrockneten Blumen vollgestopfte Notizhefte, auf die ich in Schönschrift mit Silbermarker »Buch der Schatten« gemalt hatte.

Ich nahm mir drei dicke Schmöker mit besonders farbenfrohen Einbänden, an die ich mich nicht erinnern konnte, warf die Truhe zu und legte mich unten in mein frisch gemachtes Bett in meinem neuen alten Zimmer.

Ich versuchte, zu lesen, blieb aber immer wieder an derselben Seite hängen und lag dann einfach nur da und starrte an die Wand vor mir.

Fehler, Fehler, Fehler, sang mein Gehirn und spielte ständig Situationen in Dauerschleife ab, wo ich hätte anders entscheiden können: Ich melde Linnea nicht an meiner alten Schule an, ich packe nicht unser Auto, ich fahre nicht hierher zurück, ich suche mir stattdessen einen neuen Job in vertrauter Umgebung, Linnea wechselt in München die Schule, wir finden eine nette, kleine Wohnung, die nicht zu teuer ist. Fehler, Fehler, Fehler. Ich trinke nicht so viel auf dieser Halloween-Party, ich tanze nicht mit Markus Siebert, ich gehe stattdessen schon vor zwölf Uhr nach Hause …

Irgendwann ging das Licht an, ein kaum wahrnehmbares Flackern; wir hatten wieder Strom.

***

Den Hexenzirkel hatte ich damals gegründet, *bossy* wie ich mit meinen Freunden war, weil ich Hexen cool fand: Salzkreise und Zaubertränke, Händedruck und gemeinsam gewisperte Verse, die dir die schlimmsten Feinde vom Leib halten konnten.

Vicky mit ihrer Zahnspange, in der sich regelmäßig Essensreste verfingen, und ihren röchelnden Polypen, Henning mit seinen schulterlangen Haaren, die sein Hörgerät im linken Ohr versteckten, und der ein Jahr jünger war als wir und zwei Köpfe kleiner, und ich, die ich nicht auffiel, ein unsichtbares Mädchen, das in der letzten Reihe in der Schule saß und sich ihren Pony vors Gesicht baumeln ließ. Vicky meinte, wir sollten uns »Die drei Loser« nennen; aber ich fand, wir waren keine Verlierer, wir waren Hexen, missverstanden wie eine lange Reihe von starken Frauen vor uns. Wir waren dreizehn, Vicky und ich trugen schwarze Röcke und Samtkleider mit Schnürstiefeln, schminkten uns dicke Lidstriche und färbten die Haare schwarz. Henning machte mit, weil wir ihn ließen und er sonst keine Freunde hatte, aber er weigerte sich, schwarze Schlaghosen und Lederwesten zu kaufen, die ich ihm im Second-Hand-Laden heraussuchte. Ab und an rauchten wir Nelkenzigaretten an langen Haltern, aber meistens wurde uns nur schlecht davon, so dass wir bald wieder damit aufhörten. Wir malten ein Pentagramm in roter Farbe auf die angegrauten Dachbodendielen meiner Oma, die uns tun und machen ließ, was wir wollten. Ich schrieb viel in mein »Buch der Schatten«, lernte Kräutlein und Gräslein auswendig, Heilkraft, Giftigkeit, lateinische Namen, kam mir sehr gebildet und weise vor. Vicky mochte es, Kosmetik herzustellen, und wir verbrachten lange Nachmittage bei Martha, die uns zeigte, wie man Seife siedet oder Cremes anrührt und haltbar macht, dass sie einem nicht gleich in der ersten Woche verschimmelten. Henning schrieb schräge Geschichten in als Deutschhefte getarnte Kladden, die niemand außer mir lesen durfte.

Henning und ich, bäuchlings unter der alten Eiche in Marthas Garten. Hausaufgaben, Mathehefte. Henning schreibt seine Geschichten, ich ziehe mir sein Heft herüber. »Oach, Henners, du immer mit deinen Blutorgien! Wie soll ich das bitte zeichnen?«
Henning grinst. »Mit viel Rot!«

Ich fand sie wundervoll, es gab schwule Trolle und einsame Waldnymphen, die blutige Rache nahmen an ihren Geliebten, und Höhlen, durch die man durch die Zeit reisen konnte. Einmal in der Woche gab er mir so ein Heft, ich las das Kapitel und illustrierte es auf einer neuen Seite, zeichnete die warzige Haut von Seetrollen und das seidige Haar der Waldnymphen, und Henning strahlte.

In der Schule nannten sie mich »Mädchen ohne Stimme«, weil ich so selten etwas sagte (etwas, das meine Tochter anscheinend geerbt hatte), aber mit meinen Freunden war ich laut und bei Martha und meiner Oma sang ich damals gerne, grölte Lieder mit, tanzte in unserem Hexenkreis auf dem Dachboden herum, und es störte mich nicht, wenn Vicky und Henning nicht mittanzen wollten und ich allein laut stampfte und sang. Weil Henning so schlecht hörte, war er der Einzige, mit dem ich auch in der Schule lauter sprach als gewöhnlich, und ich senkte meinen Kopf immer sehr nah an sein Ohr heran, sprach direkt hinein in das rechte, gute Ohr, und er hatte nie Probleme damit, mich zu verstehen. Es gab Fotos, auf denen wir gemeinsam im Gras liegen, mein Mund neben seinem Ohr. Ich erzählte ihm alles, vielleicht, weil ich manchmal nicht sicher war, ob er alles hörte, was ich sagte. Er war eine sichere Stelle, um Geheimnisse loszuwerden, verschwiegen, halb taub.

Ich konnte mir nicht vorstellen, andere Freunde zu haben. Oder dass sie irgendwann einfach weg sein würden, so radikal, für immer, diese beiden. Aber das war alles vorher, bevor ich mir zehn Kilo herunterhungerte, meine Haare blond färbte und Vicky ihre Zahnspange herausbekam; bevor Nilam uns bei den *cool kids* aufnahm und sich keiner mehr daran erinnerte, dass wir unsichere Kinder mit wunderlichen Hobbys gewesen waren. Und dann kam Markus.

* * *

Als Linnea aus der Schule zurückkehrte, lag ich noch immer im Bett, obwohl der Regen nachgelassen und einem fast strahlenden Spätsommertag Platz gemacht hatte. Ich hörte den Schlüssel im Schloss, den ich ihr mitgegeben hatte, der Zweitschlüssel, und immer wieder am Morgen: »Du musst den 9er Bus nehmen und die Haltestelle heißt …«

»Mama?«

»Oben!«, rief ich, setzte mich auf und nahm mir schnell ein Buch in die Hand. Ich hörte sie die Treppe hinaufpoltern und dann stieß sie die Tür auf und warf ihre Schultasche auf einen Stuhl neben dem Schrank.

»Na, wie war's?«

Sie zuckte die Schultern. Ich schlug die Decke zurück.

»Komm rein.« Meine Tochter schlüpfte zu mir ins Bett. »Und?«, fragte ich.

»Es war okay«, sagte sie.

»Und Samira? Ist die nett?«

»Ja.«

»Hast du mit ihr gesprochen?« Ich biss mir auf die Lippe. »Ich meine, habt ihr euch gut verstanden?«

Linni schaute auf die Bettdecke. »Sie redet superviel.«

»Okay«, sagte ich. »Hast du Hunger?«

»Es gibt eine Kantine.«

»Oh. Wow. Was hast du gegessen?«

»Schnitzel, du Inquisitionsgroßmeister.«

»Es geht doch nichts über Schniposa«, sagte ich. »Und woher kennst du solche Wörter?«

»Ich lese«, sagte Linnea und griff nach meinem Buch. »Und was hast du da für kitschige Fantasy?«

»Hab ich oben gefunden. Willst du Nachtisch? Wir könnten Grießbrei machen. Der Strom geht wieder.« Ich knipste die Nachttischlampe an und wieder aus. »Ta-daaa! Und die Heizung auch.«

»Wow«, sagte Linnea unbeeindruckt.

DAMALS

Ich hole mir ein paar Klamotten aus meinem Zimmer und bin schon fast wieder weg, als meine Mutter »Maria?« ruft.

»Was?« Ich strecke nur kurz den Kopf zur Wohnzimmertür hinein. »Ich bin auf dem Sprung.«

»Weißt du, wo mein weißer Bikini ist?«

»Wieso sollte ich das wissen?«

»Hast du ihn dir geborgt?«

Was für eine blöde Frage. Als würde ich einen weißen Bikini tragen, im Oktober, und auch noch von meiner Mutter. »Natürlich nicht.«

»Ich brauch den dringend, mein Flieger geht in vier Stunden.«

»Ja, und?« Nicht mein Problem.

»Und wo ist überhaupt dein Vater?«

»Weiß ich nicht.«

»Dass dieser Mann immer … Bernhard!«, schreit meine Mutter, von irgendwo kommt ein Gegrummel, und bevor der nächste Streit losbrechen kann, begebe ich mich aus der Gefahrenzone, wünsche meiner Mutter einen schönen Urlaub, rufe: »Ich bin bei Henners! Und schlafe heute bei Oma!« und bin weg, mit meinem Rucksack und ein paar hohen Schuhen für heute Abend, bin wieder draußen in der kalten, klaren Luft, und auf meinem Fahrrad.

Bei Buchäckers ist die Bude voll, alle älteren Brüder von Henning sind da, manche haben ihre Freundinnen mitgebracht, und außer-

dem übernachten noch ein paar Verwandte aus anderen Städten, und aus Amerika, und Freunde und überhaupt sehr viele Leute. Es gibt aufgewärmte Spaghetti zu Mittag. Marius bewirft Oliver mit einem Hackbällchen. Der schlägt es mit der Handfläche wie mit einem Schläger weiter zu mir. Ich zucke erschrocken zurück, als es in meinen Nudeln landet. So was gibt es nur bei den Buchäckers: Spaghetti mit Fleischbällchen, »wie in Little Italy«, sagt Hennings Mutter mit ihrem weichen, amerikanischen Akzent, die laut eigener Aussage selbst noch nie in New York war.

»Boah, wie alt seid ihr«, sagt Henning und drei Große-Bruder-Stimmen äffen ihn nach: »Wie alt seid ihr?!« Er wird rot, die Ohren zuerst, und zieht den Kopf ein. Die taube Taube, sagen sie in der Schule, und manchmal weiß ich, was sie meinen.

»Und, als was gehst du heute, Hanuta?«, fragt Hennings Mom und ich tue so, als wäre es mir egal, dass sie meinen Spitznamen benutzt, den mir die drei älteren, fiesen Brüder gegeben haben. Henning sieht mich entschuldigend an.

»Mom!«, sagt er und klingt wie aus einer der amerikanischen Serien, die wir immer gucken (»Mo-hom!«).

»Maria, I'm sorry«, sagt seine Mutter brav und schaut aus, als wollte sie Anerkennung dafür haben. »Also, Outfit?«

Vicky und ich gehen als sexy Vamp, das jedenfalls sagt Vicky, und es heißt einfach, dass wir sehr kurze, schwarze Kleider und dünne Strumpfhosen und hohe Schuhe anziehen und uns die Augen sehr dunkel schminken.

»Weiß ich noch nicht«, lüge ich, weil Hennings Mutter das ja nicht wissen muss, wenigstens jetzt noch nicht. Für Buchäckers Feier brauche ich erst mal etwas Harmloses und ziehe mich dann für die Schulparty heimlich um.

»Geht doch wieder als Mäuse, ihr zwei, das war immer so süß«, sagt Hennings Mutter, und die Brüder prusten los.

»Ja!«, ruft Oliver, »bitte geht wieder als Mäuse, Hen, damit ich den ganzen Abend was zu lachen hab.«
Henning streckt ihm die Zunge raus, was gar nichts besser macht, im Gegenteil. »Ich komm eh nicht«, sagt er.
»Wie, du kommst nicht?«, sagen seine Mutter und ich gleichzeitig, woraufhin wieder alle losprusten.
»Ich komme nicht«, sagt Henning schulterzuckend.
»Du kannst nicht nicht kommen, du wohnst hier«, sagt Marius. »Also pack schon mal die Mäuseohren aus.«
»Ha-ha«, macht Henning.
»Also, was für ein Quatsch«, sagt Hennings Mom, »natürlich kommst du. Du bist doch unser DJ! Und jetzt los, wir müssen noch vorbereiten, wenn jeder mitmacht, geht das ganz schnell.«
Hennings Brüder kümmern sich um die Deko, verteilen falsche Spinnweben und Plastikkürbisse und Kerzen und Glibber, der aussieht wie Kotze, und lachen dauernd dabei, als wären sie zwölf und nicht achtzehn und neunzehn und einundzwanzig. Henning und ich stehen in der Küche und machen unter Moms Aufsicht Partyfood, Hotdogs, einen Bottich Mac'n'Cheese, Nudelsalat und Würstchen mit Mandelplättchen, die aussehen wie Finger. Wir füllen gerade grünen Wackelpudding in Einmalhandschuhe, um sie dann einzufrieren, da klingelt das Telefon.
»Bitte komm!«, ruft Vicky. »Ich hab keine Ahnung, was ich anziehen soll. Und bring Wodka mit, dann können wir uns was mischen.«

KAPITEL 7

IHR ESST DOCH NICHT etwa gekauftes Apfelmus!?«, rief Martha, als sie am Abend in unserer Küche stand und das leere Glas sah. »Dabei haben wir noch Mus vom letzten Jahr, das wegmuss, und jetzt steht schon die neue Ernte an!«

Apfelernte. Tagsüber war es noch angenehm warm, jetzt, wo der Regen über uns hinweggezogen war, aber abends roch es bereits nach Herbst – die Luft schmeckte satter, würziger, und hatte einen kalten Nachhauch. Wo wir in München noch die Fenster offen gelassen hatten, mit lauer Luft und einem stetigen Summen im Ohr eingeschlafen und mit zwei, drei Mückenstichen aufgewacht waren, war es hier kalt und die Mücken fort: der Herbst war schon da.

Martha sammelte die beiden Kompottgläser ein. »Deshalb bin ich hier. Die Birnen sind auch reif, du kannst mir ableeren helfen.«

Sie sah mich auffordernd an.

»Ja, klar«, sagte ich. Ich hatte ja eh nichts zu tun, und mein erster Termin beim örtlichen Arbeitsamt stand erst in zwei Wochen an. Bis dahin wollte ich mir ein paar Stellen suchen und mich bewerben, damit ich wenigstens guten Willen zeigte und mein Arbeitslosengeld bekam.

»So ein bisschen mit anpacken wird dir guttun«, sagte Martha, als hätte sie meine Gedanken gelesen. »Da schläft man besser.«

Woher wusste Martha, dass ich schlecht schlief? Sah sie nachts mein Licht brennen? Hatte sie mich neulich bei sich in der Küche herumgeistern hören, mitten in der Nacht?

Ich nickte. »Klar.«

»Und am Wochenende müssten die Nüsse so weit sein. Die leeren wir auch ab. Britta und Henning kommen helfen.«

»Britta und Henning?«, wiederholte ich und sah auf.

»Ja, Henning Buchäcker, kennst du doch, ihr wart doch ein Herz und eine Seele, früher. Er hilft mir manchmal im Garten, bin ja auch schon etwas in die Jahre gekommen.«

Ich fragte nicht, wer Britta war, vermutlich seine sehr hübsche, sportliche Freundin, und fühlte einen Stich in der Magengegend, den ich albern fand. Er war mein bester Freund gewesen, damals, vor tausend Jahren, aber ich hatte ihn seither ungefähr fünf Minuten gesehen und bis auf die Tatsache, dass wir beide einen Hund hatten (und ich meinen noch nicht mal wirklich freiwillig), wusste ich nicht, ob wir noch irgendetwas gemeinsam hatten.

Ich merkte, dass meine Tochter mich angrinste und dann einen Blick mit Martha tauschte.

»Was?«, sagte ich und sah von einer zur anderen.

»Nichts«, sagte Linnea und stand auf. »Ich mache mal Hausaufgaben.«

Ich half also Martha in Oma Hannes – meinem, unserem – Garten. Nach den Regentagen bei unserer Ankunft war der Herbst jetzt warm und weich, ein richtiger Altweibersommer, der das Laub golden glänzen und die Blätter, die schon gefallen waren, rascheln ließ.

Am Morgen, als Martha mich zu Unzeiten aus dem Bett jagte, um anzufangen, war es allerdings noch frisch und neblig und ich holte den einzigen dicken Pullover aus dem Schrank, den ich mitgebracht und in München nie getragen hatte: ein warmweißwolliges Ungetüm aus einem unserer Irland-Urlaube, kratzig und dick und immer roch es leicht nach Schaf, vor allem bei Regen.

»Fehlt nur noch ein Pferd und du siehst aus wie von *Bibi und Tina*«, sagte meine Tochter, bevor sie den Bus zur Schule nahm.

Ich streckte ihr die Zunge raus, hatte mich aber selbst immer gefragt, warum ich den gekauft hatte, er passte so gar nicht zu meiner übermäßig schwarz-grauen Garderobe, aber hier mochte ich ihn, und auf einmal fand ich auch, er passte zu mir, zu meinem leichteren, neuen Ich, zu Hannes alten Gummistiefeln und Arbeitshandschuhen. Es gab drei Apfelbäume mit verschiedenen Sorten, zwei davon waren bereits reif, Cox Orange und Gravensteiner, soweit ich mich erinnerte, die letzten waren Lageräpfel und brauchten noch. Dazu gab es einen Birnbaum, Zwetschgen und Kirschen und Haselnusssträucher sowie den Walnussbaum mit der Schaukel. Martha selbst zog hauptsächlich Gemüse und Erdbeeren in Beeten und pflückte Brombeeren, Himbeeren und Johannisbeeren aus ihrer dornigen Hecke; das Obst für ihren Hofladen kam von meiner Oma, die dafür in Naturalien bezahlt worden war: eingemachte Gurken (die sie anscheinend nicht gemocht hatte, so voll war die Speisekammer), eingekochte Birnen mit Nelken, Apfelmus, Erdbeermarmelade, Himbeergelee, Honig von Marthas Bienen, die in Kästen hinter dem Haus lebten und im Sommer durch Marthas Hof surrten.

Wir schleppten die große Leiter aus dem Keller, ich stieg mit zitternden Beinen bis in die Baumkronen, einen Eimer ums Handgelenk gehängt, während Martha von unten mit einem Apfelpflücker die roten Früchte in einen Beutel plumpsen ließ. Die Nüsse zu ernten war am nervigsten, da man von den grünen, aufgeplatzten Hüllen braune Flecken an den Fingerspitzen bekam, die scheinbar nie wieder sauber wurden, und man sie mühsam vom Boden aufklauben musste. Wir pulten sie aus ihren Hüllen und legten sie auf breiten Gittern in Marthas Scheune zum Trocknen aus. Der Wind frischte auf, Blätter wirbelten durch die Luft, die Sonne so hell, dass man die Augen zusammenkneifen musste, die Sicht klar und weit.

Nach der Schule half Linnea, die erstaunlich eifrig bei der Sache war. Martha erklärte ihr, welche Apfelsorte für was geeignet war, und Linni fragte sogar nach ihren Bienen, von ganz allein. Mir fiel wieder ein, wie sie gesagt hatte, Hexen gefielen ihr, und als sie am Freitagabend, nachdem ich mir gerade ein Bad eingelassen hatte (in das ich Lavendelblüten aus Marthas Garten warf, obwohl die sicher den Abfluss verstopfen würden), mit einem Strauß Wildblumen in die Wohnung zurückkam, die Haare zerzaust, Blätter im Haar, das Gesicht rot vom Herbstwind, da sah sie selbst aus wie eine Bilderbuchhexe (eine der guten): Groß und schön und wild. Sie richtete den Strauß in einer alten Milchflasche an und stellte ihn auf den Küchentisch, dann sagte sie: »Vielleicht mag ich es hier.«

»Vielleicht?« Ich testete die Wassertemperatur und schlüpfte aus meinen Kleidern, stieg mit einem Zeh zuerst in die Wanne. »Komm, setz dich zu mir.«

»Ja, vielleicht«, sagte Linni und hockte sich neben die Badewanne. »Weiß ich noch nicht.«

»Wie ist die Schule?« Sie hatte die ganze Woche nichts erzählt, hatte aber weiterhin schlecht geschlafen, nach dieser ersten, guten Nacht.

Sie überlegte. »Ich mag Samira«, sagte sie dann.

Ich nickte, atmete aus und tauchte meinen Kopf unter das nach Lavendel duftende Wasser, kam prustend wieder hoch.

Linnea war weg, aber ich hörte sie in der Küche summen, was sie sonst nie tat, und im Kühlschrank herumkramen.

»Was willst du essen?«, rief sie.

»Egal!«, sagte ich laut durch die offene Badezimmertür und lächelte.

Das Wasser war warm und angenehm und Martha hatte recht

behalten: Ich war todmüde und schlief – wie bereits die ganze Woche – auch in dieser Nacht wie ein Stein.

***

Am Samstagmorgen klingelte uns Martha früh raus, Nebel hing noch über den Wiesen und die Krähen krächzten. Sie hatte Kaffee in Thermoskannen dabei und frische Pfefferbrezen mit Butter vom Bäcker. Linnea kam leichter aus dem Bett als ich, saß bereits in voller Gartenarbeit-Montur am Küchentisch (Latzhose, dickes Sweatshirt, feste Schuhe; die Klamotten an den Knöcheln schon zu kurz – wie viel wollte dieses Kind noch wachsen?) und tunkte ihre Breze in einen Becher mit Milch, was sie gerne tat.

»Wi-der-lich«, sagte ich und rümpfte die Nase. Linni grinste. Ich schlüpfte in eine Leggins und meinen Wollpulli und goss mir Kaffee ein. Martha war wahnsinnig gutgelaunt, viel zu gut für so früh am Morgen.

»Wieso bist du so laut?«, stöhnte ich in meinen Kaffee. »Es ist ungefähr fünf Uhr früh.«

»Es ist halb neun«, sagte Martha mit einem Schnalzen ihrer Zunge. »Und wir haben heute viel zu tun.«

»Wir haben doch schon die ganze Woche geschuftet.« Ich betrachtete meine von den Nüssen braun verfärbten Fingernägel. Einer war abgebrochen und ich kaute an einem Nagel-Eck, das mich nervte, versuchte, es abzubeißen.

»Nüsse fallen jeden Tag runter«, sagte sie. »Da sind wir lange nicht fertig. Laub sollte man rechen, und die anderen können drinnen schon mal mit Einkochen beginnen, Marmelade machen, die Gläser spülen …«

Draußen hupte ein Auto und ich sah Henning, der winkte. Ich warf einen schnellen Blick in das milchige Glas der Anrichte, strich mir eine Haarsträhne hinters Ohr, plättete meinen noch von der Nacht abstehenden Pony. Hinter Henning fuhr ein weiteres Auto in die Auffahrt, hupte ebenfalls, und ich erkannte hinter dem Steuer die rothaarige Sekretärin mit dem Nasenring.

»Das ist ja Frau Prasilova«, sagte Linnea, und ich war erstaunt, dass sie bereits ihren Namen kannte und noch dazu, dass sie das so laut herausgerufen hatte.

Martha klatschte in die Hände und wir gingen alle nach draußen, sie mit Thermoskannen und Bäckertüten beladen, die auf einer Gartenbank gelagert wurden.

»Hi«, sagte ich zu Henning, der eine blaue Wollmütze und seltsamerweise einen Blaumann trug und mir zulächelte. Bootsmann sprang schwanzwedelnd um alle herum, und Socke rannte im Hof auf und ab und schnappte nach einem Stecken, den Henning ihm zuwarf, apportierte ständig.

»Na, du bist ja heute blau«, sagte Frau Prasilova.

»Britta, Maria, Maria, Britta, Linnea kennst du, oder?«, stellte Martha uns schnell vor, »wir kennen uns auch schon aus der Schule, erinnerst du dich?«, rief die rothaarige Frau Prasilova mir zu, und ich nickte und fragte mich kurz, was sie mit Henning zu tun hatte. Sie waren in zwei verschiedenen Autos gekommen, aber es war trotzdem komisch, Martha sprach ständig von »Britta und Henning«, wie man das bei Pärchen macht, die immer zu zweit genannt werden, als wäre einer davon allein gar keine richtige Person.

»Hallo Frau Prasilova«, sagte Linnea schüchtern, aber höflich.

»Britta«, sagte sie und warf ihren langen, roten Zopf nach hinten. »Ich bin bloß in der Schule Frau Prasilova.«

Linnea strahlte sie an.

»Auf, auf!«, rief Martha und stiefelte davon.

Britta lächelte mich an. »Und du bist also die Enkelin von Hannelore«, sagte sie, es klang wie eine Feststellung, nicht wie eine Frage, aber ich sagte trotzdem: »Genau.«

»Sieht man gar nicht!«

»Meine Oma war ein Unikat. Meine Mutter sah ihr auch kein bisschen ähnlich, und ich komme auch noch nach meinem Vater, also ganz andere Richtung.«

»Dafür ist Linnea eins zu eins Hanne, oder?« Britta schaute meiner Tochter nach, die hinter Martha her in den Garten ging.

»Ziemlich«, sagte ich und fragte mich, was sie wollte.

»Ich fand die zwei ja immer so süß, Martha und Hanne, ein Jammer, dass sie dann gestorben ist.«

»Na ja, sie war ja auch nicht mehr die Jüngste.«

»Trotzdem. Späte Liebe und so. Bisschen tragisch. Mein großes Vorbild.«

»Äh, was?«, fragte ich und wusste nicht, was sie meinte, aber Martha rief: »Jetzt kommt endlich, wir haben nicht den ganzen Tag Zeit!«

Wir kippten so zügig es ging den Kaffee rein, ich verbrannte mir die Zunge, schlüpfte in ein paar dicke Gartenhandschuhe und stieg in Omas riesigen Gummistiefeln auf die lange Leiter in den letzten Apfelbaum hinauf. Henning sah mir nach, »Vorsicht!«, rief er, als ich nach unten blickte und schwankte. Britta rechte braunes Laub zu Haufen, die Henning in Schubkarren abtransportierte und zum Kompost fuhr, »wir machen eine schöne Herberge zum Überwintern für die Igel«, sagte er mit großväterlicher Stimme zu Linnea, die mit Martha Fallobst einsammelte und in große, weiße Plastikeimer warf, die sie schließlich zum Mosten mit Deckeln verschlossen. Atem kondensierte vor unseren Gesichtern, der Nebel verzog sich, der Himmel wurde hellblau und klar, die Luft frisch. Trotzdem schwitzte ich in meinem Wollpulli und glitschte in meinen zu großen Gummistiefeln herum.

Spinnenfäden segelten durch die Luft und glitzerten in den schräg stehenden Sonnenstrahlen.

»Martha, wieso heißt das Altweibersommer?«, fragte Henning, und ich war sicher, dass er die Antwort kannte, denn er zwinkerte mir zu. »Professor Paplinski« hatten wir sie als Kinder genannt, wegen ihrer langen Monologe über Gott und die Welt, bei denen man immer etwas lernte.

»Altweibersommer ist doch frauenfeindlich«, sagte Britta und Martha schüttelte den Kopf. »Nein, weiben bedeutet im Althochdeutschen knüpfen. Das Knüpfen der Spinnweben.«

Britta warf eine Handvoll Laub auf den Kompost. »Ich dachte, das heißt so, weil alte Weiber graue Haare haben wie Spinnweben?«

»Weiß keiner so genau. Aber man sagt auch Mädchensommer oder Witwensommer, Martinssommer, Allerheiligensommer, Großvatersommer ...«

»Großvatersommer«, sagte ich. »Das klingt ja schön. Als wäre der Sommer jetzt schon alt wie ein Opa.«

»Alter-Opa-Sommer.« Ich fuhr Linnea kurz übers Haar; es kam nicht oft vor, dass sie in der Anwesenheit fremder Leute einfach so etwas sagte, und es freute mich, dass sie so viel Vertrauen in diese ihr noch unbekannten Menschen hatte. Martha pflückte eine Spinnwebe von Linneas Pullover. »Man nennt die Spinnfäden auch Marienseide, Marienfaden oder Marienhaar«, sagte sie und lächelte mir zu. »Und es bringt Glück, wenn sie sich an der Kleidung anheften.«

Ich zupfte mir eine aus dem Pony.

»Und bei jungen Mädchen gibt es eine Hochzeit, wenn sich die fliegenden Spinnfäden im Haar verfangen«, sagte Martha zu mir.

»Gut, dass du nicht mehr jung bist, Mama«, sagte Linnea, und ich zog eine Grimasse und wurde ein kleines bisschen rot, als Henning breit grinste.

Irgendwann war der Apfelbaum leer, und ich stieg von der Leiter. Britta, Martha und Linnea verschwanden, pressten noch Deckel auf die Plastikeimer und schlenderten mit Eimern und Körben voller Äpfel hinüber zu Marthas Hütte.

Zur Tagundnachtgleiche duftet es bei Martha nach Kürbisbrot und Apfelkuchen und jedes Mal, wenn ich zu ihr hinübergehe, sind Freundinnen da, um etwas zu essen und dabei dankbar zu sein für alle Gaben, die das Jahr gebracht hat.
»Und auch, um loszulassen, was nicht so gut war«, sagt Martha mit dem Mund voller Kürbisbrot und Butter. In der Schule feiern wir Erntedank, aber Martha meint, das hier, das ist schon viel, viel älter. Ich füttere die Hühner, und danach wird geräuchert, und Henners, Vicky und ich, mit unseren Hühnergott-Ketten und unseren Samthosen, lernen, wie man Räucherbündchen bindet und dass Salbei besonders gut reinigt, und fühlen uns sehr hexenmäßig.

Henning und ich wurden beauftragt, die restlichen Nüsse zusammenzusammeln.

Wir schwiegen lange, so lange, dass es mir komisch vorkam. Mit Henning hatte ich früher stundenlange Gespräche geführt, aber mir auch nie etwas dabei gedacht, wenn es mal still gewesen war. Jetzt war die Stille drückend, ich hatte das Gefühl, dringend ein wenig belanglosen Smalltalk machen zu müssen. Ich hasste belanglosen Smalltalk.

»Wir haben jetzt jeden Tag Nüsse aufgeklaubt«, sagte ich. »Und es sind immer noch so viele da.«

»Hm«, machte Henning, der anscheinend auch nicht wusste, was er sagen sollte.

»Wieso trägst du einen Blaumann?«, fragte ich.

Er zuckte die Schultern. »Manchmal lässt sie mich Sträucher

schneiden oder so, ich hab mir schon einige Pullis hier zerrissen.«

»Und Britta?«

»Was ist mit ihr?«

»Ist sie … hilft sie auch öfter?« Ich biss mir auf die Lippe.

»Ja«, sagte er und sah mich etwas schief an. Ich fummelte an einer Nuss herum und warf sie in den Korb. Socke legte mir ein vollgesabbertes Wurfspielzeug vor die Nase und den Kopf schräg. Ich nahm es, warf es weg, es landete keine fünf Meter weiter, und er trabte hin und war gleich wieder da, gab es aber diesmal Henning.

»Du warst schon immer eine schlechte Werferin.«

»Tja«, sagte ich und musste lachen. »Hab andere Fähigkeiten.« Das Teil flog wieder davon, Bootsmann und Socke sprangen hinterher.

»Ich mag eigentlich gar keine Hunde«, sagte ich. »Ich mag nicht mal Hundebesitzer.«

»Dabei bist du selber einer.«

»Ich bin aber eher so eine Katzenlady. Dachte ich jedenfalls immer, äh … früher.«

»Tja, und jetzt hast du diesen Riesenhund und Socke scheint dich auch wirklich zu mögen.«

»Ja, wie das Leben so spielt.«

Mit den dicken Gartenhandschuhen konnte ich die Nusshüllen nicht abpfriemeln, also zog ich sie aus, ließ Socke an meiner Hand schnüffeln.

»Das Leben, hm«, sagte Henning zu einer Nuss in seiner Hand und warf sie dann über den Zaun, wahrscheinlich war sie nicht mehr gut. Eine Weile schwiegen wir wieder, aber es war ein angenehmeres Schweigen als vorhin. Ich bekam kalte Finger, rote Knöchel.

»Und du bist jetzt also Journalist?«

Er nickte.

»Und schreibst ernsthafte, politische Artikel über …?«

Ich sah ihn an, dachte an seine Kindergeschichten voll mit Zwitterwesen und blutenden Baumstämmen und sprechenden Gesichtern in ihrer Rinde.

»Na ja, mehr so Kleintierzüchterverein und Treffen der Landfrauen. Und du?«

»Ich bin … Illustratorin. Oder Sekretärin. In letzter Zeit mehr Sekretärin als Illustratorin.«

»So wie Britta also.«

»Äh, ja.« Britta. Da war sie wieder. Sie sah zu jung aus, um seine Freundin zu sein, eher wie Anfang zwanzig, aber was wusste ich schon. Es gab viele Männer, die sich junge Frauen suchten, obwohl ich Henning nie für so einen gehalten hatte, und auch einige junge Frauen, die ältere Männer mochten. Außerdem – wo die Liebe hinfällt, und so weiter.

»Ich hab deine Illustrationen immer geliebt«, sagte er wie zu sich selbst und schleuderte wieder eine kaputte Nuss über den Zaun und gleich darauf Sockes Spielzeug hinterher.

Die Hefte oben auf dem Speicher, voll von unserer Teamarbeit: Seine Worte, meine Bilder.

»Was ist aus deinen Geschichten geworden?«, fragte ich.

Er sah mich an. »Nichts. Die waren doch albern.«

»Die waren toll!«

Er sah mich lange an und dann rief Britta über die Straße: »Jetzt kommt endlich! Es gibt Mittagessen!«

In Marthas ganzer Hütte duftete es nach warmen Birnen, Nelken, Äpfeln und Zimt. Sie hatte Pfannkuchen gemacht und servierte sie mit warmem Apfelmus. Wir aßen mit den Tellern auf den Knien zwischen Unmengen an leeren, frisch gespülten und dampfenden Gläsern, während das Mus auf dem Herd blubberte und Linnea noch die restlichen Birnen in große Schnitze schnitt, die sie in einen Teil der Gläser steckte.

»Gut, dass wir die Pfannkuchen nicht mit Himbeermarmelade essen«, sagte Britta völlig zusammenhanglos und nahm einen großen Bissen von einer Pfannkuchen-Apfelmus-Rolle. »Das hat immer so was Menstruationsartiges.«

»Na, danke für das Bild in meinem Kopf«, sagte ich, aber sie zuckte nur die Schultern.

»Da ist eine Schnecke«, sagte Linnea plötzlich, stand auf und zupfte eine winzige Weinbergschnecke aus einem Büschel abgeschnittener Petersilie auf dem Fensterbrett.

»Wirf sie aus dem Fenster«, sagte Henning, der Linnea die ganze Zeit anschaute, als würde er sich fragen, wie dieses Geschöpf meine Tochter sein konnte.

»Nein!«, rief Britta. »Es ist jetzt viel zu kalt draußen. Die stirbt uns noch.«

»Die Natur weiß schon ...«, fing Martha an, aber Britta sprang auf, nahm Linni die Schnecke ab und setzte sie in eines der sauberen Gläser.

»Henning, mach Löcher in den Deckel«, befahl sie, »ich nehm sie mit heim.«

Linnea sah kurz so bestürzt drein, dass ich schon den Mund öffnete, als Henning, der es ebenfalls gesehen hatte, sagte: »Aber gefunden hat sie ja Linnea, also sollte sie nicht auch ihr Haustier werden?«

»Klar«, sagte Britta und gab Linnea das Glas.

Henners hämmerte mit Linnea zusammen ein paar Löcher in den Deckel, ließ Linnea, die ihn erstaunt ansah, mit einem dicken Nagel und einem Hammer zuhauen. Martha schimpfte, dass wir ihre guten Einmachgläser vergeudeten, aber es war sowieso nur ein altes Gurkenglas und nichts von Wert.

»Und, wie heißt sie?«, fragte Britta und Linnea sagte, wie aus der Pistole geschossen: »Schnecki.«

»Guter Name«, sagte Henning, obwohl ich ihn ebenso unoriginell wie »Socke« fand.

»Du kannst wirklich keiner Fliege was zuleide tun«, sagte Henning zu Britta und es klang sanft und liebevoll. »Neulich war ich mal bei ihr und da war eine Schnake in ihrem Schlafzimmer, die ich erschlagen habe, und sie hat fast geweint«, fügte er an uns gewandt hinzu.

Schlafzimmer, dachte ich. O-ha.

Linnea warf mir einen Blick zu, den ich nicht deuten konnte, und Britta sagte: »Ich hab nicht geweint, jetzt spinn nicht!«

»Aber du warst wirklich sauer auf mich.«

»Das schon. Das ist alles Karma, mein Freund, das kommt alles zu dir zurück.«

»Ja, da hat sie schon recht«, sagte Martha mit einem sehr Weise-Eule-mäßigen Blick zu Linnea. »Das ist das Gesetz der Wiederkehr, das wissen auch wir Hexen.«

Ich lächelte und sah, dass Henning ebenfalls lächelte, wir tauschten einen kurzen Blick. Wir hatten damals immer Hexenkunde bei Martha genommen, so hatten wir das genannt, hatten mit ihr Rosenquarz- und Amethyst-Armbänder gebastelt und dabei ihrer tiefen Stimme gelauscht, die uns über magische Rituale aus alten Zeiten berichtete. Nie wirklich sicher, ob wir sie ernst nehmen oder albern finden sollten, aber es machte Spaß.

Karma. Wiederkehr. Vielleicht wiederholte sich wirklich alles. Vielleicht bekamen am Ende alle das, was sie verdienten.

Wir verbrachten den Nachmittag damit, das restliche Obst einzukochen, die Wohnküche dampfte, unsere Wangen waren rot vor Hitze, die Wollpullis landeten auf dem Boden. Britta saß in einem weißen Unterhemd da und schwang Reden über die Überflüssigkeit von BHs, Brüste-Gefängnis und Männlicher Blick, und wir sind alle beeinflusst von der patriarchalischen Kultur, die uns jahrelang eingeimpft wurde. Ich dachte an meine schweren, hängenden Brüste und murmelte, dass ich manchmal ganz froh über einen BH war. Laut sagte ich: »Mach mal drei Kreuze, dass du in den Nullerjahren noch so jung warst, da haben sie einen gezwungen, Push-ups zu tragen.«

»Sie?«, fragte Britta.

»Die misogyne Gesellschaft«, sagte ich.

»Wenn ich da ein Teenager gewesen wäre, hätte ich wohl ’nen Knacks weg.«

»Totalschaden«, murmelte ich, wurde dann aber rot, als ich Hennings Blick einfing und merkte, dass auch Linnea als schamhafter Teenager nicht wirklich über Brittas und meine und sonstige Brüste reden wollte. Wir wechselten das Thema, ich sprach über meine Oma, wie gern sie bei Martha gewesen war, wie gern sie Schach gespielt und Kinderhörbücher zum Einschlafen gehört hatte. Sie erschien mir wieder so nah, als sei ein Teil von ihr hier in diesem warmen, dampfigen Raum, mit diesen lauten und fröhlichen Leuten. Britta drehte am Radio und sang Lieder mit, völlig schief und so falsch, dass ich bald nicht mehr sicher war, wie das richtige Lied ging. Henning und Martha kochten zum Abendessen gemeinsam eine Suppe aus irgendwelchem Gartenkohl, die erstaunlich gut schmeckte, dann waren alle Gläser eingemacht und in der Speisekammer verstaut, Britta verabschiedete sich und auch Henning stand auf. Linnea spielte am Tisch mit ihrem neuen, schleimigen Haustier, Martha spülte ab.

Ich brachte Henning zur Tür, warum, wusste ich auch nicht.

»Das war schön heute«, sagte er, als hätten wir gerade ein extrem langes Date hinter uns.

»Ja«, sagte ich. »War es.«

»Vielleicht essen wir mal was zusammen«, sagte er.

»Haben wir doch eben.«

»Ich meine …« Er schaute über meine Schulter zurück in die Küche, wo Linnea so tat, als füttere sie angestrengt ihre Schnecke, und Martha mit dem Spülwasser beschäftigt war. Er senkte die Stimme. »… nur wir zwei.«

Ich starrte ihn einen Moment lang an, dann dachte ich an Britta, die ihn den ganzen Tag über immer wieder berührt hatte, kleine, vertraute Gesten, eine Hand auf den Rücken, an den Oberarm, ein kleines Schieben in diese oder jene Richtung.

»Ich kenn dich doch gar nicht mehr«, sagte ich, obwohl es sich nicht so anfühlte. »Wir können doch nicht einfach so tun, als wären wir immer noch fünfzehn. Als hätte es die letzten zwanzig – zweiundzwanzig! – Jahre nicht gegeben.«

»Nicht?« Er lächelte.

»Keine Ahnung.« Hatte er recht? War es egal?

»Und wenn's nur wegen der alten Zeiten ist«, sagte er; riesig kam er mir vor in Marthas winzigem Türrahmen, in seinem aufgeknöpften Blaumann, den er jetzt hochzog und zumachte. »Um es wiedergutzumachen, dass wir so lange nichts voneinander gehört haben.«

»Ist das ein Vorwurf?« Meine Stimme klang scharf, ich fühlte mich angegriffen. Ich hatte alles Recht der Welt gehabt, mich nie zu melden, nie hierher zurückzukommen, ein neues Leben anzufangen, ohne … ohne sie alle.

»Nein, ich mein ja nur, ich … wollte dich anrufen, aber irgendwann war es zu spät und …«

»Ich wäre eh nicht rangegangen«, schnappte ich.

»Ach so«, sagte Henning und schien ein wenig zu schrumpfen. »Okay.« Er setzte seine Mütze auf. »Na, dann.«

»Tschüss«, sagte ich kühl und machte die Tür hinter ihm zu.

»Habt ihr ein Date?«, fragte Linnea vom Küchentisch aus.

»Nimm deine Schnecke, wir gehen jetzt.«

»Was ist denn los?«, fragte Martha, aber mir war nicht nach Erklärungen, ich wusste ja selbst nicht, was los war.

»Nichts«, fauchte ich, als wäre ich doch wieder siebzehn, oder auch dreizehn, ein bockiger Teenager, der seine eigenen Gefühle nicht einschätzen konnte. Überrannt wurde von etwas Altem.

»Wir sind doch eh nur vorübergehend da.«

Linnea schaute mich mit großen Augen an.

KAPITEL 8

IN DIESER NACHT schlief ich wieder schlechter. Linnea atmete leise neben mir; sie kam nachts immer noch oft herüber, wenn auch nicht mehr so oft wie zu Hause in München.

Zuhause. Ich starrte an die Wand, roch den vertrauten Geruch meiner eigenen Bettwäsche auf der dicken Daunendecke. Bootsmann seufzte laut und tief im Schlaf, ließ sich dann auf die Seite fallen und fing an zu schnarchen. Ich beugte mich aus dem Bett und warf einen Hausschuh nach ihm, verfehlte ihn aber, und er sägte einfach weiter. Das Schnarchen war nicht viel besser als das Jaulen, es hatte es einfach ersetzt, ein nervtötendes Geräusch durch ein anderes, aber dafür hatten wir jetzt einen ausgeschlafenen, glücklicheren Hund. Auch mein Kind wirkte gelassener als in München; die Abwesenheit ihrer mobbenden Schulkolleginnen und ihres sadistischen Mathelehrers, der sie tagtäglich an der Tafel vor allen gedemütigt hatte, schien ihr gutzutun. Ich tat es dem Hund gleich, seufzte ebenfalls laut und tief und dachte an Marthas Worte: Anstrengung und Gartenarbeit würden beim Schlafen helfen, und stand schließlich auf, als es bereits dämmerte. Bewegung. Diese ganzen alten Gedanken wegsporteln. Ich zog meine Laufschuhe an und rüttelte den Hund wach, der mich vorwurfsvoll aus müden Augen anblickte.

»Wir rennen ein bisschen, alter Junge«, flüsterte ich, um Linnea nicht zu wecken. »Das wird uns guttun!«

Also lief ich. Mit Pausen, die kalte Herbstluft pfeifend in meiner

Lunge, durch den Morgennebel, der weiß und feucht über den Feldern hing. Meine Arme waren schwer, die Beine noch viel schwerer, und Erdklumpen hafteten an meinen Turnschuhen. Aber es tat gut, zu atmen, es tat gut, draußen zu sein und nicht nachzudenken.

Zurück im Haus trocknete ich Bootsmanns Pfoten ab und saß bei einer heißen Tasse Tee in der Küche, bis es ganz hell wurde. Es war mittlerweile kalt genug, dass ich, trotz Anstrengung, keine Lust mehr auf ein kaltes Getränk hatte. Im Supermarkt standen die Tee-Regale bereits voll mit bunten Herbstsorten, und ich hatte mir eine Packung mit dem sprechenden Namen »Kürbismagie« ausgesucht, der seltsamerweise sogar einigermaßen schmeckte.

Es war ein stiller, kalter Morgen, der Becher wärmte meine Finger, und es fühlte sich wunderbar an, nicht ewig schlaflos herumgelegen zu haben.

Den Sonntag verbrachten Linni, Bootsmann und ich damit, einen ausgiebigen Herbstspaziergang zu machen, danach im Bett Teenie-Filme zu gucken, Chips zu essen, und über rein gar nichts nachzudenken.

Als Linnea am Montag in der Schule war, fing ich an, Omas Schlafzimmer aufzuräumen. Ich riss Schubladen auf, warf alte Zeitschriften weg, zerfledderte Taschenbücher, Rosenkränze von meinem Opa, Kerzenstummel und Wachsreste. Sie hatte einfach alles aufgehoben, alles. Hinter mir schien ich ständig ihre Präsenz wahrzunehmen, wie ein schlechtes Medium im Film – wenn ich mich umdrehte, war niemand da, und auch das Gefühl, beobachtet zu werden, war weg.

»Du bist tot«, sagte ich laut zu dem Geist meiner Oma, den ich mir mit ihren langen, dünnen Beinen in beigen Stoffhosen und ihrer hässlichen Blümchenkittelschürze in der Ecke vorstellte, »du kannst mir nicht mehr sagen, was ich zu tun und zu lassen hab.«

Dabei wünschte ich, sie würde es tun. Ich wünschte, sie würde da sitzen, mir einen Apfel schälen oder ihre Haare auf Lockenwickler drehen und sagen: ›Maria, es wird alles gut. Es war eine gute Entscheidung, herzukommen. Und ja, bitte, schmeiß diese schrecklichen alten Schallplatten von deinem Opa weg, ich konnte Heino eh nie leiden. Aber heb in Gottes Namen die Überraschungsei-Figuren auf, die könnten was wert sein!‹

Ich pumpte mir Omas altes Rad auf, das im Keller vor sich hin rostete, putzte Spinnweben und Staub aus den Speichen und vom Sattel, zog mir einen Mantel über und brachte die Platten und Plastikfigürchen zu einem Trödler in der Stadt.

Als ich zurück in die Auffahrt rollte, winkte mir Britta von der Haustür aus zu. Sie trug einen gelben Schal, eine passende Mütze, einen buntbedruckten Mantel und leuchtete geradezu von den Treppen herunter. Neben ihr stand eine ältere Frau mit zerzausten Haaren, die mir vage bekannt vorkam.

»Hi!«, rief Britta, während ich das Fahrrad abstellte.

»Hallo.« Ich sah sie fragend an.

»Ich hab deine Telefonnummer nicht«, sagte sie, »und außerdem waren wir eh gerade bei Martha. Das ist Heidi, sie macht auch bei unserer Frauengruppe mit.«

»Okay«, sagte ich. »Hallo.«

»Maria, oder?«, sagte die Frau. »Warst du nicht mal mit dem Doktor Siebert zusammen?«

»Äh, nee.« Ich runzelte die Stirn und fühlte, wie meine Hände feucht wurden. Ich steckte sie in meine Hosentaschen und knibbelte dort drinnen an meiner Nagelhaut.

»Ach, nicht? Ich dachte … Na ja, ist schon Jahre her, mein Gehirn ist auch nicht mehr, was es mal …«

»Hört zu, der Hund«, sagte ich und sah mich hilfesuchend nach Bootsmann um. »Ich muss mit dem Hund raus.«

»Ich wollte dich nur kurz fragen, ob du nicht zu unserer Gruppe kommen willst. Martha meinte, du …«

»Oder war das der kleine Buchäcker?«, fragte Heidi. »Der, der früher so dick war und jetzt so gut aussieht?«

»Auch nicht«, sagte ich zähneknirschend. »Keiner davon.«

»Hm«, machte Heidi. »Also irgendwie hab ich dich da in meinem Kopf gespeichert als …«

»Frauengruppe!«, unterbrach Britta, die mir so, dass Heidi es nicht sehen konnte, eine Grimasse schnitt. »Heute Abend ab sechs! Es ist nett, wir trinken Punsch und backen Kekse, es ist nicht so, als würden wir nur …«

»Nein.«

Britta sah enttäuscht aus.

»Danke«, fügte ich hinzu. »Ist nicht so meins.«

Sie zuckte die Schultern.

»Und Linnea?«

Ich schüttelte den Kopf.

»Na ja, hätte ich jetzt auch nicht gedacht«, sagte sie. »Aber du, ich gebe einen Selbstverteidigungskurs in der Schule, ich glaube, das wäre was für sie. Nur für Mädchen. Wir machen Wendo …«

»Wendo?«

»Ja, es geht nicht nur darum, sich körperlich wehren zu können, wir machen auch Rollenspiele und so … Man lernt, laut zu sein.«

Sie lächelte.

Ich bemerkte einen Kloß in meinem Hals, dick und geschwollen und schmerzend. Ich hätte gern geweint, es hätte nicht viel gefehlt, ich blinzelte ein paarmal heftig. Drinnen bellte Bootsmann, ab und an tauchte sein zotteliger Kopf in den Lamellenfenstern der Haustür auf.

»Sie kann laut sein«, murmelte ich, räusperte mich und wiederholte kräftiger: »Sie kann laut sein.«

»Ich weiß, ich mein das ja nicht als Vorwurf, ich will nur sagen, es kann helfen, wenn …«

»Britta, nichts für ungut, aber der Hund pisst mir drinnen in alle Ecken, wenn ich nicht gleich …«

Ich schob mich an ihr vorbei, öffnete die Tür, schlüpfte hinein, bevor Bootsmann entwischen konnte, und ließ Britta stehen.

Oma Hanne lässt eine Handvoll Hagebutten auf den Tisch fallen und beginnt, sie aufzuschneiden.

»Rauspulen!«, sagt sie zu mir und ich popele die Körner aus den roten Früchten.

»Was du nicht willst, dass man dir tu…«, sagt Martha, während Oma schnippelt und ich pule.

»Jaja«, sagt Oma. »Das Gesetz der Dreifachen Wiederkehr, Karma, Goldene Regel, ich weiß, ich weiß.«

»Wir sind doch gute Hexen«, sagt Martha mit einem Augenzwinkern. »Wir machen doch kein Juckpulver!«

»Supergut«, sagt Oma. »Aber das Kind muss sich doch auch mal wehren.«

Das Gesetz der Dreifachen Rückkehr. Karma. Ich war für Linnea immer stark gewesen, und trotzdem war sie ein so ängstliches Kind, so still. Hatte das mit mir zu tun? Kam es daher, dass sie merkte, wie oft ich nur spielte, stark zu sein? Konnte man das bemerken? Die starke Mama, die ich sein wollte – nichts als eine rissige, bröckelnde Fassade?

Ich ging mit Bootsmann Gassi, machte einen großen Bogen um die Neubausiedlung, nahm stattdessen einen neuen Weg über die Wiesen und Felder zurück. Bootsmann, der jahrelang nur seine übliche Runde gedreht hatte, blieb ein paarmal verwirrt stehen; ich scheuchte ihn weiter.

Als wir in der Dämmerung zurückkamen, sah ich drüben bei Martha die Frauen eintreffen. Lachende, fröhliche, alte und junge, eine buntgemischte Truppe. Manche sahen nach Esoterik aus: mit wallenden Leinengewändern und gebatikten Pumphosen, andere wirkten wie Vorstadtmuttis, wieder andere hatten kurze Haare und trugen Jeans und Männerhemden, ein paar wirkten sehr hip, sehr jung, fast noch wie Mädchen, mit *Bucket Hats* und riesigen Schals. Britta mit ihrem langen roten Zopf und ihrem gelben Barett leuchtete aus der Menge.

Es wäre leicht gewesen, in dieser bunten Gruppe zu verschwinden, einfach dazuzugehören. Sie sahen nicht aus, als würden sie irgendjemanden ausschließen. Außer vielleicht Heidi, die mich als »Freundin von« in ihrem Gehirn gespeichert hatte.

Ich trocknete Bootsmann vor der Haustür ab, beobachtete über die Straße hinweg die Gruppe, wie sie schnatternd ihre Mäntel ablegten. Durch Marthas Fenster konnte ich vage einen Stuhlkreis erkennen, warmen Feuerschein. Becher wurden verteilt. Ich meinte den Geruch nach warmem Apfelmus und Zimt fast zu riechen. Seit wann gab es diesen Frauenclub? Oma und Martha hatten immer viele Freundinnen und Bekannte gehabt, aber eine feste Gruppe, die sich regelmäßig traf? Das war neu.

Vicky, die Hennings langes Haar zu französischen Zöpfen flicht, womit er absolut bekloppt aussieht, vor allem, wenn er versucht, rapper-artige Posen einzunehmen. Vicky mit ihrer Zahnspange, in der sich immer Reste des Essens verfangen, »du hattest heute Spaghetti«, sagt Henning zu ihr, oder: »Heute gab's Schnitzel, stimmt's?«, aber er sagt es wie eine Feststellung, nicht böse, und lässt sich danach ergeben von ihr mit einem Couchkissen verdreschen. Wir hören laut Musik, während wir Martha helfen, Pilze zu putzen und die Stiele abzuknibbeln, und wir singen mit, und reden über die Schule und die Leute, die wir nicht mögen und die mal wieder blöde Bemerkungen über Hennings Hörgerät gemacht haben oder mich »Mädchen ohne Stimme« genannt oder Vicky »Eisenbeißer«. Martha hört zu und dann sagt sie: »Kommt mal mit« und führt uns in ihre Scheune, wo sie jedem von uns einen angemackten Teller in die Hand drückt.

»So, und jetzt werfen«, sagt Martha und macht eine Wurfbewegung mit dem Arm. Und wir schauen sie erstaunt an, aber dann werfen wir, Vicky zuerst, schleudern das alte Geschirr (Blümchenrand, Risse im Porzellan) gegen die Scheunenwand, wie bei einem Mini-Polterabend, und während Teller und Tassen klirrend zu Bruch gehen, wird unsere Wut langsam weniger. »Krawumm!«, sagt Henning etwas albern jedes Mal, aber es wirkt. Ich werfe, das Geschirr geht kaputt, und in meinem Inneren fühlt sich irgendetwas ein ganzes Stück leichter an.

»Und, war gut?«, fragt Martha, und wir nicken zufrieden.

Ich wusste nicht mehr, wann ich aufgehört hatte, so laut zu singen, wie damals. Oder Geschirr zu zerdeppern, wenn ich wütend war. Oder ich wusste es doch, und wollte es nur nicht wissen.

Bis heute hatte ich eine kleine Narbe über der linken Augenbraue, wo mich eine der Scherben erwischt hatte, und ich trug sie mit Stolz.

Wir kochten Tränke mit Martha und verbrannten Zettel mit unseren geheimsten Wünschen, deren Rauch wir in den sternenübersäten Sommerhimmel pusteten, damit sie auch alle in Erfüllung gingen.

Wir kauften schwarze Samtklamotten, die wir uns nicht trauten, in der Schule anzuziehen, mit Netzstrumpfhosen und langen, weiten Ärmeln, und verkleideten uns bei Martha als die Hexen, die wir wirklich sein wollten. Nur Henning blieb seinen Jeans und Turnschuhen treu. Wir steckten ihm Federn in die Haare und banden ihm ein Lederhalsband um, an das wir einen durchlöcherten Stein gefädelt hatten, einen Hühnergott, der angeblich böse Geister fernhielt und vor Unglück schützte. Das war unser Zeichen, das trugen wir überall, eine Bandenerkennung, wie die Federn bei den »Wilden Hühnern«, die ich gerne las. Die Hühnergötter hatten wir stundenlang gesucht, im alten Steinbruch weit draußen hinter dem Wald, wo Martha uns mit dem Auto hinfuhr und während wir suchten selbst Kräuter sammeln ging, weil »solche Hühnergötter, die müsst ihr schon selbst finden, sonst helfen sie nicht«, erklärte sie uns mit ernster Stimme und noch ernsterem Gesichtsausdruck.

Self-Empowerment für kleine, schüchterne Teenager war das gewesen, verkleidet als Hexenkurs, das merkte ich jetzt erst. Wo wohl diese Kette war? Das Lederband mit dem Hühnergott daran? Schwer war sie gewesen, daran konnte ich mich erinnern, aber wenn ich sie nicht getragen hatte, hatte sich mein Hals zu leicht und zu leer angefühlt.

Ich schob den abgerubbelten Bootsmann ins Haus.

Linnea saß oben in der Küche und machte Hausaufgaben.

»Linni, ich glaub, wir müssen wieder heim.«

»Hm?« Sie schaute von ihrem Heft auf, in das sie, das merkte ich erst jetzt, Frauen mit Blumengirladen im Haar gekritzelt hatte. Von wegen Hausaufgaben.

»Heim. Zurück. Nach München.«

Sie ließ den Stift sinken. »Wieso? Wir sind doch gerade erst angekommen.«

»Du wolltest doch nicht mal mit.«

»Aber jetzt …« Sie zuckte die Achseln. »Samira hat mich für morgen zu sich eingeladen.«

»Oh«, sagte ich. »Schön.«

»Darf ich übernachten?«

»Es ist unter der Woche! Schule!«

»Na, und? Ihre Eltern sind eh viel strenger als du.«

Ich pustete die Backen auf und ließ die Luft durch meine Lippen flattern. »Na, meinetwegen.«

Sie lächelte in sich hinein, als hätte sie nichts anderes erwartet. Wieso waren Kinder immer die Chefs? Wie machten andere Eltern das?

»Außerdem glaub ich, dieser Henning mag dich«, sagte sie. »Ich finde nicht, dass wir so schnell wieder abhauen sollten.«

Ich rollte die Augen in ihre Richtung. »Na, wenn du das so genau weißt.«

»Ich bin hellsichtig«, sagte sie, schon wieder in ihre Heftkritzeleien vertieft. »Ich hab da so eine Gabe. Und ich sage dir, hier ist es viel besser als in München.«

* * *

Diese letzte Septemberwoche, unsere zweite in Omas Haus (es kam mir schon so viel länger vor), verging im grauen Nieselregen. Nachts lief ich weiterhin meine Runde über die Felder und ignorierte den Hund, der mich jedes Mal vorwurfsvoll anschaute: Wie konnte ich es wagen, ihn in die nasse Nacht hinauszuscheuchen.

Linnea war in der Schule und verbrachte auch nach der Übernachtung weiterhin viele Nachmittage bei Samira. Wenn ich sie abends abholte, war das Haus voll mit Kindern, die alle winzig und dunkel waren, und eine indisch aussehende Frau drückte mir lächelnd die Hand und schimpfte dann hinter sich in die Wohnung hinein, wo es überall wuselte und kreischte. Ich sagte: »Sie können auch gern mal zu uns kommen, unser Haus ist leer«, und Samiras Mutter strahlte.

Linnea blühte auf, nach nur eineinhalb Wochen, als hätte sie nur das gebraucht: Eine Freundin, mit der sie herumhängen konnte, eine Verbündete zwischen all den lethargischen Mitschülern, den gemeinen Mobbern, den fiesen Lehrern, eine neue Schule, an der man sie nicht wegen ihrer roten Haare oder ihrer Größe oder ihrer Unfähigkeit, die Regeln einfacher Mathematik zu kapieren, verurteilte.

»Und sie hört auch gern diesen Podcast mit der Kriminalpsychologin und den Schwerverbrechern …«, sagte sie am Donnerstagabend im Auto, wirkte ganz atemlos und freudig, mir von ihrer neuen, besten Freundin erzählen zu können. Wie schnell man als Teenager neue Freundinnen fand, man musste eigentlich nur in der Schule neben ihnen sitzen, dann ging das automatisch, ob sie nun zu einem passten oder nicht. Bei Linni und Samira schien es ein Volltreffer zu sein.

»Aha, und den magst du auch?«

»Hab ich dir schon oft erzählt! Und ihr Lieblingsbuch ist ›Es‹ von Stephen King, sie sagt, ich muss das unbedingt lesen, weil …«

»Du liest auf keinen Fall ›Es‹, Linnea.«

»Aber Samira sagt, die Kinder sind da erst elf, also viel jünger als …«

»Ist trotzdem kein Kinderbuch und ich möchte nicht, dass du das liest.«

»Samira sagt, Stephen King ist ihr Lieblingsautor. Die darf das lesen!«

»Ja, aber du nicht. Ende der Diskussion.«

»Na ja, ihre große Schwester gibt uns demnächst ihren Netflix-Code und dann gucken wir den Film«, sagte sie trotzig.

Ich seufzte. »Na, da haben sich ja zwei gefunden.«

Sie strahlte und fing an, mir von irgendeinem Horrorfilm zu erzählen, über den sie nur Gutes gelesen hatte und der auch schon ab zwölf war und sie sei ja längst über zwölf. Sie sagte das mit einem vorwurfsvollen Unterton.

»Muss ich mir eigentlich Sorgen um dich machen?«, fragte ich, während wir in die Auffahrt einbogen.

»Wieso?«

»Wieso liebst du denn diese ganze düstere Scheiße?«

»Ich finde es eben interessant.«

»Die Abgründe der menschlichen Seele?«

»Genau.«

»Na, dann. Und wie läuft es in der Schule?«

»Gut.«

»Gut? Einfach nur gut?«

»Mama …« Sie warf den Kopf in den Nacken und stöhnte, ich konnte ihr kleines Gesicht im Rückspiegel sehen und fragte mich, wann sie so alt geworden war. Verdrehte Augen, genervte Gesichtsausdrücke, Horrorfilme mit dem Netflix-Account älterer Geschwister.

»Ich darf ja wohl noch fragen!«, rief ich und fand, dass ich mich anhörte wie meine eigene Mutter, was mir kein bisschen gefiel.

»Wir sind jetzt zu zweit«, sagte sie kryptisch.

»Und keiner ärgert dich?«

Sie brummte, schnallte sich ab und stieg aus dem Auto. Ich folgte ihr. »Nicht mal die Lehrer?«

»Frau Siebert ist nett«, sagte sie und stiefelte in Richtung Haustür.

Vicky Siebert, die freundliche Klassenleitung. »Okay«, sagte ich und war froh, dass sie mir immerhin noch irgendetwas aus ihrem Leben erzählte. »Wir waren übrigens mal Freunde, deine Klassenleitung und ich. Früher, als wir, äh, jung waren.«

»Ernsthaft?« Sie sah mich schräg an, als könnte sie sich nicht vorstellen, dass ihre Mutter irgendwann einmal jung gewesen war.

Als es Zeit fürs Bett war, klopfte ich an ihre Tür und steckte den Kopf in ihr Zimmer. Sie lag auf dem Bett, ein T-Shirt über ein gestreiftes Langarm-Shirt gezogen, sehr 90 s, aber sie hatte ihre Sachen selbst packen wollen und fast nur Sommerzeug eingesteckt.

»Was willst du, Mutter?«, sagte sie gestelzt.

»Guten Abend, Sprössling«, gab ich ebenso vornehm zurück und setzte mich zu ihr aufs Bett, legte ihr ein paar Pullover hin, die ich (aus einer weisen Vorahnung heraus) noch schnell aus ihrem Schrank gezogen hatte und die in meiner Kommode gelandet waren. Linnea hatte ihr Englisch-Buch vor sich und hörte nebenbei einer freundlich klingenden Frau zu, die von einem Serienmörder erzählte, der seine Leichen in einer Art Sumpf versenkte.

»Die zieh ich nicht mehr an!«, sagte sie, ohne von ihrem Buch aufzublicken, »damit seh ich aus wie zehn.«

Du bist ja auch erst knapp über zehn, wollte ich sagen, hielt dann aber lieber den Mund.

»Außerdem passen die eh nicht mehr.«

Ich hielt einen Pulli hoch und schätzte die Größe. »Dann müssen wir wohl dringend einkaufen gehen. Kannst du das mal ausmachen, da kriegt man ja Albträume.«

»Was ist denn?«, fragte sie und klappte das Englisch-Buch zu.

Ich legte ihr mein altes Buch der Schatten vor die Nase.

»Hier«, sagte ich.

»Was ist das?« Sie schlug es auf und blätterte darin herum. »Dein Tagebuch?«

»Nein, mein Hexenbuch«, sagte ich. »Das hat mir sehr geholfen als Kind. Und Teenager.«

»Bei was?«

»Bei allem! Du kannst Sprüche reinschreiben, Rezepte, was dir so durch den Kopf geht, deine Gedanken ordnen, deine Lieblingshalbedelsteine und ihre Wirkung vermerken …« Ich nahm das Buch und schlug ein paar Seiten auf. Gepresste, getrocknete Blüten wehten heraus, Notizzettel, mit Tesa hineingeklebte Post-its und aus Heften gerissene, linierte Blätter. Wir waren so ernsthaft bei der Sache gewesen, damals, Vicky, Henning und ich. Warum hat man es irgendwann so eilig, möglichst schnell erwachsen zu werden? Warum konnte man nicht einfach viel länger kleine Gedichte schreiben und sie als Zaubersprüche in ein Buch kritzeln, bei Mondschein vorlesen und felsenfest davon überzeugt sein, dass die Sprüche wirken würden?

»Mutter?«

Ich blinzelte. »Sprössling?«

»Du schweifst ab.«

»Ich schweife nicht ab.«

»Ich meine, du bist nicht ganz da, ab und zu.«

»Ach, Quatsch. Hier, nimm es.«

Linnea schlug wieder das Buch auf. »Es ist voll!«, sagte sie.

»Ein paar Seiten hat es noch. Und nachher kannst du dir selbst eines anlegen, wenn du magst und meines als Inspiration benutzen.«

»Okay. Danke. Wart ihr eigentlich so richtige Hexen?«

Ich lächelte. Es war eine halbwegs ernsthaft gestellte Frage, eine, die sich nicht sicher war, wie ernsthaft sie sein durfte.

»Richtige Teenager-Hexen wie Sabrina«, sagte ich. »Mir hat das geholfen, dieses Hobby. Ich war auch nicht so … ähm, ich war nicht so gern in der Schule.« Ich biss mir auf die Lippe. *Auch*, ich hätte nicht *auch* sagen dürfen.

»Mir geht's gut«, sagte Linnea prompt und schlug ihr Englisch-Buch wieder auf.

»Soll ich dich abfragen?«

»Bitte nicht.«

Ich zog ihr das Buch weg. »Was heißt Gurke?«

Sie stöhnte. »Ich will nicht.«

»Nur die ersten paar«, sagte ich. »Vokabeln sind doch leicht. Also, Gurke?«

»Gör-ki?«, sagte sie zögernd.

»Top Aussprache. Aber leider falsch.«

***

Ich verbrachte den Freitagvormittag damit, ein paar Bewerbungen zu schreiben, nach Jobs zu googeln und nochmals meinen Termin beim Arbeitsamt zu bestätigen, bevor ich es gut sein ließ, und lieber die Sachen von Oma Hanne durchsah: Fotoalben mit vergilbten Bildern meiner Großeltern vor ihrem neugebauten Haus, aus einem ihrer seltenen Urlaube, mein Opa in Shorts und mit braungebrannten, knochigen Knien, meine Oma, sehr jung, sehr schön, in einem Badeanzug und mit einer Badekappe bekleidet auf einem Steg am Weiher hinten im Wald, wo sich seit Jahrzehnten die Jugendlichen zum Schwimmen und Trinken und Rauchen und Knutschen trafen. Und dann verschwand mein Opa von den Bildern und da war Martha, immer wieder Martha, auf Wanderungen neben einem Gipfelkreuz, die Hand in die Hüften gestützt, lachend mit Bootsmann vor ihren Bienenkästen, mit einer Gruppe von Frauen, unter denen ich auch meine Großmutter entdeckte, bei einem Ausflug nach Hamburg vor dem Hafen. Und da bin ich, winzig, am Apfelfest vor dem tollen Karussell, wo man selbst mit einem Steuerknüppel bestimmen kann, ob und wie hoch man fliegt. Meine Oma steht neben mir und wir winken in die Kamera. Später, als es schon ständig Streit gab, zischelnden Eltern-Streit, halblaut zwischen den Buden am Apfelmarkt, fuhren meine Oma und ich noch immer jedes Jahr mit dem Karussell, obwohl ich schon elf war und Oma ihre langen Beine kaum in den feuerspeienden Drachen gequetscht kriegte, den sie neben meinem Propellerflugzeug bestieg. Sie machte immer so laut »Wuuu!«, als es losging, dass alle guckten, aber alle guckten sowieso, weil Oma Hanne so riesig war und der Drache so klein. Danach aßen wir jedes Mal Zuckerwatte und wanderten durch das Apfelfest zum Eierschalen-Haus, und ich durfte ewig lang aufbleiben und einen Film mit ihr und Martha gucken, der kein bisschen was für Kinder war, und später schlief ich bei Oma im Bett, und vergaß die Streitereien meiner Eltern.

Ich redete mit meiner Oma, sagte Dinge wie: ›Na, wo wart ihr denn da?‹ oder ›Da siehst du ja mondän aus!‹ oder ›Ich kann nicht glauben, wie sehr Linnea dir ähnelt.‹

Wolken peitschten über den Himmel, als ich aus dem Fenster hinüber zu Martha blickte. Der Wind hatte in den letzten Tagen aufgefrischt, und rote Weinblätter wirbelten um Marthas Hütte, Kastanien fielen stachelig auf ihren Hof; bei uns schwankten der Nussbaum und die Schaukel, und ich würde bald wieder Laub rechen müssen.

Ich schob Schnecki aus der Sonne, die einen hellen Fleck auf die Fensterbank malte. Die aus der Petersilie eingeschleppte, winzige Weinbergschnecke lebte nun in Marthas Marmeladenglas mit Löchern im Deckel auf unserem Küchenfensterbrett und wurde täglich mit frischen Salatblättern gefüttert. Sie kam mir größer vor. Linnea benetzte sie jeden Abend mit ein wenig Wasser und es schien ihr gut zu gehen in ihrem viel zu kleinen Terrarium. Der Heizkörper unter dem Fensterbrett bullerte jetzt beständig und meistens war es gut warm hier, das schien ihr zu gefallen.

»Das braucht man manchmal«, sagte ich laut zum Geist meiner Großmutter. »Oder? Ein zwar kleines, aber gemütliches Marmeladenglas, wo man gefüttert wird, bis man groß und stark genug ist, um selbst wieder rauszukriechen.«

Meine Oma antwortete nicht, natürlich nicht, und ich schaute von Schneckis Glas auf und durchs Fenster wieder hinüber zu Martha. Am Wochenende war der jährliche Apfelmarkt, ein Großereignis, die ganze Altstadt war dann voll mit Ständen und Touristen, die Obst und Eingemachtes und selbstgemachte Körbe kauften. Martha hatte uns eingeladen, ihr am Stand zu helfen, ich hatte abgelehnt, aber Linnea wollte unbedingt hin.

Ich stupste mit dem Finger gegen Schneckis Glas. »Zeit, ein bisschen zu wachsen«, sagte ich zu ihr.

DAMALS

Die Sonne ist schon fast weg, und der Wind wird kühler, als ich von Henning zu Vicky radle. Unterwegs halte ich beim Supermarkt, um den Wodka für Vicky, für uns, zu kaufen. Wir nehmen immer den billigsten, also halte ich mich nicht lange auf. Ich bin schon wieder draußen, schon wieder auf dem Fahrrad, schon fast vom Aldi-Parkplatz runter, als es ein komisches Geräusch gibt und ich auf einmal ins Leere trete.

»Scheiße, verdammte!«, fluche ich leise. Ich stolpere vom Rad und begutachte, was passiert ist. Meine Kette ist draußen.

»Potzblitz!«, ruft jemand aus einem Autofenster, »wenn das nicht die Maria ist!« Ich blicke auf und sehe Markus Siebert, den hübschen Markus Siebert mit seiner hellbraunen Haartolle und seinen hellgrauen Augen. Und ich knie am Boden im Dreck, mit öligen Händen von einer dämlichen Fahrradkette.

»Was?« Ich runzle die Stirn.

»Nichts«, sagt er und grinst. »Mein Bruder und ich sammeln nur immer formidable alte Kraftausdrücke.« Er schaut feixend zu jemandem im Auto, ein Typ winkt mir zu. Ich winke etwas dämlich zurück.

»Ach du grüne Neune?«, sage ich und beide nicken anerkennend.

»Sollen wir dich mitnehmen?«

»Nee«, sage ich. »Ich brauch mein Rad später noch.« Ich fummle an der Kette herum, aber außer dass meine Finger noch dreckiger werden, kriege ich rein gar nichts hin.

»Donnerlittchen, lass mich aussteigen!«, ruft Markus, »eine Jungfrau in Nöten!«
»Und wie kommst du heim?«, fragt sein Bruder von drinnen, und er sagt: »Ich laufe natürlich.«
Und da steht er vor mir, Markus Siebert, Vickys neuer Freund, der so ein nerdiges Hobby hat wie altertümliche Wörter sammeln und jetzt nur für mich ausgestiegen ist und heimläuft. Ich starre ihn an.
»So, aus dem Weg«, sagt Markus. »Ich bin Rennradfahrer, und kein …« Er scheint kurz zu überlegen. »… Einfaltspinsel, nein, nicht blöd wie Bohnenstroh, das ist ein guter Ausdruck, oder?« Ich nicke wie ein Einfaltspinsel und sage nichts. »Ich werd ja wohl eine Kette wieder dranmachen können«, beendet er seinen Satz und macht sich an meinem Fahrrad zu schaffen. Ich wische mir eine vom Wind verwehte Haarsträhne aus dem Gesicht. Sein Bruder fährt davon und jemand rattert mit einem vollen Einkaufswagen vorbei. Markus dreht mein Fahrrad um und stellt es auf den Sattel. Ich komme mir etwas tatenlos vor und weiß nicht, was ich mit meinen Händen machen soll.
Wir haben die Jungs erst vor ein paar Wochen am alten Gewächshaus drüben an der Gärtnersiedlung kennengelernt, oder sie uns, wir kennen sie seit Jahren vom Sehen, Vicky schwärmt schon seit der siebten Klasse für den schönen Markus Siebert aus der Oberstufe. Und jetzt das: Markus und seine Kumpels, fünf Jahre älter als wir und trotzdem an uns interessiert, die wir vor kurzem noch mit Zahnspangen und Kinder-T-Shirts herumgerannt sind. Vicky hat sich den Arm an einer kaputten Gewächshausfensterscheibe aufgeschürft und Markus' Kumpels haben gesagt: »Er will Arzt werden, lass ihn mal machen«, und ich bereue bis heute, dass nicht ich es war, die sich verletzt hat. Dann hätten Markus Sieberts große, schöne Hände meinen Unterarm mit Wodka gesäubert und mit Taschentüchern verbunden,

ein bisschen großspurig, ja, aber sehr süß, und vielleicht wäre er jetzt mein Freund.

»Wehe, du erzählst Nilam von meinem Wörter-Hobby«, sagt er, und auch das finde ich sonderbar, weil mir Markus Siebert nicht wie jemand erscheint, dem irgendetwas peinlich ist.

»Wieso sollte ich?« Ich lächle. Er lächelt. Der Himmel ist wolkenlos dunkelblau über uns und die Luft kalt und in einer romantischen Komödie wäre das ein gutes, zufälliges Treffen. Ein Meet Cute.

»Sie ist ein bisschen gruselig, die Nilam«, sagt Markus und pfriemelt weiter an meiner Radkette herum.

»Wem sagst du das«, sage ich und lächle, weil ich das auch finde, und weil wir uns vermutlich echt gut verstehen würden, Markus und ich, und weil ich gerne mehr allein mit ihm reden würde, um herauszufinden, ob es so ist.

»So, geschafft.« Er steht auf und strahlt mich an, in seiner ganzen grauäugigen Pracht, und ich lächle schief und sage: »Danke. Jungfrau gerettet.«

»Ey, ich will später mal zu Ärzte ohne Grenzen, die nehmen mich doch gar nicht, wenn ich nicht schon ein paar Jungfrauen vor Bedrohungen bewahrt habe.«

»Danke«, wiederhole ich und lächle schief. Und hier ist es, jetzt endgültig: Ich bin immer noch verliebt in Markus Siebert und vergesse kurz, dass Markus jetzt Vickys Freund ist, nur, weil Vicky immer schon ein bisschen forscher war als ich. Einer von seinen Kumpels hat nach dem Gewächshaus-Treffen versucht, sich an mich ranzumachen, aber ich hab ihn abgewimmelt, ich wollte nur Markus.

»Na, dann«, sage ich jetzt und wünsche mir, dass mir irgendetwas Schlagfertigeres einfällt, aber mein Gehirn ist völlig blank, weggefegt von seinen Augen und der Tatsache, dass er mit fahrradkettenöligen Händen vor mir steht. Er dreht das Rad um und hält es mir hin.

»Bitte sehr.«

»Danke. Ich bin gerade auf dem Weg zu … deiner Freundin«, sage ich.
»Victoria!«, singt er fast und lächelt so, dass es mir einen Stich versetzt. »Dann sehen wir uns später?«
»Klar«, sage ich.
»Als was gehst du?«
»Als Maus«, sage ich, ohne zu überlegen, und er sagt: »Süß. Passt zu dir.« Er zwinkert mir zu, und ich denke, dass mir nur eineinhalb Zentimeter zu eins sechzig fehlen, und das ist gar nicht mal so klein, und gerade, als mir auffällt, dass das ein ziemlich blöder Kommentar war, zwinkert er unverschämt gutaussehend und winkt und sagt: »Ich seh dich später, du süßes Mäuschen!«, als würden wir uns schon ewig kennen, und ich kann nichts tun, als ihm nachzuschauen und auch ein bisschen zu winken, und mir sehr blöd vorzukommen.
»Potztausend«, murmle ich und steige auf mein Rad, das jetzt wieder einwandfrei fährt.

KAPITEL 9

AM SAMSTAG BEKAM ICH völlig aus dem Nichts meine Periode, die in letzter Zeit hinterhältig wahllos einsetzte, mal nach achtzehn Tagen, mal nach fünfundvierzig. Ich hatte Kopfschmerzen und Bauchkrämpfe, nahm zwei Ibuprofen auf einmal und verfluchte wie jeden Monat die absolute Gemeinheit der Natur. Gleichzeitig hatte ich damit die perfekte Ausrede, um nicht mit zum Apfelmarkt kommen zu müssen. Ich kochte Tee und mehrere Wärmflaschen und legte mir ein Kirschkernkissen in die nach dreißig Jahre alter Gemüsesuppe stinkende Mikrowelle meiner Oma Hanne in der Speisekammer.

›Du drückst dich doch nur‹, sagte meine Oma aus den Schatten der Speisekammer heraus. ›So schlimm ist es jetzt auch wieder nicht. Du vermeidest nur Situationen, in denen du jemanden sehen könntest, den du nicht sehen willst, genau wie früher, mein kleines Mäuschen.‹

»Ich will dich nicht sehen. Und nenn mich nicht Mäuschen.«

›Ich bin doch gar nicht da‹, sagte meine Oma aus der Zimmerecke heraus. ›Du hattest schon immer zu viel Phantasie.‹

Linnea, die meine Verfassung und monatlichen Tage im Bett kannte, murrte am Frühstückstisch herum, weil sie nicht allein zum Markt gehen wollte.

»Ich kann kaum laufen«, sagte ich, in weinerlicher Stimmung, von meinem Platz auf der Küchenbank aus. Ich wollte einfach daheim bleiben, im Dunklen, mir eine Decke über den Kopf ziehen und stundenlang blöde Serien schauen, bei denen man nicht nachdenken musste. Zu allem Unglück strahlte gerade heute die Sonne besonders grell aus einem babyblauen Himmel heraus. Bootsmann leckte meine Hand, wie um mich zu trösten.

»Geh doch einfach mit Martha. Du kennst sie doch jetzt schon. Und Britta – Frau Prasilova – kommt ja auch mit.«

»Ich kenn die gar nicht.«

»Willst du Samira anrufen?«

Das wollte sie, aber die konnte erst ab Mittag, und Linnea hatte sich darauf gefreut, gemeinsam mit Martha an ihrem Stand zu stehen, die Marmeladengläser hübsch aufzustellen und die Heizplatte für den Apfelpunsch anzuschalten.

Also zog ich dicke Wollstrümpfe an, setzte mir eine Sonnenbrille gegen die Kopfschmerzen auf, stopfte das Kirschkernkissen in meine Jogginghose, schlüpfte in meine Stiefel und nahm noch zwei Schmerztabletten.

Wir gingen zu Fuß, weil ich keine Lust hatte, Fahrrad zu fahren und alle Parkplätze sicherlich belegt sein würden. Bootsmann blieb an meiner Seite und trottete neben mir her.

In der Innenstadt herrschte schon jetzt, kurz nach zehn, Getümmel, Besucher wimmelten um die vielen Stände mit Schürzen und Körben voller Äpfel und bestickten Tischdecken und Kartons voller Apfelsaft.

Marthas Stand war ein wenig außerhalb vom Trubel. Sie verkaufte ihre Marmeladen und Gelees und ihr eingemachtes Obst und schenkte nebenher heißen Apfelpunsch und Kaffee aus. Um sie herum hatte sich eine Traube von Frauen versammelt, die ich von ihrem Gruppentreffen wiedererkannte. Sie schienen gemeinsam zu frühstücken, an einem Stehtischchen, hielten dampfende Kaffeebecher und zuckriges Gebäck in den Händen und waren sehr laut.

Fast meinte ich, meine Oma Hanne zwischen ihnen zu erkennen, schlank und groß und mit einem bodenlangen Kleid unter ihrem ebenso langen, beigen Mantel. Sie hatte immer eine abgegriffene Pelzmütze getragen, die sie eigenartig mondän wirken ließ, und die sie von meinem Opa geschenkt bekommen hatte und nie trug, nur zum Apfelmarkt, weil man da so lang in der Kälte stand, ohne sich zu bewegen. *Martha nennt sie »Bärentöter« und Oma sagt trocken: »Das ist Eichhörnchenfell« und zupft sich die Mütze über die rotgefrorenen Ohren.*

Ich lugte unter meiner Sonnenbrille hervor in das Himmelblau und kramte dann eine Sonnencreme aus meiner Handtasche, tupfte mir etwas davon auf die Wangen und warf sie Linnea zu, die furchtbar empfindliche Haut hatte und schon nach nur zwei Minuten Anfang-Oktober-Sonnenschein rotverbrannt sein konnte. Linnea nahm die Cremetube, winkte Martha zu und rannte die letzten paar Meter.

»Wie siehst du denn aus?« Martha drückte zur Begrüßung kurz ihre Backe an meinen cremigen Wangenknochen. »Willst du zum Après-Ski?«

»Wieso?«

Ich ließ mich auf den einzigen Stuhl sinken, der hinter Marthas Tresen stand und mit einem Schaffell ausgekleidet war, und rückte das Kirschkernkissen unter meinem Mantel zurecht.

»Meiner«, sagte Martha.

Der Hund rollte sich zu meinen Füßen zusammen und schloss die Augen. Bestimmt nahm er Stimmungen wahr und spiegelte mich wider: Ich war müde und hätte am liebsten auch die Augen geschlossen. Ich tat es hinter meiner Sonnenbrille.

»Ich hab meine Tage«, sagte ich. »Ich kann nicht lange stehen.«

»Und ich hab alte Knochen.«

»Ach, du Arme«, sagte Britta, die aus dem Frauenknäuel aufgetaucht war. »Soll ich kurz heimgehen? Ich hab noch einen Frauenmantel-Schafgarbe-Mix zu Hause, der wirkt Wunder bei PMS.«

»Passt schon«, murrte ich und zupfte das Schaffell um mich herum.

»Ich dachte, PMS ist nur etwas, was das Patriarchat erfunden hat, um uns kleinzuhalten«, sagte eine der hippen Fischerhutträgerinnen aus Marthas Gruppe.

»Leider nicht«, sagten Britta und ich gleichzeitig und schmunzelten uns kurz zu.

»Aber wenn Männer das hätten«, sagte ich, »dann gäb's längst ein Medikament dagegen, nicht nur so läppische Ibus. Eins, das wirklich hilft, gegen Schmerzen und Stimmungsschwankungen, und völlig ohne Nebenwirkungen. Bin ich fest von überzeugt.«

»Ja«, sagte Britta, »und das würde so ein Teleshopping-Chuck-Norris-Typ in so großen, blauen Dosen verkaufen.« Sie verstellte ihre Stimme: »Sie haben PMS? Nicht mehr lange, mein Freund! Sichern Sie sich jetzt zwanzig Prozent auf unsere XXL-Packung Anti-Pi-Äm-Äs und Ihr Leiden stoppt noch heute!«

Linnea und Martha hatten begonnen, die Einmachgläser aufzustapeln und beschrieben jetzt kleine Kärtchen in Schönschrift mit Worten wie »Zauberseife«, »Rabenwetter-Tee«, »Himbeertraum«.

»Ja, und auf jeden Fall gäbe es drei Tage extra Urlaub jeden Monat«, mischte sich eine weitere von Marthas Damen ein und Britta sagte, wieder mit ihrer Bruce-Willis-Stimme: »Was, du hast deine Tage, Dieter? Wieso bist du überhaupt da? Klar, geh heim! Hier, hast du drei Freimarken für den Schießstand, die ganzen Gefühle, die müssen raus, Dieter! Und jetzt ab nach Hause mit dir, mein Guter.«

Ich musste lachen. Jemand gab mir ein Ingwer-Bonbon, was auch helfen sollte, und eine andere Frau drückte mir einen Becher heißen Kaffee in die Hand.

»Danke«, sagte ich und fühlte mich seltsam geborgen auf meinem Schaffell-Sitz, umgeben von diesen Leuten, die sich um mich sorgten, einfach so, weil sie das kannten, diese Tage, an denen man nur heulen und im Bett bleiben wollte, oder weil sie einfach zusammenhielten, oder weil sie einfach nett waren. Ich hatte nicht viele Freundinnen, außer Ariane nur einige Bekannte, und wenn es mir schlecht ging, zog ich mich normalerweise zurück und behielt alles für mich. Es war so anders, aber schön, hier zu sein, es auszusprechen, Trost zu bekommen und Ingwer-Bonbons und Kaffee.

Ich schickte Linnea zum Bäcker, sie kaufte mehr süßes Gebäck, Hörnchen und Zimtschnecken, und wir teilten sie untereinander auf, zerrupften zuckerklebrige Teilchen, machten »hmm« und »aah« und wärmten unsere kalten Finger an den Kaffeebechern. Irgendwann heizte Martha die Wärmeplatten ein, und es fing an, nach heißem Apfelpunsch zu duften. Leute kamen, angezogen vom Duft, nahmen Gläser mit Marmelade in die Hand, rochen an den Lavendelseifen; Linni wickelte sie in Packpapier, wenn sie eine kauften, während Martha abkassierte. Vor allem die eingemachten Birnen gingen weg wie nichts. Der Frauenclub verstreute sich; ab und zu kam eine wieder und präsentierte einen guten Fang: selbstgezimmerte Holzkistchen und Weidenkörbchen, lange Unterhosen mit eingesticktem Namen, bunte, gestrickte Wollsocken.

Linnea half Martha, wo sie konnte, hielt sich aber im Hintergrund, und ich saß auf meinem Schaffell-Stuhl und betrank mich langsam, aber sicher mit heißem Apfelpunsch, den ich mir in meinen angeschlagenen Kaffeebecher nachfüllte. Ich war auch fürs Ausschenken zuständig und spülte nebenbei ab und an die Tassen aus, wenn einer keine eigene dabeihatte. Tassen mitbringen – das hatte bei Martha Tradition. Martha holte uns Fladen von einem nach Rauch und Speck riechenden Stand ein Stück weiter, mit Schmand, Zwiebeln und Kartoffeln belegt, und ich nahm noch eine Schmerztablette dazu, obwohl mein Magen bereits flau vom Apfelwein wurde. Auch wenn mein Kirschkernkissen längst ausgekühlt war, fühlte ich mich angenehm benebelt und warm.

Ich fütterte Bootsmann mit Stückchen meines Fladens und dann lotste Britta Henning herbei, der mit Socke durch das Gewühl kam, ein kleines Mädchen auf dem Arm und mit seinem zweitjüngsten Bruder Marius und dessen Familie im Schlepptau. Die Kleine war über und über voll mit Schokolade beschmiert und biss begeistert in einen Nutella-Crêpe. Selbst Hennings Arm und ein Teil seiner Wange waren voll.

»Hi«, sagte er und lächelte. »Das ist meine Nichte Sophia.«

Sophia sah uns alle skeptisch an und aß dann einfach weiter. Sie war sehr vertieft dabei, die Nutella aus dem Pfannkuchen zu lecken. Socke kam zu Bootsmann hinter den Stand und legte sich einfach zu ihm; zwei Hundekörper unter meinen Füßen, zwei Fußwärmer.

»Willst du einen Punsch?«, fragte Martha. »Oder ein Stück Brot, ich kann nicht mehr.«

Henning nahm beides, den Rest Fladen von Martha und eine Tasse heißen Apfelwein von mir.

»Du meine Güte, Hanuta!«, rief sein Bruder, als er mich sah, trotz Sonnenbrille und kurzem Pony und dunklerer Haarfarbe und zwanzig Jahren Altersunterschied erkannte er mich anscheinend sofort. »Henners meinte schon, du bist wieder da.«

Ich schob die Sonnenbrille hoch und blinzelte ins grelle Licht. Der Apfelpunsch schwappte warm in meinem Magen hin und her.

»Du hast dich kein bisschen verändert«, sagte Marius und grinste. Ich hob die Augenbrauen.

»Finde ich«, fügte er hinzu. »Hanuta wie sie leibt und lebt.«

»Wieso Hanuta?«, fragte Britta, die mit Linnea einen Blick getauscht hatte, der mir nicht entgangen war.

»Sie hat uns früher immer unsere Hanutas weggegessen«, sagte Marius. »War völlig verrückt nach dem Zeug.«

Henning lächelte. »Und jedes Mal, wenn sie eines gegessen hatte, sah sie ungefähr aus wie Sophia jetzt.«

»Ach, Quatsch«, protestierte ich.

»Doch!«, rief Marius, »du hast immer eine Waffel abgemacht und dann die Schoko rausgeleckt und dir das Zeug so bis an die Nase geschmiert.«

»Ha-ha«, machte ich. »Wie schön, dass ich euch schon belustigen kann, wenn ich nur Schokolade esse.«

»Supereinfach zu belustigen, wir Buchäckers«, sagte Hennings Bruder. »Du siehst auch lustig aus, meine Süße.« Er wischte seiner Tochter übers Gesicht, das sie sofort wegdrehte.

»Mensch Hanuta, wo warst du denn so lange?«, fragte er dann und lächelte mich an. »Wir haben dich ja Jahre nicht gesehen.«

Ich seufzte, zuckte die Schultern, sah, dass mir Martha, Britta, Henning und Linnea lange Blicke zuwarfen und schob mir die Sonnenbrille wieder über die Augen, lehnte mich auf meinem Schaffell-Thron zurück.

»Ach, hier und da.«

»Ah! Geheimnisvoll! Und das ist …« Er warf erst Henning, dann Linni einen Blick zu. »… Linnea?«

»Ja«, sagte ich nur und Linnea tat, als würde sie sehr aufmerksam Schildchen vor den Marmeladengläsern zurechtrücken und hätte uns nicht gehört.

Samira tauchte hinter der Buchäcker-Familie auf und winkte vor dem Gesicht meiner Tochter herum. »Hallo!«, rief sie in die Runde, die Wangen rot vor Kälte. »Wir wollen rüber zum Stand mit den magischen Gegenständen, kommst du mit?«

»Magische Gegenstände?«, fragte Martha laut. »Bei der alten Trude?«

»So Tarotkarten und Räucherbündel und Edelsteine mit Kräften«, erklärte Samira ihr.

»Kauft nur keinen Schrott«, sagte Martha. »Lasst euch nichts andrehen, die Trude bescheißt gerne. Das meiste magische Zeug findet man am besten im Wald, oder bei sich selbst.«

Linnea und Samira starrten sie kurz an, Samira murmelte: »Man kann ja mal gucken«, beide riefen noch: »Wir sind in 'ner Stunde zurück!«, und dann zogen sie davon. Ich schaute meinem Kind hinterher.

»Kommt euch das bekannt vor?«, sagte Martha zu Henning und mir und wir tauschten einen Blick. »Magische Edelsteine und Räucherstäbchen?« Sie lachte ein wenig dreckig.

»Ach ja!«, rief Hennings Bruder. »Du warst ja mal eine Hexe, Kleiner!« Henning überragte ihn mittlerweile um ein paar Zentimeter, aber er klopfte ihm trotzdem so großbrüderlich auf die Schulter, dass Henners gleich ein wenig zu schrumpfen schien.

»Magst du was essen?«, wandte sich Henning an mich und gab die schokoladenverschmierte Sophia an ihren Vater ab.

»Hab ich eben«, sagte ich wie eine Wiederholung der Ereignisse, »und ich muss Martha helfen.«

Martha schmunzelte. »Ich komm gut alleine klar.«

»Nachtisch?«, fragte Henning. »Es gibt da einen guten Crêpe-Stand …«

Unter dem Tisch trat mich Martha gegen's Schienbein, über dem Tisch lächelte sie mich freundlich an.

»Autsch«, machte ich, stand aber auf und sofort setzte sie sich in ihren Stuhl. »Aaah«, seufzte sie langgezogen, »endlich. Und nehmt eure Köter mit!«

»Köter, also wirklich«, murmelte Henning, pfiff Socke zu sich und auch Bootsmann rappelte sich hoch. Die restlichen Buchäckers machten sich auf den Weg zum Karussell, ich folgte Henning durch das Getümmel zu einem mit einer französischen Flagge geschmückten Stand. Wir stellten uns in die Schlange, ich kramte in meinen Jogginghosentaschen nach etwas Kleingeld, fand aber nur mein Kirschkernkissen, das jetzt kalt war und das ich mir unter den Arm klemmte.

»Ich lad dich ein«, sagte Henning. »Nutella-Banane?«

Ich nickte. »Weißt du das noch oder mag einfach jeder am liebsten Nutella-Banane?«

»Also ich esse lieber die mit Pflaumenmus«, sagte er, bestellte zwei Crêpes und zupfte an der Mütze, die er wieder trug. »Und natürlich weiß ich das noch.«

Wir nahmen unsere Crêpes entgegen und suchten uns ein ruhigeres Plätzchen in einer der Seitengassen. Henning mochte keine Menschenmassen, er hörte dann schlechter, der Lärm verschwamm in seinem Hörgerät zu einem Stimmenteppich, aus dem es schwierig war, einzelne Personen herauszufiltern. Das wusste ich noch.

»Wo wohnst du jetzt eigentlich?«, fragte ich.

Er deutete vage die Straße entlang. »Altstadt. Hinten in Richtung Rathaus.«

»Ah. Und Marius?«

»Der hat das Obergeschoss in unserem Elternhaus. Philipp ist weggezogen, wohnt jetzt in Edinburgh, stell dir vor, und Oliver wohnt in so 'ner Neubausiedlung gleich am Rand der Stadt.«

Ich sah Markus Siebert vor mir, der mit seinen niedlich hüpfenden Kindern im Garten spielte, und biss in meinen Pfannkuchen.

»Du hast da was.« Henning deutete auf meine Nase.

»Das behauptest du doch jetzt nur«, sagte ich mit vollem Mund. »Wegen der alten Zeiten und so weiter.«

»Nee, echt.« Er grinste.

Ich rieb mir über die Nase. Niemand erwähnte unser Gespräch von neulich, meine miese Laune, seinen Rückzieher.

Er räusperte sich. »Und deine Tochter mag auch Hexen?«, fragte er.

Ich zuckte die Schultern. »Seit neuestem. Ist bestimmt Marthas Einfluss, ich weiß es nicht.«

»Du könntest ihr unseren Superzauber beibringen.«

»Bloß nicht. Ich weiß nicht, wie oft wir damals versucht haben, Leute in uns verliebt zu machen.« Ich stopfte mir ein viel zu großes, letztes Stück Crêpe in den Mund, weil ich mich nicht noch mehr einsauen wollte, versuchte dann, das Kirschkernkissen in meine Manteltasche zu stecken, aber es war zu groß. Ich ließ es in meinen Händen hin und her gleiten.

»Bei Vicky hat das doch geklappt, oder?« Henning war ebenfalls fertig mit seinem Pfannkuchen.

»Hm?«

»Vicky hat doch immer versucht, Markus auf sich aufmerksam zu machen. Schon bevor der überhaupt wusste, wer wir sind.« Er stockte. »Ich meine, jedenfalls hab ich das immer gedacht.«

»Ja. Ja, bestimmt. Schön für sie«, sagte ich und sah mich um. »Sollen wir mal in Richtung Ladenstraße gucken, Britta meinte, da ist so ein Strickwarenstand, und ich könnte echt 'ne neue Mütze gebrauchen …«

Ich schob mich an Henners vorbei wieder raus aus der Gasse und hinein in den Trubel, schaute nicht nach, ob er mir folgte. An besagtem Stand probierte ich verschiedene Mützen aus, führte sie ihm vor, zog Grimassen, wenn ich eine besonders bunte oder unvorteilhafte aufsetzte und tat, als würde ich mich nicht wirklich elend fühlen. Das sind die Hormone, dachte ich, und vielleicht ließ die Schmerztablette langsam nach, oder die Wirkung vom Apfelpunsch. Ich hatte gerade eine Mütze mit angenähten, grünen Haaren obendrauf aufgesetzt, als ich sie sah: Markus und Vicky mit ihren Mädchen, eins in einer Kraxe auf seinem Rücken, eines an Vickys Hand. Die Kinder sahen aus, als hätte Astrid Lindgren sie erfunden, blond und niedlich mit bunten, wie zufällig ausgewählten Kleidern und Stiefelchen über gepunkteten Strumpfhosen.

Da waren sie, Familie Siebert, und neben ihnen ging Nilam, die damals dann Vickys neue beste Freundin geworden war. Nach mir. Anscheinend waren sie immer noch befreundet. Ich hatte sie mal gegoogelt, aus einer Laune heraus, sie lebte jetzt in Berlin; wie es aussah war sie für den Apfelmarkt in ihr Heimatkaff zurückgekehrt.

Ich riss mir die Mütze vom Kopf.

»Können wir gehen?«, fragte ich und schüttelte dann selbst den Kopf. »Ich meine, ich muss jetzt gehen. Du kannst machen, was du willst.«

Sie hatten mich noch nicht gesehen, und ich duckte mich ein wenig hinter Hennings breitem Kreuz.

Henners schaute in Richtung Markus und Vicky, dann zu mir, runzelte die Stirn. »Sag mal, Maria, ist das immer noch …?«

»Ich geh jetzt. Ciao, Henning. Danke für den Nachtisch!«

Und ich wühlte mich durch die Menge davon, bevor sie mich bemerken konnten. Ich spürte Henners hinter mir herkommen, »Maria, jetzt warte doch mal …«, aber ich hielt nicht an. Bei Marthas Stand sagte ich: »Ich geh heim, Martha, ja, kannst du Linnea später einfach mitnehmen, ich wette, sie hilft dir noch, und wenn sie mag, kann sie auch bei Samira bleiben, aber sag ihr, sie sollen ja Zähne putzen und …«

»Alles okay, Liebes?«, fragte Martha und sah mich besorgt an. »Du bist so blass.«

»Kreislauf«, murmelte ich. »Ich hab Endometriose, ich bin nicht so gut drauf, wenn ich meine Tage …«

Ich war schon weg, kämpfte mich durch die Leute, ignorierte Martha, die irgendetwas hinter mir herrief, und Henning, der mir schon wieder folgte, ich stolperte einfach vorwärts.

Jemand packte mich am Arm, ich drehte mich um, »es ist alles okay, Henners, ja, du brauchst dich nicht kümmern, mir geht's gut, das sind nur die Hormone«, und so war es ja wirklich, ich hatte keine Ahnung, warum mein Herz raste und warum mir schlecht war und ich mich nah am Heulen fühlte, das war zwanzig Jahre her und sollte mich nicht einfach so überfallen, weil ich Markus Siebert ein paar Meter von mir weg sah, ich war ihm ja noch nicht mal begegnet, so sollte das nicht ablaufen, nicht nach so vielen Jahren und so vielen Stunden, in denen ich geübt hatte, stark und kraftvoll und ganz ich selbst zu sein, auf mich zu hören, auf meine Bedürfnisse zu achten, Grenzen zu setzen.

Ich schüttelte Hennings Arm ab, aber er blieb neben mir.

»Jetzt hau ab, Henning«, fauchte ich. »Ich muss einfach heim.«

»Dann bring ich dich. Nicht, dass du hier zusammenrutschst oder so.«

»Ich rutsche nicht.«

Die Hunde flankierten mich links und rechts, als wäre ich die Thronerbin in einem Fantasy-Epos, und Henning ging hinter mir her, ich spürte ihn mehr, als dass ich ihn sah, ein schmaler Schatten in den Augenwinkeln.

»Mir geht's gut«, sagte ich noch einmal, fester jetzt, als wir aus der Altstadt draußen waren und die Straßen ruhiger wurden. Je mehr Abstand ich zu Familie Siebert bekam, desto gelassener wurde ich, desto peinlicher wurde mir mein kurzer Ausbruch, desto ruhiger pochte mein Herz, pendelte sich auf Normalfrequenz ein.

»Ich geh doch noch 'ne Runde mit Bootsmann«, sagte ich und bog von der Straße ab in einen Feldweg, der aus der Stadt hinausführte. »Ich glaub, ich brauch ein bisschen frische Luft.« Das war bescheuert, da wir ja die ganze Zeit draußen gewesen waren, aber genauso fühlte es sich an.

»Okay«, sagte er. »Kann ich mitkommen?«

Ich zuckte die Schultern, die Hunde bogen sowieso schon beide mit mir ab, und so gingen wir den Feldweg weiter, entlang an einem schlammigen Graben, in Richtung Wald. Wieder Krähen am Feld, ein ganzer Krähenteppich, schwarz verstreut über die regendurchweichten Äcker. Wir marschierten schweigend, aber irgendwann sagte er: »Kann ich dir was zeigen?«

»Was denn?«

Er deutete jetzt nach links auf einen grün-rostigen Blechhaufen ein Stück übers Feld.

»Was ist das?«

»Das ist einer der verlassenen Orte«, sagte er. »Ich hab dir doch erzählt, ich recherchiere für eine Serie für unser Lokalblatt, es gibt einige ... Das Auto hier hat nie jemand abtransportiert, es steht da seit den 60ern oder so.«

Es war tatsächlich kein Blechhaufen, sondern ein grüner VW Käfer, der einfach so neben dem Weg abgestellt war, unter ein paar lichten Bäumchen, am Waldrand zwischen Feld und dichterem Gehölz. Das Nummernschild abmontiert, eine Scheibe hinten eingeschlagen, ein großer Kratzer prangte an der Windschutzscheibe.

»Und was schreibst du da so drüber?«, fragte ich, während ich in das Innere des Wagens lugte.

»Ich versuche herauszufinden, was damals passiert ist«, sagte er. »Warum der da steht. Warum sich nie wieder jemand dafür interessiert hat.«

Die Hunde winselten beide etwas, als sei ihnen der Ort nicht geheuer.

»Hat Socke immer Angst vor diesen Orten?«, fragte ich und kraulte beruhigend Bootsmanns Kopf.

»Oft«, sagte Henning. »Du musst zugeben, sie haben was Gespenstisches. Das Auto hier. Die Einsiedler-Bude. Als wäre noch so ein Rest von der Vergangenheit hier kleben geblieben.«

»Hm.« Klebende Vergangenheit. Es schüttelte mich kurz.

Ich versuchte, eine der hinteren Türen zu öffnen, und tatsächlich, sie ging auf. »Bitte einsteigen«, sagte ich und trat wie ein Butler zurück, machte eine einladende Geste nach innen. Es roch modrig und feucht, und ich stellte mir Kellerasseln und anderes Getier vor, was in den weichen Ledersitzen überwinterte. Besprühte Sitze, zerschnitten und zerrissen. Ich knallte die Tür wieder zu, das ganze Auto wackelte.

»Und? Was ist damals passiert?«, fragte ich.

»Keine Ahnung«, sagte Henning. »Über das Teil hier hab ich so gut wie nichts rausfinden können. Es ist und bleibt ein Geheimnis.«

Ich legte eine Handfläche auf das kalte Blech des Wagens. »Martha würde sagen, wir müssen die Schwingungen wahrnehmen. Fühlen, was hochkommt.«

Henning lachte ein bisschen. »Und?«, fragte er.

Ich schloss die Augen, öffnete sie aber sofort wieder. Überall in dieser Stadt klebte die Vergangenheit, an alten Schultoiletten, an Marthas Scheunenwand, an der Pelzmütze meiner Oma, nur nicht an diesem Auto. Dieser verlorene Ort war frei, er konnte mit einer Geschichte gefüllt werden, mit einer schönen Fiktion, was den anderen Orten in dieser Stadt nicht vergönnt war, oder jedenfalls nicht mir.

»Ein Unfall«, sagte ich. »Ganz sicher. Der Fahrer war abgelenkt von einem UFO, das er da drüben über dem Wald hat blinken sehen, oder sein Beifahrer wurde direkt weggebeamt, und dann … Bumm!« Ich machte eine Crash-Geste. »Der Baum war im Weg.«

»UFOs, hm?«, sagte Henning seltsam ernst. Ich ging um den Wagen herum und versuchte, den Kofferraum zu öffnen, aber er war verschlossen. Nach sechzig Jahren einfach immer noch verschlossen. Oder wieder.

»Schon komisch, oder?«, sagte ich. »Dass das nie jemand weggeräumt hat? Wem gehört denn das Grundstück? Das Land hier, mein ich?«

»So 'nem Typ hier aus der Gegend. Der wusste aber auch nichts. An dem Vorbesitzer bin ich noch dran …«

»Geister der Vergangenheit«, murmelte ich, rüttelte noch einmal am Kofferraumdeckel und trat dann zurück. »Vielleicht lässt man die besser ruhen.«

»Vielleicht«, sagte Henning und sah mich dann lange mit einem komischen Blick an. »Vielleicht sind es aber auch nur Geister, weil man sie einfach zu lange hat ruhen lassen.«

Ich machte ein argloses Gesicht.

KAPITEL 10

AUF DEM RÜCKWEG lenkte ich unser Gespräch weg von den Geistern der Vergangenheit, redete über meine Tochter, über die ich stundenlang sprechen konnte. Über Linneas Schulangst, ihren furchtbaren Lehrer in München, dem ich bei jedem Elternsprechtag am liebsten eine reingedroschen hätte, wie ich aber nichts unternommen hatte wegen Linneas Angst, dass es sonst noch schlimmer würde. Ich redete über ihren Vater, der ein neues Baby hatte und eine Heile-Welt-Familie, in die Linnea irgendwie nicht hineinpasste, und der damals sowieso viel zu jung gewesen war, als sie geboren wurde. »Der hatte ganz schön Muffensausen«, sagte ich. »Und ich auch, aber die Mütter, die fragt niemand, ob sie Angst haben. Die werden da einfach reingeschmissen, wenn sie sich für das Kind entscheiden, die müssen dann funktionieren.«

»Ich glaube nicht, dass du nur funktioniert hast«, sagte Henning.

»Och, manchmal. Aber ich glaube, sie war zufrieden. Sie hatte immer alles, was sie brauchte.«

»Sie sieht aus wie Hannelore, oder?«

»Ich wünschte, sie wäre so stark wie meine Oma.« Ich kaute auf meiner Lippe, riss ein langes, vertrocknetes Gras vom Wegrand ab und knotete es in meinen kalten, fast schon tauben Fingern hin und her. »Aber sie … sie ist einfach sehr schüchtern.«

»Schüchtern heißt ja nicht, nicht stark«, sagte Henning. »Ich spreche auch nicht gern mit Leuten, die ich nicht mag. Oder fremden Menschen.«

Der Wind pfiff kalt um unsere Gesichter; Hennings Nasenspitze war rot, und ich beneidete ihn um seine Mütze, so taub fühlten sich meine Ohren an.

»Du bist doch Journalist«, sagte ich und runzelte die Stirn.

Er zuckte die Schultern. »Trotzdem.«

»Die meisten versuchen, sie zu ändern, was aus ihr rauszuquetschen, oder … stellen sie an den Rand, weil sie nicht laut genug ist. Wenn man wenig spricht, ist man … ein leichtes Opfer.«

Er sah mich von der Seite her an, ich spürte seinen Blick mehr, als dass ich ihn sah. »Du warst kein Opfer, Maria. Du warst immer stark.«

»Das Mädchen ohne Stimme?« Ich schnaubte. »Wenn ich euch nicht gehabt hätte, wäre ich kaputtgegangen, glaub ich.«

Ich warf den Grashalm weg. »Weißt du noch, wie wir versucht haben, mit Rizinusöl die …«

»… die Getränke bei den Bundesjugendspielen zu vergiften, ja.« Er lachte. »Hat nicht geklappt.«

»Schade eigentlich. Und einmal hab ich so einen Haarausfallszauber machen wollen, wie bei ›The Craft‹, aber Martha meinte, ich soll an das Gesetz der Dreifachen Rückkehr denken, dann hab ich's gelassen.«

»Martha und deine Oma«, sagte Henning. »Gute Hexen.«

Ich hob eine Kastanie auf und steckte sie ein, eine glänzende, kleine Erinnerung an diesen Tag, oder an andere kalte Herbsttage.

Unter Wolldecken auf dem Sofa, an Omas Küchentisch Hennings Geschichten zeichnen, Tusche-Trolle und Wasserfarben-Wesen.

Ich warf Henning neben mir einen Blick zu, es war noch immer ungewohnt, wie weit ich den Kopf in den Nacken legen musste. Er hatte gerötete Wangen, wie früher als Kind. Unsere Schritte knirschten über Kies und schlurften durch trockenes Laub.

Vor Marthas Haus saß eine Frau auf den Treppenstufen, mit strähnigen Haaren und einem dick geschwollenen, blauen Auge.

Oma Hanne und Martha hatten sich immer gut um alle ihre Freundinnen und Bekannten gekümmert, hatten oft Frauen bei sich oder auf Marthas Scheunenboden übernachten lassen, die mal eine Auszeit brauchten, sei es von nervigen Kindern oder von unzumutbaren (Ehe-)Männern. Ich konnte mich sogar an Sonntagnachmittage erinnern, an denen Henning, Vicky und ich mit einer heulenden Frau auf Marthas Cord-Sofa saßen, ihr Kekse in die Hand drückten und ihren Schluchzern zuhörten, während Oma Hanne und Martha an der Tür aufgebrachte Männer abwehrten.

»Martha ist am Apfelmarkt!«, rief ich jetzt über den Hof und kam näher. Sie stand auf, fuhr sich über die Augen.

»Hab ich mir schon gedacht«, sagte sie und nahm ihre Tasche. »Dann komm ich wann anders wieder.«

»Der Schlüssel liegt unter dem dritten Blumentopf auf dem Fensterbrett.« Henning deutete auf das Fenster rechts von der Haustür. Ich sah ihn erstaunt an. Er zuckte die Schultern.

Die Frau rührte sich nicht. »Ich kann doch nicht einfach …«

»Doch.«

Ich schob mich an ihr vorbei, kramte nach dem Haustürschlüssel, der tatsächlich dort lag, und schob das riesige, rostige Ding ins Schloss, sperrte auf.

»Komm rein«, sagte ich, während die Hunde schon an mir vorbeischossen. Die Frau musterte Henning und mich, drehte sich dann aber um und folgte uns ins Haus.

Ich setzte Teewasser auf und reichte ihr Taschentücher. Henning kramte ein paar von Marthas steinharten Haferplätzchen aus einer Dose in der Speisekammer (noch genau die gleiche wie damals), und wir ließen die Frau auf dem Sofa sitzen und weinen. Sie hieß

Nele und ihr rechtes Auge war dick blau angeschwollen. Henning wollte die Polizei rufen, aber sie wollte nicht.

»Es gibt Gästebetten in der Scheune«, sagte Henning.

»Gästebetten?«, sagten die Frau und ich gleichzeitig.

»Ja«, sagte Henning. »Man kann dort ein paar Tage bleiben, bis … ähm, bis es wieder geht. Oder ich kann auch jemanden anrufen, oder …«

»Nee, das ist gut.« Wir folgten beide Henners in die Scheune, kletterten die Stiege nach oben, wo ich ein erstaunlich renoviertes Obergeschoss vorfand, ausgebaut und mit durch Vorhänge getrennten Betten ausgestattet.

Ich sah Henning fragend an. »Was …?«

Er zuckte wieder die Achseln. »Manchmal bleiben Frauen hier, bis der Weiße Ring kontaktiert wurde oder das Frauenhaus oder so.«

Nele nahm das erste Bett im Raum; die anderen waren zurzeit leer. Henning half ihr das Bett zu beziehen.

Frauenpower, Hexenmacht. Als Kinder hatten wir unten Porzellan zerschmissen, heute wohnten hier Frauen, bis sie weiterzogen oder zu ihren prügelnden Männern zurückkehrten. Ich sah Nele an und ihr geschwollenes Auge und hoffte, sie würde nicht einfach wieder nach Hause gehen, sobald ihre blauen Flecken verheilt waren. Sie saß auf dem Bett und wischte sich mit dem Ärmel über die Nase.

»Ich glaub, ich geh dann lieber«, sagte Henning, als das Bett bezogen war, und rückte seine Mütze zurecht. Wir kletterten die Stiege hinunter und gingen nach draußen. Blätter wehten über den Weg, Socke und Bootsmann tollten unter dem Kastanienbaum herum.

Henning öffnete den Mund, schloss ihn wieder, drehte sich um, um zu gehen, dann wieder zu mir.

»Weißt du, du hast mir gefehlt, Maria«, sagte er schließlich und wurde sehr rot, als wäre er noch immer der sechzehnjährige Junge von damals. »Irgendwie.«

»Irgendwie?«

»Ja, irgendwie. Gehst du mal richtig mit mir was essen?«

»Richtig?« Ich wiederholte nur seine Wörter, fühlte mich seltsam schwach und leicht gleichzeitig, die Hormone, dachte ich, und diese weinende Frau drinnen bei Martha, und die Fast-Begegnung auf dem Apfelmarkt, alles war wirr und alt und neu zugleich. Ein bisschen zu viel.

»Ja, so richtig.«

»Warum?«

»Warum? Weil ich damals schon immer ganz gern mal mit dir was gegessen hätte.«

»Wir haben ständig zusammen gegessen, Henners.«

»Ich wäre damals schon immer mal ganz gern mit dir allein gewesen, weißt du …«

Ich starrte ihn nur an.

»Es ist doch jetzt alles anders«, sagte ich.

Er zuckte die Schultern. »Ist es das?«

Ich nickte.

Er nahm die Mütze ab, fuhr sich durch die Haare. »Ich kann jetzt kochen, das ist anders. Ich hab viel von Martha gelernt. Mache ein richtig gutes Birnenrisotto.«

»Birnen?« Wieder nur eine Wiederholung, langsam musste ich leicht debil wirken, aber mehr ging nicht. Ich lächelte.

»Ja, karamellisierte Birnen und Gorgonzola, das ist der Wahnsinn«, sagte Henning.

»Okay«, sagte ich und musste lachen, von irgendwoher in der ganzen Verwirrung und dem Chaos kam ein Lachen hervor.

»Okay? Cool. Dann … äh … ruf ich dich an.«

Er drehte sich um und ging und ich rief ihm nach: »Henners!«

»Ja?«

»Meine Telefonnummer!«

»Oh.«

Und wir standen auf Marthas Hof und tauschten Nummern wie nervöse Teenager, meine Hände zitterten, als ich sie in sein Handy tippte und irgendetwas in mir rief: ›Nur vorübergehend hier, nur vorübergehend hier!‹, und ein anderer Teil, der sich stark nach meiner Oma anhörte, sagte: ›Ach, halt die Klappe.‹

KAPITEL 11

ICH SASS LANGE bei Nele, reichte ihr mit klammen Fingern eine Teetasse, wärmte mein Kirschkernkissen in Marthas Ofen und kuschelte mich neben die noch immer oder immer wieder weinende Frau aufs Sofa. Sie fing an zu erzählen, bruchstückhaft und stockend, und als Martha und Linnea nach Hause kamen, hatte ich einen Eintopf gekocht, der alle verheulten Gesichter und von einem kalten Markttag steifen Glieder wärmte und auftaute. Kartoffeln, Karotten, Pilze. Martha stellte keine Fragen, das tat sie nie, hatte sie nie. Mir nicht und auch Nele nicht.

Der Wind hatte weiter aufgefrischt und heulte ums Haus, die hellblauen Fensterläden rappelten, die Rosenranken mit einzelnen roten Hagebutten daran schwankten, und draußen prasselten Kastanien vom Baum. Es war bereits stockdunkel und Martha stellte Kerzen auf die Fensterbretter und verteilte warme Stricksocken. Ich wollte nicht nach Hause, nach drüben in das leere, für Linni und mich viel zu große Haus, wo es trotz nun funktionierender Heizung durch alle Fensterritzen zog und die Ecken immer ein wenig düster waren, auch wenn der Strom mittlerweile ging. Ich wollte einfach hier sitzen, auf Marthas blauem Sofa, in die vom Kerzenschein warm beleuchteten Gesichter schauen, den Geruch nach Eintopf in der Nase, den Hund streicheln und einen warmen Kakao trinken. Linnea sah müde aus, lehnte den Kopf an meine Schulter, ich strich ihr übers Haar.

»Ich bin platt«, sagte Martha. »Das war ein langer Tag.«

»Habt ihr was verdient?«, fragte ich. Martha rasselte mit einer Blechbüchse. »Genug. Bevor wir alle ins Bett fallen, müssen wir noch was machen.«

Martha schob einen der Stühle um den Esstisch zurück, setzte sich und bedeutete uns, uns ebenfalls zu ihr an den Tisch zu setzen. Ich stöhnte, Linnea rappelte sich als Erste hoch, Nele folgte ihr, leicht verunsichert, so, als müsste sie hier alles tun, was man ihr sagte, damit man sie nicht einfach wieder rausschmiss in die nasskalte Dunkelheit. »Komm schon, Maria, du auch. Gerade du, glaub mir.«

Martha schob eine besonders große Kerze, einen dicken, nach Bienenwachs duftenden Stumpen, in die Tischmitte und klopfte auf den Stuhl neben sich. Ich seufzte und ließ mich darauf fallen.

»Das tut euch allen gut.«

Martha nahm meine linke Hand und Linneas rechte, wir machten es ihr nach. Hielten unsere Hände und schauten in die flackernde Flamme.

»Wir konzentrieren uns jetzt einfach mal auf das Licht«, sagte Martha. »Das ist gar nichts Esoterisches. Denkt erst mal an gar nichts, schaut euch nur das Licht an. Ihr könnt euch vorstellen, wie ihr es in euch aufnehmt, wie es warm und weich und hell durch euren Körper strömt.«

»Können wir die Augen zumachen?«, fragte Nele und störte die angenehme Stille.

»Könnt ihr. Macht einfach, was euch guttut«, sagte Martha. Ihre Hand war warm und rau und sehr groß, wie eine Bärenpranke. Ich hatte mich schon früher immer gewundert, wie groß Marthas Hände waren. Es waren Zupacker-Hände, Beschützer-Hände. Ihr Daumen strich über meinen Handrücken und ich merkte, dass ich unsere Hände und nicht mehr die Flamme betrachtet hatte. Sie lächelte mir zu, nickte in Richtung Kerze, und ich wandte wieder den Kopf. Ich wusste, was kam. Wir hatten das früher oft gemacht, mit

Freundinnen von Martha und Oma, mit Henning und Vicky, wenn wir einen stressigen Tag in der Schule hatten.

Das Licht in sich aufnehmen und alles, was man nicht brauchte, alles Blöde, einfach davon einsammeln lassen. Licht ein-, doofe Sachen ausatmen.

»Wir lassen jetzt vom Licht alles wegtragen, was uns nicht mehr dient«, sagte Martha. »Und damit meine ich, alles, was nicht gut war. Heute, gestern, vorgestern, wann auch immer. Das nimmt das Licht einfach mit. Ihr müsst gar nicht dran denken, wenn ihr nicht wollt. Ihr könnt das einfach dem Licht überlassen.«

Ich machte die Augen zu und machte sie wieder auf; konnte mir das Licht nicht vorstellen, wie es da durch meine Adern strömte und Dinge mitnahm, alte Dinge, uralte, lange verschüttete. Ich hatte das Gefühl, die Flamme war zu klein, zu schwach und zu flackernd, trotz der dicken Kerze, und konnte all das Alte gar nicht aufnehmen, dafür war es zu sehr mit mir verbunden, war eingerostet und eingetrocknet und gleichzeitig ja auch gar nicht weiter schlimm. Die Kerze verschwamm vor meinen Augen. Martha drückte noch einmal meine Hand.

Linnea und Nele wirkten ruhig, hatten die Augen geschlossen, Martha ebenso, aber ich wäre am liebsten aufgesprungen und aus dem Raum gerannt. Ich schluckte ein paarmal. Nele auf den Stufen vor Marthas Hütte. Ihr blaues Auge. Etwas Nasses lief an meiner Wange hinunter, ich konnte es nicht wegwischen, es kitzelte mich am Kinn. Funktionieren, hatte ich zu Henning gesagt, funktionieren. Ich funktionierte immer, reibungslos. Normalerweise.

Nele auf der Haustürschwelle. Ihr verheultes Gesicht.

Ich, damals, auf der Straße nach Hause, mit den Schuhen in der Hand und verschmiertem Make-up. Funktionieren. Ich hatte nicht bei Martha geklopft. Ich war ganz allein selbst Schuld gewesen, ich hatte kein Recht, mich zu beschweren. *Meine nassen Füße, meine zerrissene Strumpfhose, mein verschmiertes Gesicht im H&M-Schaufenster.*

Jemand berührte meinen Arm. Ich öffnete die Augen, schniefte, alle starrten mich an.

»Mama?«, sagte Linnea.

Ich lachte kurz auf, es klang schief und falsch. »Keine Ahnung«, sagte ich. »Bienenwachsallergie?«

Martha gab mir eine Packung Taschentücher und sagte: »Wir sind einfach alle erledigt, oder? Gehen wir ins Bett, auch wenn's noch vor acht ist!«

Sie pustete die Kerze in der Tischmitte aus, ich putzte mir die Nase. Linnea drückte sich an mich, ich sagte: »Nichts passiert, Kürbisnase, ich bin nur müde, glaub ich.«

Wir sammelten unsere Sachen zusammen und waren schon fast aus der Tür, als Martha mich am Arm festhielt.

»Liebes«, sagte sie. »Willst du nicht Montag in meine Frauengruppe kommen? Ich glaub, Nele könnte ein bisschen Unterstützung von noch einer Neuen gebrauchen.« Sie lächelte, aber in ihrem Gesicht schwang Besorgnis mit.

»Will ich nicht«, sagte ich. »Mir geht's gut. Keine Ahnung, was das jetzt war.«

»Frauengruppe?« Nele sah ängstlich aus, als hätte sie Angst vor ihrer eigenen Courage, Angst, hierhergekommen zu sein. Zu schnell gehandelt, unüberlegt. Ein vollgepacktes Auto, eine Fahrt an den Arsch der Welt. Ich biss mir auf die Lippe.

»Wir machen nur ein paar Übungen«, sagte Martha. »Und alle sind total nett.«

Nele sah mich an, schon fast flehend. »Gehst du da auch hin?«

Ich zuckte die Schultern. »Klar«, sagte ich. »Ich komme.«

»Alles okay, Mama?«, fragte Linnea, als wir zurück im Eischalen-Haus waren.

»Jaja«, sagte ich. »Wollen wir uns einen Film anschauen? Irgendwas Nettes, mit alberner Liebesgeschichte und ohne Mord und Totschlag?«

»Hm-hm«, machte sie und ich merkte, sie machte das nur meinetwegen. Ihre arme, alte Mutter trösten, dafür sollten Kinder nicht da sein.

»Nee, müssen wir auch nicht«, sagte ich. »Wir können auch … einen deiner Podcasts anhören? Aber bitte einen mit wenigen Leichen.« Ich hörte mich kläglich an, viel zu bittend, bettelnd. Das war nicht cool, kein bisschen.

Ihr Gesicht hellte sich auf. »Au ja. Ich hab 'ne neue Folge, die könnte dir gefallen. Es geht um …«

Wir hörten den Podcast in der Küche, während Linnea mit Schnecki spielte und ich einige der weniger blutrünstigen Szenen aus der True-Crime-Story mitskizzierte, wie eine taffe Gerichtszeichnerin. Leichen auf Dachböden, Leichen in Kellern, ermordete Ehemänner und Frauen, die ihrer Vergangenheit nicht entkamen. Schnecki schleimte auf Linneas Handrücken herum, sie kroch langsam hin und her und bekam ab und an ein bisschen Wasser vor sich hingetropft oder ein Stück Salat hingehalten. Bootsmann schnarchte mit dem Kopf auf meinem Schoß. Wie schön musste es sein, ein Tier zu sein. Ein Haustier, das nichts tat außer fressen und schlafen. Plötzlich quietschte Linnea auf, Bootsmann zuckte hoch und beschnüffelte etwas am Boden und Linni schrie: »Nicht Schnecki fressen!«

Sie verschwand unter der Eckbank und ich schob gleichzeitig den Hund mit einem Fuß ein Stück weg. Linnea hob die winzige Weinbergschnecke auf, »Entschuldigung, Entschuldigung, ich wollte dich nicht fallen lassen« und setzte sie zurück in ihr Glas.

»Beinahe hätten wir hier auch ein Verbrechen gehabt«, sagte ich und tätschelte Bootsmann den verwirrten Kopf. »Hund frisst Schnecke vor den Augen fassungsloser Besitzerinnen.«

»Haha«, machte Linnea und steckte den Kopf noch einmal unter die Küchenbank.

»Was ist los?«

»Hier ist ein Brett locker«, sagte sie.

»Ein Brett?«

»An der Unterseite.« Ihre Stimme klang vernuschelt und dumpf von unter der Sitzbank her. »Steh mal auf. Da ist was drin.«

Ich stand auf und klappte von oben den Deckel auf. Tatsächlich fehlte unten ein Brett und Linnea zwinkerte mir von unter der Bank her zu.

»Briefe«, sagte ich und holte einen Packen zusammengeschnürter Postkarten und Briefumschläge aus der Bank. »Guck mal.«

Linnea kam unter der Eckbank vor und setzte sich mit angezogenen Beinen auf den Stuhl. Sie saß immer wie ein Huhn auf der Stange, schon seit sie klein war. »Oh!«, machte sie mit großen Augen.

Ich schnürte das Päckchen auf und verteilte die Post auf dem Tisch. Alte Postkarten mit gewelltem Rand, schwarz-weiße Motive, Fotos mit Rotstich, dünnere und dickere Briefe auf vergilbtem Papier. Ich betrachtete eine Adresse.

»An Oma«, sagte ich. »Hier. Alle an Oma.«

»Hier sind Bilder von Uri und Uropa.« Linnea blätterte durch den Bilderstapel. »Im Urlaub, glaub ich.«

Der Podcast plapperte im Hintergrund vor sich hin, aber wir hörten nicht mehr zu.

»Hier: ›Wir waren heute wandern, am Gipfelkreuz musste ich an dich denken. Wetter kaum erträglich, grüß die Kinder von mir. P.‹ Hmm, nicht besonders spannend, vermute ich mal.«

»Martha ist ganz oft auf den Bildern«, stellte Linnea fest.

»Sie sind schon seit hundert Jahren befreundet«, sagte ich und dann fiel mir auf, dass meine Oma ja nicht mehr da war. Schatten in Augenwinkeln hin oder her. »Waren, meine ich.«

»Die les ich. Vielleicht hat sie sie versteckt, weil …«

»Sie hat sie doch nicht versteckt, die lagen hier in der Bank, wir haben sie nur nicht gleich gesehen.«

»Aber …«

»Linni. Das Leben ist kein True Crime.«

»Oder vielleicht doch?« Sie sah mich mit einem schiefen Grinsen an und zog einen Brief aus einem Kuvert, überflog ihn, betrachtete dann die Adresse und den Poststempel, als wäre sie Sherlock Holmes höchstpersönlich.

»Ach, Kind!«

»Ach, Mutter!«, äffte sie mich nach. »Die hier ist an Uropa. ›Hallo aus Tirol, Martha und ich haben heute den höchsten Berg hier bestiegen, wir waren die Einzigen. Mussten wegen Sturm umkehren. Die Wirtin würde dir gefallen, aber sie ist ein Miststück. Deine Hannelore.‹«

»Süß. Die Wirtin ist ein Miststück. Na, pass mal auf, dass die beiden die nicht umgebracht haben. Im Sturm auf dem Gipfel verscharrt …«

»Mama, du bist so blöd.«

»Ich weiß. Aber macht Spaß. Ich hab noch Hunger, du auch?«

Ich kochte einen Grießbrei und wir aßen ihn mit Marthas Apfelmus zwischen all den Karten und Briefen und Zetteln aus längst vergangenen Zeiten, mit klebrigen Fingern entzifferten wir die blasse Schrift, die Gedanken meiner Oma Hanne, lange vergessen in einer Küchenbank.

KAPITEL 12

UND WANN WOLLTEST DU mir mitteilen, dass ihr da so richtig hingezogen seid?«

Ich legte den Kopf in den Nacken und schloss die Augen. Lars' Stimme auf Lautsprecher passte nicht in die Küche meiner Oma, zu dem Linoleumboden und der knarrenden Eckbank. Ich legte das Handy aufs Fensterbrett und breitete unter der Heizung ein Stück Zeitung aus, auf das ich meine tropfenden Laufschuhe stellte. Seit ich jede Nacht draußen herumlief wie vom Teufel verfolgt, wurden sie kaum noch trocken.

»Wir sind da nicht so richtig hingezogen«, sagte ich und drehte den Heizkörper auf. »Es ist alles vorübergehend und jetzt tu nicht so, als hättest du sie zig mal die Woche gesehen, du …«

»Sie ist immerhin auch meine Tochter, Maria, du musst mich informieren, wenn du … Nein, ich kann jetzt nicht, warte …« Im Hintergrund sagte jemand etwas und ein Baby quengelte, dann knallte eine Tür und es war wieder ruhiger. So war Lars. Er ging weg, wenn er keine Lust auf Verantwortung hatte. Und dann regte er sich auf, wenn man Konsequenzen aus diesem Verhalten zog.

»Mutter?«, rief Linnea von der Eingangstür her.

»Sprössling?«

»Wo bist du?«

»In der Küche! Willst du mit deinem Vater sprechen?«

»Ja, gib sie mir mal«, sagte Lars.

»Nein!«, rief Linnea.

»Sie will nicht. Außerdem hab ich dich doch informiert, dass wir wegziehen, aber …«

»Was ist das überhaupt für eine blöde Nacht- und Nebelaktion, du hast sie einfach von der Schule genommen?«

»Sie ist jetzt hier in der 7b und es gefällt ihr super«, sagte ich seufzend, noch immer mit dem Kopf im Nacken. »Du weißt, wie unglücklich sie an ihrer alten Schule war.«

»Also bleibt ihr doch länger? Für immer?«

»Ich weiß es noch nicht.«

»Ich will meine Wochenenden«, sagte Lars scharf. »Ich will meine Zeit mit ihr.«

»Die kriegst du. Ist ja nicht so, als wären wir, keine Ahnung, zu meiner Mutter gezogen, ans andere Ende von Deutschland. Oder nach Spanien, zu Papa.«

Mein Vater lebte mittlerweile in Alicante, wo er dem spanischen Wein und seinem Rentnerdasein frönte, meine Mutter wohnte an der Ostsee und machte vermutlich dasselbe.

Lars schnalzte mit der Zunge. »Tja, aber so wie du im Moment drauf bist, trau ich dir das auch noch zu.«

»Gott bewahre.« Keine zehn Pferde würden mich in die Nähe meiner Eltern bringen, die immer ganz genau wussten, wie unser Leben, Linnis und meines, auszusehen hatte. Andererseits hatte ich das mit den Pferden vor kurzem auch noch über Oma Hannes Haus gesagt.

»Du kannst sie jederzeit hier besuchen«, sagte ich, um ihn zu ärgern. Er setzte auch prompt dazu an, auszuführen, wie stressig und voll sein Leben war, der Job, das Haus, das abbezahlt werden wollte, das Baby. (In dieser Reihenfolge.) »Und wenn sie mag, kann sie gern auch mit dem Zug zu dir fahren«, unterbrach ich ihn. »Dauert so zweieinhalb Stunden, glaub ich.«

»Sie ist dreizehn!«

»Ja, genau, sie kann das.«

»Mutest du ihr nicht ein bisschen viel zu?«

»Sie kann das.«

Er machte ein unzufriedenes Geräusch, sagte aber nichts mehr. »Ich dachte, du hasst dieses Dorf«, sagte er schließlich, in einem etwas versöhnlicheren Tonfall. »Ich dachte, du wolltest da nie wieder hin.«

»Tja, Dinge ändern sich, Lars. Du, ich muss los, ich hab jetzt hier so ein … äh … Treffen.«

Ich wippte auf dem grünen Gymnastikball herum, kippelte auf Zehenspitzen hin und her. Die Frauen, außer mir und Nele, waren alle in Gespräche vertieft, lachten, schenkten sich Kaffee und Tee in Marthas angemackter Tassensammlung ein, verteilten Kuchenstücke und Gebäck. Sie bevölkerten das ganze Wohnzimmer und wirkten gelöst und glücklich und so ganz anders, als ich mich fühlte. Ich warf Nele einen Blick zu, die als Einzige genauso nervös wirkte wie ich: Sie kaute an einer Haarsträhne und befingerte ständig die blaue Haut um ihr geschwollenes Auge.

Martha thronte wie eine Matriarchin an der Spitze der Tafelrunde und klopfte mit ihrer Kuchengabel gegen ihren Kaffeebecher. Früher hatten sich bei Martha Freundinnen getroffen. Jetzt hatte das irgendwie einen fast offiziellen Charakter, wie eine Sitzung. Das Stimmengewirr verebbte. Ich schwang ein wenig zu weit auf meinem Gummiball zurück und wäre fast nach hinten umgekippt, hätte nicht Britta – die gelbbemützte, rotstrahlende Britta – mich aufgefangen.

»Wups«, machte ich, und sie lachte.

»Wir haben zwei Neue heute«, sagte Martha und zwinkerte mir zu, »Nele und Maria. Wollt ihr was sagen?«

Alle starrten mich an, lächelten mir aufmunternd zu, freundlich und offen und mit ihren gebatikten Pluderhosen oder hippen Fischerhütchen wirkten sie harmlos und einladend. Ich wollte auf keinen Fall etwas sagen. Ich schüttelte schwach den Kopf und Nele murmelte: »Nee …«

»Gut«, sagte Martha. »Ich erklär euch mal, wie das hier abläuft. Wer mag, erzählt was aus ihrer Woche oder warum sie hier ist, und wir machen ein paar gemeinsame Übungen. Ansonsten wird heute Kuchen gegessen, weil Anna-Lisa Geburtstag hatte« – alle klatschten oder gratulierten einer jungen Frau, die ein bisschen rot wurde und sich verbeugte – »und wer Hilfe mit Papieren oder Kram braucht, kann sich wie immer bei mir oder Britta melden. Ich würde sagen, wir fangen an.«

Sie stand auf und machte eine auffordernde Geste in die Runde. »Ich will heute mal, dass ihr ganz im Hier und Jetzt ankommt. Dass ihr wahrnehmt, was um euch herum ist. Schaut mal nach drei Gegenständen, die euch hier noch nie aufgefallen sind.«

Köpfe wurden gedreht und gewendet. Auch ich sah mich um, betrachtete die altbekannte Küche: Tassen am Henkel aufgehängt an einem Brett mit Haken, der Kater Filou auf dem Fensterbrett, Strickgarn in einem Korb neben dem Sofa. In einer Ecke wehten Spinnweben in einem Lüftchen vom gekippten Fenster her, ein Blumenstrauß aus Herbstastern in einer rotgestreiften Keramikvase kam mir neu vor. Eines der Kissen auf dem Sofa – gelb mit grünen Blumen darauf, kannte ich ebenfalls nicht. Wir sollten uns einen Gegenstand aussuchen, den wir mit etwas Schönem verbanden, mit guten Zeiten und entspannten Stunden. Ich wählte die Couch und erinnerte mich daran, wie Linnea und ich darauf geschlafen hatten, in dieser zweiten Nacht hier bei Martha, die mir so lange her vorkam und die doch kaum zwei Wochen zurücklag. Dann gingen wir durch den Raum, befühlten Oberflächen: Die Kälte der Fensterscheibe, der raue Cordstoff des Sofas, selbst die Katze wurde befühlt und gestreichelt, bis sie sich fauchend unter die Spüle rettete. Ich roch den Kaffeeduft aus einer der Kannen auf dem Tisch, die an einer Ecke abgeschlagen war, spürte den Teedampf aus meinem eigenen Becher warm in meinem Gesicht. Eine der Frauen schniefte, jemand hüstelte, meine eigenen Füße scharrten unruhig über den Boden. Wir sollten mit allen Sinnen hier sein, nirgends sonst.

Als sich alle wieder setzten und ich auf meinem Gymnastikball herumkippelte, war ich weniger nervös, und auch Nele wirkte, als fühlte sie sich gelassener.

»Ihr seid jetzt hier«, sagte Martha. »Ihr seid jetzt in dieser Gruppe, in Sicherheit, ihr seid im Hier und Jetzt, nicht in einer Situation von gestern oder vorgestern oder von vor zwanzig Jahren.«

Ich schluckte.

»Ihr könnt euch das jederzeit bewusst machen. Wo ihr seid. Dass das Schlimme vorbei ist. Übt das, dann fällt es euch leichter, wenn euch was triggert.«

Ich dachte an den Markt, an Markus Siebert und Vicky mit ihren niedlichen Kindern. An das Reihenhaus mit dem Trampolin. Ich presste die Fingerspitzen in das weiche Gummi des Gymnastikballs. Kühles Plastik, nachgebend, federnd.

Britta sagte: »Mir hilft das immer sehr, weil das wie so ein Ballast ist, den ich mit mir rumtrage.« Zustimmendes Gemurmel von allen Seiten. »Ich spür den gar nicht mehr, den Ballast, aber er ist da. Und ab und zu muss ich mir bewusst machen, wer ich bin, und wo, und wie weit weg von der Person, die ich noch vor vier Jahren war.«

»Was war denn vor vier Jahren?«, fragte Nele und Britta warf Martha einen Blick zu.

»Manche wissen das schon«, sagte sie dann. »Ich war in einer echt schlimmen Beziehung. Hab immer gedacht, ich bin stark und unabhängig und so was kann mir doch nicht passieren. Ich war davon sogar so überzeugt, dass ich gar nicht gedacht hab, es könnte komisch sein. Ich dachte, ich bin falsch, ich seh das falsch, ich bin zu empfindlich, oder so. Das hat er auch immer wieder gesagt. ›Du bist einfach zu empfindlich. Mein kleines Sensibelchen.‹ Bla, bla. Ich hatte keine blauen Flecke, ich wurde nicht verprügelt, nicht so, wie … manche von euch. Aber ich hatte jeden Tag Angst. Wenn er betrunken war, hat er mich beschimpft, er hat Dinge nach mir geworfen … Teller, Besteck beim Spülmaschine ausräumen, so Zeug … Aber wenn ich was gesagt hab, war immer nichts. Ich überreagiere. Ich übertreibe. War ja alles nicht so schlimm. Andere machen ganz andere Sachen durch.«

Sie hob die Augenbrauen. »Und ich wollte natürlich nicht schwach sein. Ich bin kein Opfer von häuslicher Gewalt. Ich doch nicht. Das passiert doch nur anderen …« Sie blickte etwas entschuldigend in die Runde, zuckte die Schultern. »Irgendwann hab ich gemerkt, dass ich Termine mit Freundinnen absage, weil es mir peinlich ist, wie er mich behandelt. Dass ich mich zurückziehe, damit niemand merkt, mit wem ich da zusammen bin. Dann lag ich eine Nacht lang zitternd vor der Haustür, weil ich mich nicht reingetraut hab. Und im Morgengrauen bin ich zu Martha.«

Sie trank einen Schluck, ich sah sie an, die violettrote, gelbleuchtende Britta.

»Das ist erst ein paar Jahre her«, sagte sie. »Viereinviertel. Beste Entscheidung *ever*. Dabei dachte ich immer, es ist schwach, sich als Opfer zu bezeichnen. Manchmal ist es das nicht.«

Martha zwinkerte ihr zu. Ich presste wieder die Fingerspitzen in den Gymnastikball. Wenn meine Fingernägel spitzer wären, könnte ich ihn kaputt machen, das ganze riesige Ding zum Platzen bringen. Aber das Plastik war zu dick und meine Fingernägel abgekaut und kurz.

»Seid ihr so eine Art Selbsthilfegruppe?«, fragte ich. »Seit wann machst du das denn so, Martha?« Es klang kühl und herablassend, als würde ich alles albern und doof finden, all die Frauen hier, all das Gerede, ich hörte es selbst.

Martha aß ein Stück Kuchen.

»Ich war ja eh immer der Jammerkasten. Also, die männerlose Alleinstehende, der man all seine Probleme erzählen konnte. ›Martha, ich will wieder arbeiten gehen, aber der Erwin will unbedingt Alleinversorger sein‹, ›Martha, der Günther rührt keinen Finger im Haushalt!‹, so was halt.«

»Ja, wir haben hier schon immer gern über unsere Männer gelästert«, sagte Heidi, die mit dem Wachs in einer Kerze herumspielte, fröhlich.

Martha lächelte vor sich hin. »Tja, und als ich Britta kennengelernt habe, diese tolle junge Frau und ihren Volldeppen von einem Freund dazu, da dachte ich, Mensch, lass mal was machen.« Britta nickte.

»Wir haben uns dann einfach regelmäßiger getroffen«, erklärte Heidi, anscheinend das zweitälteste Clubmitglied. »Und nach und nach hat sich rumgesprochen, dass es bei Martha immer ein Bett gibt, wenn man mal wegmuss von zu Hause. Wenn man es grade mal nicht mehr aushält. Und manchmal kamen dann halt auch Frauen mit 'nem blauen Auge oder so. Die haben wir dann nach ein paar Tagen zum Frauenhaus weitergeschickt.«

Ich blickte in die Runde, einige schauten ernsthaft, andere aßen einfach Kuchen.

Wieso hatte es das damals noch nicht gegeben? Wieso nicht an diesem 31. Oktober vor zweiundzwanzig Jahren?

Ich fühlte etwas Schweres in meinem Magen anschwellen und wünschte mir einen Schnaps, oder Grog, bei dem Wetter. Draußen kratzten die Rosenranken ans Fenster, so heftig wehte jetzt der Wind.

Martha klatschte einmal kurz in die Hände. »Jedenfalls, um auf

Brittas Geschichte zurückzukommen, seid ihr alle keine Opfer«, sagte sie. »Jetzt nicht mehr. Ihr seid hier. Und deshalb machen wir heute eine Übung, die ich ›Zurückschlagen‹ nenne. Es geht nicht drum, gewalttätig zu werden. Das sind wir nicht. Es geht drum, wieder zu lernen, wie sich Wut anfühlt.«

Sie stand auf, schob ihren Stuhl zurück. »Macht euch mal ein bisschen Platz«, sagte sie, Stühle und Hocker scharrten über den Boden. »Lasst einfach mal zu, was hochkommt. Fühlt mal in euren Körper rein. So wie eben, wie ihr steht, wie sich eure Füße anfühlen. Wie ihr hier fest am Boden steht, mit beiden Beinen. Und jetzt stampft mal auf. Wie das kleine Kinder machen, wenn sie sauer sind. Spürt mal wieder, wie es ist, richtig sauer zu sein. Lasst es zu. Lasst es raus.«

Ich schaute zu Nele und den anderen. Einige stampften schon, andere blickten wie wir unsicher von einer zur anderen. Ich trat leicht mit dem linken Fuß auf und kam mir bescheuert vor. Wut, dachte ich. Lernen, wütend zu werden. Aber auf wen war ich wütend? Auf Markus? Vicky? Oder auf mich? Meine Eltern? Auf Lars? Ich stampfte etwas fester. Um mich herum schüttelten die Frauen jetzt ihre Arme, machten Geräusche zu ihren Stampfern, atmeten laut aus, eine boxte in ein Kissen auf dem Sofa. Ich dachte daran, wie wir als Kinder altes Porzellangeschirr in der Scheune zerdeppert hatten; wie befreiend es sich angefühlt hatte, wie ähnlich das hier war. Trotzdem fand ich es jetzt albern, wollte nicht mitmachen, nicht hier in der Gruppe, mit diesen Leuten, die ich kein bisschen kannte.

Martha ließ uns stampfen und tönen und boxen, sagte nichts mehr, hielt nur für jemanden ein Kissen hoch, in das man hineinschlagen konnte, oder zwinkerte aufmunternd.

Nele trampelte mit schweren Schritten durch den kleinen Raum und kickte in die Luft. Ich stand neben meinem Gymnastikball und haute etwas schwächlich darauf, er sprang in die Höhe, ich hielt ihn an und drückte ihn wieder auf den Boden. Es war heiß im Raum, stickig, und mir war es peinlich, hier zu sein, mit diesen wütenden, tretenden, schnaubenden Frauen. Ich klemmte den Ball unter die Tischplatte und ging nach draußen, schlang fröstelnd die Arme um mich. Meine Haare wirbelten mir ins Gesicht, ich strich sie mehrmals vergeblich zurück.

Wut, dachte ich wieder. Neben mir auf dem Fensterbrett stand ein Aschenbecher und wie aus Versehen, aber mit voller Absicht, wischte ich ihn herunter. Er zerbrach nicht, sondern landete mit einem unbefriedigenden »Pflump« im matschigen Boden neben Marthas Haustür.

»Immerhin«, sagte jemand, und ich drehte mich um.

Britta kam aus der Tür, setzte ihre Mütze auf und stellte sich neben mich.

»Sorry, mir war das irgendwie zu blöd«, sagte ich. »Wo soll die Wut denn herkommen?«

»Du, die ist schon da«, sagte sie und deutete zum Aschenbecher auf dem Boden. »Es geht ja nur drum, sie wieder zu spüren.«

Ich hob die kleine Keramikschüssel auf und stellte sie zurück ans Fenster. Britta zündete sich eine Zigarette an; mit der hohlen Hand vor dem Gesicht brauchte sie mehrere Anläufe. Schließlich erkannte ich den Nelkenduft, wir hatten die als Teenager geraucht und waren uns sehr cool dabei vorgekommen. Britta inhalierte und hielt mir die Zigarette hin.

Ich nahm und zog, hustete ein bisschen, hatte seit Jahren nicht geraucht.

»Es geht nur drum, sie nicht gewinnen zu lassen«, sagte Britta, als ich ihr die Zigarette zurückgab.

»Wen?«

Sie lächelte. »Das weißt du doch am besten, oder?«

Ich starrte sie an. »Hat ... Martha dir was erzählt?« Aber was sollte Martha schon erzählen? Die wusste ja auch nichts.

»Was, nein! Ich meine nur, lass ihn nicht gewinnen. Ich hab so lange gedacht, das darf doch nicht passiert sein, dass ich es einfach nicht hab wahrhaben wollen. Dabei ist es besser, es ... anzusprechen und ...«

»Schon klar.« Ich schaute auf den Aschenbecher, hätte ihn am liebsten noch einmal irgendwohin geschmissen, weiter weg diesmal, gegen die Hauswand, damit er wirklich zersprang.

»Ich mein ja bloß.« Sie lächelte mir zu. »Ich hab natürlich keine Ahnung, was es bei dir ist, aber ...«

»Oder möglicherweise ist ja gar nichts«, sagte ich. »Du kannst doch nicht einfach von dir auf andere schließen. Ich bin kein Opfer, nur weil du eins warst.«

Ich fühlte einen Knoten irgendwo in meinem Brustkorb, irgendeine enge, verdrehte Stelle, die sich ausbreitete wie ein ganzes Knotennetz. Ich nahm den Aschenbecher, wog ihn in der Hand.

»Hab ich nie behauptet«, sagte Britta. »Ich will ja nur sagen ...«

»Versteh schon«, sagte ich, und statt den Aschenbecher wegzuschleudern hielt ich ihn ihr hin. Sie aschte hinein. »Weißt du, bei den ganzen vielen Frauen da drin hab ich mir gedacht, kann Linni doch in deinen Kurs kommen?«

Themenwechsel. Tochterkümmern ging immer. Ich war nicht wichtig, Linnea schon.

»Klar.« Britta strahlte. »Jederzeit.«

»Wenn sie mag, natürlich nur.«

»Natürlich. Wir sind eine offene Gruppe, drop-in, drop-out, sozusagen. Jeden Dienstag um halb fünf in der alten Schulturnhalle, der hintere Bau, kennst du?«

Die große Schulturnhalle. Kannte ich. Die Halloween-Party vor zweiundzwanzig Jahren. Aber hier ging es nicht um mich. Es ging um Linnea und darum, dass die Welt voll von fiesen Leuten war und sie bei Britta lernen konnte, sich gegen die zur Wehr zu setzen.

»Ich bring sie vorbei«, sagte ich und stellte den Aschenbecher wieder ab. »Und jetzt geh ich mal, nichts für ungut.« Britta reichte mir den Rest ihrer Zigarette.

»Kein Ding. Kannst einfach wieder kommen, wenn du magst.« Sie pustete noch einmal Rauch aus und verschwand dann in Marthas Hütte. Während ich schon über die Straße nach drüben lief, rief sie mir hinterher: »Dann bis morgen, ja?«

Ich winkte und rauchte, genau wie früher, vor der Haustür meiner Oma die Nelkenzigarette zu Ende, von der mir leicht übel und schwummrig wurde, auch ganz genau wie früher.

KAPITEL 13

BRITTAS WENDO-KURS fand dienstags in der großen Schulturnhalle statt, die mir von vornherein suspekt war. Ein altes Backsteingebäude neben dem etwas weniger alten Betonblock von Schulhaus, mit beschmierten Wänden, riesigen Müllcontainern an der Rückseite und zerkratzten Fenstern, durch die man den kaum weniger zerkratzten Holzfußboden der Turnhalle erkennen konnte, Matten an den Wänden, dicke und dünne, die obligatorischen Ringe, die von der Decke baumelten, und eine Reihe von Sprossenwänden. Dazu roch es stickig nach Mädchenschweiß, flüchtig mit zu viel zu starkem blumigen Deo übertüncht; ich konnte mich an die Schwaden von Deotröpfchen in den Umkleidekabinen erinnern, durch die man hindurchmusste wie durch eine Wand.

Linnea und Samira waren nervös – ohne Samira hätte Linni keinen Fuß in die Halle gesetzt – und beide drückten sich hinter mir herum, während ich, die gern dasselbe getan hätte, mit großen Schritten vor ihnen herging, mit weit ausladenden Gesten die schweren Türen aufstieß, meinen Pony aus der Stirn pustete und lautstark etwas vor mich hinredete wie: »Wir folgen einfach dem Lärm, das wird schon richtig sein.« Ich war immer wieder erstaunt, wie schnell mich dieser Schulgeruch (und sei es nur der Schulturnhallengeruch) zurückversetzte in eine Rolle, aus der ich längst herausgewachsen war. Wieder fielen mir zombieartige Wesen ein, die in den Umkleidekabinen lauerten.

Statt Zombies war die Umkleide voll mit Turnbeuteln und leicht nach Käsefuß müffelnden Kindersneakers in diversen Größen. Ich schob die beiden Mädchen in eine Ecke, die schon ihre Jogginghosen trugen und nur schnell aus ihren Schuhen schlüpften.

Auf Socken gingen wir die Treppe nach unten in die Turnhalle.

Die Wendo-Gruppe bestand aus Mädchen gefühlt jeden Alters. Winzig kleine Zwerglein mit Pausbacken und großen Augen an den Händen ihrer Mütter, Erstklässlerinnen mit schiefen Zähnen und Zahnlücken, schlaksige Teenager, die etwas blasiert an den Sprossenwänden lehnten und ihre Unsicherheit mit Langeweile überspielten. Britta kniete am Boden und redete mit einem heulenden Kleinkind, das auf keinen Fall allein bleiben wollte. Linnea und Samira sahen aus, als hätten sie am liebsten dasselbe gemacht: Geh bloß nicht weg, schien Linnis Blick zu sagen, bleib ja hier.

Ich schob sie an den Schultern vor mir her und winkte Britta zu, die schließlich aufstand, während die überforderte Mutter dem Kleinkind die verheulte Nase putzte.

»Hi!«, rief Britta. »Da seid ihr ja.«

»Das ist ja ein buntgemischter Haufen«, sagte ich.

»Ja, wir haben die Turnhalle nur einmal pro Woche, deshalb machen wir die Kleinen und die Größeren auf einmal.« Britta lächelte Linnea und Samira zu. »Aber keine Angst, ihr müsst nicht zu den Winzlingen.«

Die zwei starrten sie nur an, sagten nichts, lächelten auch nicht. Britta schickte sie zu einer Gruppe ähnlich verschreckt wirkender Mädchen in ihrem Alter. Einige andere boxten schon in Kissen, die sie sich gegenseitig hinhielten oder übten auf Matten etwas, das aussah wie eine Judorolle. Die Übungen aus Marthas Gruppe fielen mir ein.

Ich drückte Linnis Arm und sie war wohl zu stolz, sich noch einmal zu mir umzudrehen.

»Schön«, sagte ich zu Britta und versuchte zu lächeln. »Dann geh ich mal wieder.«

»Wir machen eineinhalb Stunden«, sagte Britta. »Bis später!«

Ich war schon fast wieder an der Tür, meine Schuhe federten auf dem Holzfußboden, als ich das starke Gefühl hatte, beobachtet zu werden. Zombie-Ghule, lauernd hinter Turnmatten. Ich drehte mich um und entdeckte Vicky neben einem ihrer Mädchen, dem älteren. Sie hob kurz die Hand.

Ich wollte nicht warten, wandte mich schon fast wieder ab, aber sie spurtete durch die Halle auf mich zu.

»Maria! Hallo!«

Ihr Gang war leicht, sie trug Jeans und einen hellen Pullover und die Haare in einem wippenden Pferdeschwanz.

»Hey«, sagte ich.

»Holst du Linnea später auch ab?«, fragte sie. »Wollen wir in der Zwischenzeit einen Kaffee trinken gehen?«

Ich wollte keinen Kaffee trinken gehen. Ich wollte nach Hause fahren, ein Bad nehmen, an nichts denken und später die Kinder wieder abholen.

»Gern«, hörte ich mich sagen.

Vicky kannte ein nettes Café in der Nähe der Schule, mit Herbstdeko (Kürbisse, Weizenähren, Holzigel) und Blick auf Fachwerkhäuser und Kopfsteinpflaster. Wir setzten uns an einen Fensterplatz, ein kleines Tischchen zwischen uns, auf dem ein weißes Spitzendeckchen lag.

»Wie schön, dass wir uns über den Weg gelaufen sind«, sagte sie und für einen winzigen Moment hatte ich den Eindruck, sie würde sich womöglich für damals entschuldigen, würde sagen: Ich wollte ja schon ewig mal mit dir reden, du, wie das damals gelaufen ist, das war blöd, aber sie sagte: »Gut siehst du aus! Steht dir, dass du nicht mehr so … ähm … dürr bist. Wirkt viel gesünder.«

Ich merkte, wie sich mein Kiefer anspannte, zu einem künstlichen Lächeln verzerrte. »Danke.«

»Und, wie ist es dir so ergangen?«

»Gut.« Ich wollte nichts aus meinem Leben erzählen. Es war ein okayes Leben, ein ganz normales, es hatte gut angefangen dort in München, ich hatte all den Kleinstadtmief hinter mir gelassen, hatte ein paar Jahre lang viel gezeichnet und Grafikdesign studiert, hatte Artikel in ein paar Zeitschriften illustriert und sogar ein mäßig erfolgreiches Kinderbuch, und dann war Lars gekommen, in den ich sehr verliebt gewesen war, und dann Linnea, und Lars war relativ schnell wieder weg gewesen, und ich musste Geld verdienen und war die letzten zehn Jahre Sekretärin gewesen, was ein okayer Job war, ich nahm keine Arbeit mit nach Hause und hatte am späten Nachmittag und Abend genug Zeit, um zu zeichnen und zu illustrieren und an Wettbewerben teilzunehmen, mich zu bewerben, Absagen zu bekommen.

»Gut«, wiederholte Vicky und schmunzelte, bewegte ein kleines bisschen den Kopf hin und her, als könnte sie dadurch mehr aus mir herauslocken, aber ich lächelte nur, bestellte mir einen Milchkaffee und eine Maracujaschorle und schwieg.

»Und dir?«, erwiderte ich schließlich höflich, damit das Gespräch nicht noch mehr ins Stocken kam.

»Gut.« Vicky zuckte in einer überheblichen, Bescheidenheit heuchelnden Geste die Schultern. »Ich hab zwei wundervolle Kinder, mein Job ist in Ordnung, unser Haus ist fast abbezahlt, weil Markus geerbt hat …«

»Perfekt«, sagte ich mit einem so falschen Lächeln, dass sie die Brauen verzog.

Einen Moment schwiegen wir; sie nippte an ihrem Latte Macchiato.

»Ja«, sagte sie dann. »Ziemlich. Schade, dass du es mir immer noch nicht gönnen kannst.«

»Wie bitte?«

Vicky leckte sich ein wenig Schaum von den Lippen. »Man sollte doch meinen, du hättest dich in zwanzig Jahren ein kleines bisschen weiterentwickelt.«

»Und das hab ich nicht, oder was?« Ich nahm einen Schluck Schorle.

»Sieht nicht so aus.«

Ich fragte mich, warum ich hier saß, mit dieser Person, warum ich Kaffee trank und so freundlich lächelte, dass mir der Kiefer knackte.

»Na, wie gut, dass du das nach einem Satz so gut beurteilen kannst«, sagte ich und stand auf. Ich ging zur Theke, nahm mir einen Pappbecher und kippte meinen restlichen Kaffee hinein.

»Du benimmst dich albern«, sagte Vicky, als ich zurück zum Tisch kam, etwas unentschlossen daneben stehen blieb, als wäre ich mir meiner eigenen Handlung nicht sicher, als würde ein Teil von mir denken: Das kannst du doch nicht machen.

»Tu ich nicht«, sagte ich kindisch.

»Doch.« Ihr Ton wurde giftiger. »Immer noch genau dieselbe Dramaqueen wie damals.«

Ich schüttelte den Kopf, spürte, wie ich ihn schüttelte, sah mir selbst wie von außen dabei zu, wie ich dastand und kein bisschen wusste, wie ich reagieren sollte.

»Ich muss mich nur nicht mit Leuten abgeben, die mich seit über zwanzig Jahren nicht leiden können«, sagte ich und merkte, dass meine Stimme brüchig wurde, leiser, genau wie früher. Mädchen ohne Stimme, mein Kopf wiederholte es noch ein paar Mal: Mädchen ohne Stimme.

»Es geht immer noch um die eine Sache, oder?«, sagte Vicky. »Dabei hätte ich allen Grund, beleidigt zu sein, nicht du!«

Ich starrte sie an. »Was?«

Bevor sie antworten konnte, klopfte jemand gegen die Fensterscheibe des Cafés, und wie in einem Albtraum, der immer noch schlimmer wird, erkannte ich Nilam, die freudestrahlend ihre weißen Zähne zeigte und mit einer Einkaufstüte winkte. Sie stieß die Tür auf und kam glockenbimmelnd herein.

»Queen Bee!«, rief sie und breitete die Arme aus.

Ich blinzelte. »Was?«

»Na, die Bienenkönigin ist zurück!« Noch immer strahlend warf Nilam ihre Tasche und ihre Jacke auf den Stuhl neben Vicky, auf dem ich gesessen hatte. »So haben wir dich doch früher immer genannt.«

»Kann mich nicht erinnern«, sagte ich.

»Doch«, sagte Vicky mit einem freundlichen Lächeln. »Unnahbar, und sie sticht.«

Ich fragte mich, wie ich hier hineingerutscht war, aber es war zu spät, ich war nichts anderes mehr als diese uralte Rolle, ein zu dünner, blondgefärbter Teenager mit engen Hosen und vorstehenden Hüftknochen, zu unsicher, um souverän zu reagieren.

»Aha«, sagte ich. »Wusste ich nicht.«

Nilam lachte. Es klang nicht böse, es klang, als würde sie nicht über ihre Worte nachdenken. Das hatte sie schon damals nicht. Wieso war sie überhaupt noch hier? Sollte sie nicht längst in Berlin sein, hip und cool und weit weg von hier und ihrem alten Ich?

»Außerdem: Zeitler«, sagte sie, »das ist ein altes Wort für Imker, wusstest du das?«

»Ja«, sagte ich. »Wusste ich. Ich muss dann mal los.«

Fast hätte ich hinzugefügt »Wir sehen uns«, aber ich konnte mich gerade noch bremsen, ich hatte keine Lust, sie zu sehen, sie beide nicht. Ich hatte immer Nilam in Verdacht gehabt, sich den Spitznamen *Jungfrau Maria* ausgedacht zu haben, hatte sie aber nie darauf angesprochen. Vicky hatte einmal zu mir gesagt: ›Was hast du denn, es ist doch nur ein Witz‹, und das war das Gemeine an Witzen: Man konnte sich nicht gegen sie wehren, und schon gar nicht, wenn einem eingesagt wurde, sie seien eh nicht so schlimm und man solle im besten Fall noch stolz darauf sein, endlich mit einem Spitznamen bedacht worden zu sein, wo man doch vorher einfach unsichtbar gewesen war.

Die Glocke bimmelte ein zweites Mal, als ich das Café verließ und meine Finger umklammerten klamm und feucht den Kaffeebecher. Ich nippte einmal daran, dann rutschte er mir aus der Hand und eine milchbraune Kaffeepfütze spritzte vor mir auf das Kopfsteinpflaster. Ich hob den Becher auf und warf ihn weg, mit noch immer zitternden Fingern. Es kam mir vor, als sei es jetzt schon zu spät, um nach Hause zu fahren, also wanderte ich etwas ziellos durch die Altstadt.

In einem Kiosk kaufte ich mir Nelkenzigaretten und in einem von Räucherstäbchen stinkenden Second-Hand-Laden ein schwarzes Samtkleid, das an der Brust zwickte, aber das ich gleich anbehielt. Ich stopfte meinen Hoodie in eine Papiertüte, und marschierte Nelkenzigaretten rauchend zurück in Richtung Schule. Dann stand ich vor der Turnhalle neben den Mülleimern im Eck und rief aus einer Laune heraus meine Mutter an. Ich hatte keine Ahnung, wieso.

»Natürlich war es eine idiotische Idee, in dieses Kaff zurückzuziehen«, sagte meine Mutter, nachdem ich ein paar mitleiderregende Worte in den Hörer gestammelt hatte. »Das hab ich dir von vornherein gesagt. Aber du hörst ja nicht auf mich.«

»Ich mochte es früher hier«, sagte ich. »Zumindest bis …« Ich stockte. Bis ich siebzehn war? Bis meine Freunde nicht mehr meine Freunde waren?

»Ja, als Kind, aber jetzt bist du erwachsen und musst dein Leben in die Hand nehmen, Mädchen. Zieh doch hoch zu Horst und mir, wir würden uns freuen, Linnea öfter bei uns zu haben. Und Papa kann dir sicher unter die Arme greifen, der mit seiner Zweitwohnung in München und seinem Haus in Alicante …« Sie betonte sowohl »Haus« als auch »Zweitwohnung« als handelte es sich dabei um ekelhafte Geschwüre. »Du könntest sogar noch mal studieren und …«

»Mama, bitte.«

Meine Eltern, und zwar beide, hielten mich für nichts weiter als eine zweitklassige Sekretärin und waren enttäuscht, weil ich mit meinem Abi-Schnitt alles hätte werden können, selbst Kardiologin oder Wirtschaftsboss. Jetzt aber verbrachte ich meine Tage damit, für andere Leute Briefe abzutippen, Kaffee zu kochen und Ablage zu machen, und dass ich mal Grafikdesign studiert hatte, zählte in ihren Augen kein bisschen, solange man damit kein Geld verdiente. Wäre ich doch nur Herzchirurgin geworden. Oder wenigstens Neurologin. Meine Eltern wären wunschlos glücklich. Stattdessen war ich jetzt auch noch arbeitslos, hatte mit sechsundzwanzig ein uneheliches Kind bekommen, war mit dem Vater nicht mehr zusammen, und meine Kritzeleien waren nichts, von dem man leben konnte.

»Ich mein ja nur. Aber ich red dir nicht rein, du bist erwachsen, es ist dein Leben.«

Das klang jedes Mal so, als wüsste sie es eben doch besser und würde traurig dabei zusehen, wie ich alles in den Sand setzte.

Nach nur zwei Minuten wusste ich nicht mehr, warum ich überhaupt angerufen hatte, und verabschiedete mich mit einer kurzen, gemurmelten Ausrede von wegen, ich müsste jetzt Linni von ihrem Kurs abholen.

Ich steckte mir noch eine Zigarette an und ging nach vorne, wo ich die Mädchen durch die Fensterscheiben sehen konnte. Die Kleinen lernten mit breitgefächerten Fingern Abwehr-Gesten und gedämpft hörte ich sie mit hohen Stimmchen: »Halt Stopp, ich mag das nicht!« rufen. Die Älteren boxten und kickten in dicke Matten oder warfen sich gleich direkt mit ihrem ganzen Gewicht dagegen, als würden sie eine verschlossene Tür eintreten wollen. Am liebsten hätte ich mitgemacht. Irgendwo dagegenzutreten kam mir im Moment vor wie das Einzige, was helfen würde. Ich kickte etwas schwächlich gegen die Backsteinmauer, hob dann einen aus der Wand gefallenen Stein auf und warf ihn ebenso schwächlich in Richtung der Mülltonnen.

Vicky steht kaugummikauend vor mir wie das Klischee einer Promqueen aus einem amerikanischen Highschool-Film. »Jetzt mach doch nicht gleich ein Drama draus. Du bist diejenige, die Scheiße gebaut hat. Mit meinem Freund. Ich darf es erzählen, wem ich will.« Nilam nickt, als wüsste sie Bescheid. Hinter ihnen sehe ich Mitschüler tuscheln, mich ansehen, die Gesichter verziehen. Vicky wartet auf eine Antwort, aber ich habe keine. Ich gehe einfach weg, lasse sie stehen und weiß gar nicht mehr, wer sie eigentlich ist.

Zwanzig Jahre lang hatte ich mich in Frage gestellt, hatte mir gesagt, dass meine Gefühle falsch waren, dass das, was passiert war, meine eigene Schuld war und es keinen Grund gab, ständig von Bauchschmerzen deswegen und seltsamen Flashbacks, die mich bei intimen Kontakten überfielen, überschwemmt zu werden.

Meine Therapeutin hatte gesagt: »Sie wissen schon, was das war, oder?«

Und ich hatte Tränen weggeblinkert und das Wort nicht aussprechen können. Ich konnte es noch immer nicht aussprechen. Es war, als würde es realer werden, wenn man es sagte. Größer. Bedrohlicher. Wahrer.

Vicky hatte damals gezischt: »Du holst dir eben, was du willst, so warst du schon immer, eine Egoistin, und dann machst du auch noch ein Drama draus, weil du die Aufmerksamkeit brauchst, Maria, und du merkst es nicht mal, wahrscheinlich bist du einfach eine

Narzisstin«, und ich hatte sie nur angestarrt und mich gefragt, ob sie recht hatte. Vicky hatte noch etwas gesagt: »Du wirst ja wohl nein sagen können, wenn du nein meinst. Du wirst ja wohl wissen, was du willst und was du nicht willst.«

Das war das Schlimmste gewesen. Das war der Grund, warum sie mir nicht glaubte. Und warum ich mich noch immer fragte, was es gewesen war. Warum ich es nicht geschafft hatte, laut und deutlich nein zu sagen.

Hatte ich es also gewollt? Und wollte ich Vickys Aufmerksamkeit und ihr Mitleid, weil ich mich schämte? Hatte ich zu lange mit ihm getanzt oder geknutscht, hatte ich es zu sehr genossen, endlich die Blicke von ihm zu bekommen, die ich mir immer gewünscht hatte? War das meine Strafe dafür? Dann schalt ich mich selbst für meine Gedanken, kam mir vor, als wäre ich jemand, der Frauen sagt, sie seien selbst schuld, wenn ihnen was passierte, bloß weil sie nachts allein in kurzen Kleidchen nach Hause gingen.

Als der Kurs endlich aus war, hatte ich nassklamme Füße und den schlechten Geschmack von kaltem Rauch im Mund.

Die Mädchen waren aufgekratzt und giggelten viel auf der Fahrt nach Hause. Samira würde bei uns übernachten. Ich fragte sie über die Stunde aus, aber sie wollten nichts erzählen, waren ihre eigene kleine eingeschworene Gemeinschaft auf dem Rücksitz. Aus Trotz schaltete ich das Radio ein, schob eine Kassette aus dem Handschuhfach in den alten Rekorder und summte laut bei einem Kinderlied mit, das aus den Boxen tönte. Linnea protestierte; sie war zu alt dafür, aber ich sang »Seeräuber Opa Fabian«, bis es mir etwas besser ging.

DAMALS

Vickys Mutter macht mir auf, »sie ist oben«. Vicky hängt über dem Waschbecken im oberen Bad der Pozzis und fummelt an ihrer Stirn herum. »Gott. Nie wieder Pony. Hast du den Wodka dabei?«

»Deal.« Ich puste meine Haare aus der Stirn, und hebe die Wodka-Flasche.

»Ernsthaft«, sagt Vicky. »Wie kann der ständig fettig sein? Ich sehe aus, als hätte ich die Haare in eine Fritteuse gehängt. Danke, ich brauch das jetzt.«

Wir trinken aus der Flasche, obwohl es erst kurz nach fünf ist und noch keiner von uns zu Abend gegessen hat. Ich liege auf Vickys Bett, so wie immer, und Vicky, die ihren Pony ausgewaschen und trockengerubbelt hat, wirft Unmengen an Kleidern aus ihrem Schrank und fragt mich nach meiner Meinung.

»Die sind alle schwarz und kurz.« Ich grinse, denn ich weiß, was Vicky gleich sagt, und richtig: »Du hörst dich an wie Henners!«, ruft sie, »als ob jedes Kleid gleich wäre!«

Ich ziehe ein kurzes Teil mit langen, seidig-durchsichtigen Ärmeln aus dem Haufen. »Hier. Das ist sehr vampirmäßig. Und nimm die Sandalen, mach ich auch, trotz November.«

»Ist ja noch Oktober«, sagt Vicky und trinkt einen Schluck Wodka. Der ist pur wirklich eklig, also mischen wir Orangensaft dazu. Aus irgendeinem Grund verrate ich nicht, dass ich Markus im Supermarkt getroffen habe. Es ist, als wäre das unser kleines Geheimnis, Markus' und meines, unser kurzes Mini-Treffen auf dem Aldi-Park-

platz. Das reparierte Fahrrad. Ich schaue auf meine Hände, die an einer Stelle immer noch ölverschmiert sind, aber Vicky scheint das nicht aufzufallen.
Ich seufze, ohne es zu wollen.
»Was ist los?«, fragt Vicky, die sich im Spiegel betrachtet und einen Pickel abdeckt.
»Hm?«
»Du seufzt.« Ein bisschen Shampooschaum klebt noch an ihrer Wange, sie wischt ihn weg.
»Nur so.«
»Für dich finden wir auch noch einen.«
»Nicht deshalb«, sage ich und verdrehe die Augen.
»Klar deshalb«, sagt sie spöttisch und nimmt noch einen Schluck Wodka. Sie setzt sich zu mir aufs Bett, eine Weile schauen wir aus dem Fenster und sagen gar nichts. Es läuft ein Tori-Amos-Song, Vicky liebt Tori Amos, und es fühlt sich fast an wie mit dreizehn. Dann sagt Vicky: »Nilam sagt, seit du abgenommen hast, bist du richtig hübsch.«
»Autsch.« Ich werfe mich auf den Bauch, um nach einem Buch am Kopfende von Vickys Bett zu angeln. »Sehr nett.«
»Sie ist wirklich nett. Das ist doch ein Kompliment.«
»Nur so halb«, sage ich und inspiziere das Buch, ein Krimi, nichts, was ich besonders gerne lese. Ich bin mir nicht sicher, ob ich Nilam mag. Ich mag, dass sie jetzt unsere Freundin ist und wir seither nicht mehr so komisch angeschaut werden in der Schule. Aber sie spielt gerne die Küchenpsychologin und erklärt uns immer Sachen wie: »Ihr seid nur befreundet, weil ihr als ihr klein wart keine Gefahr füreinander dargestellt habt, Vicky mit ihrer Zahnspange und du mit deinen Stummelbeinchen. Jetzt, wo ihr beide hübsch seid, ist das was anderes.« Und wir nicken und lächeln wie dumme Schafe.

»Du bist nur neidisch, weil sie jetzt den Ton angibt, und nicht mehr du.«

»Quatsch.« Ich rolle mich auf den Rücken. »Wo hast du denn den Blödsinn her?«

»Na, du warst schon sehr bossy *als Kind. Mit dem ganzen Hexenkram, den wir machen mussten.«*

»Mussten?!«

»Na ja, Henning ist dir gefolgt wie ein Schoßhündchen und ich, na ja …«

»Na ja, was?«

»Du warst halt gern die Bienenkönigin.«

»Hä?«

»Ach, egal jetzt«, sagt Vicky. »Du bist 'ne süße Maus, übrigens. Soll ich dir ein Schnäuzchen malen?«

»Ja«, sage ich missmutig und halte ihr mein Gesicht hin. Sie zückt ihren Kajal, und dann kommt ein Lied, das wir beide mögen, und wir singen sehr laut mit und Nilam und ihr Gerede sind vergessen. Dann klingelt Vickys Telefon. »Schatzi«, flötet sie und stürzt sich darauf. Ich habe gar kein Handy, aber Markus und Vicky haben am Gewächshaus Nummern getauscht, ihre eigenen, nicht die Festnetznummern ihrer Eltern.

»Hola guapo«, sagt sie ins Telefon und zwinkert mir zu. Sie lächelt, sagt ein paarmal»ja« und »geht klar« und dann legt sie auf.

»Ich glühe mit Markus vor, ist das okay?« Sie sagt das so, als müsste es okay sein, als gäbe es gar keine Möglichkeit für mich, hier nein zu sagen.

»Äh, ja«, sage ich deshalb, obwohl es mich wurmt.

Vicky betrachtet ihre getuschten Wimpern im Spiegel. »Du kannst ja zu Hennings Party gehen und dann nachkommen.«

»Klar.«

KAPITEL 14

ZUR FEIER dieses miserablen Tages fuhr ich bei McDonald's vorbei, sogar ins Drive In, und kaufte für uns alle ein Happy Meal, zu dem es niedliche kleine Plastikwesen gab, die man an die Autoscheibe kleben konnte, wo sie mit dem Kopf wackelten. Wir aßen noch im Auto, auf dem Parkplatz, damit es nicht kalt wurde, und ich kleckerte mich voll mit Ketchup und Mayo und beschmierte dann das Lenkrad mit meinen fettig-salzigen Pommesfingern. Trotzdem fühlte ich mich gleich besser.

Daheim fütterten wir Schnecki und Bootsmann, die uns mit ungleicher Begeisterung begrüßten.

»Und was macht ihr jetzt?«, fragte ich die Mädchen; ich fühlte mich aufgekratzt und übermütig.

»Nichts«, sagte Linnea.

»Wollt ihr einen Laubhaufen machen und reinspringen?« Ich kam mir unglaublich anbiedernd vor, aber mir war so gar nicht danach, jetzt ganz für mich zu sein.

»Nein«, sagte Linnea.

»Oder Kastanienmännchen basteln? Drüben bei Martha sind ...«

»Nein«, sagte Linnea. »Für wie alt hältst du uns, Mama?«

»Okay.« Ich schob die Unterlippe vor. »Dann bastel ich eben alleine.«

»Tu das.« Die beiden verschwanden am Treppenlift vorbei ins obere Stockwerk.

Ich sah Bootsmann an. »Und was machen wir, alter Junge?«

Er seufzte tief und ließ den Kopf wieder auf seine Pfoten sinken.

Ich nannte ihn einen Spielverderber, ging in den Garten und machte in der Abenddämmerung einen großen Laubhaufen, in den ich mich knisternd fallen ließ. Es machte Spaß, aber nicht so viel Spaß, wie es mit anderen gemacht hätte. Ich band ein paar bunte Blätter zu einem Strauß und stellte ihn neben Schnecki aufs Fensterbrett. Bis es ganz finster war schaute ich aus dem Fenster, auf die jetzt freigerechte Wiese, und lauschte dem Gelächter der Mädchen von oben.

Dann fiel mir etwas ein und ich zwängte mich am Treppenlift vorbei, flitzte die Treppe hoch. Bootsmann folgte mir, anscheinend angesteckt von meinem Enthusiasmus.

Ich steckte den Kopf zu Linneas Zimmer herein und sagte: »Ich zeig euch was … kommt mal mit.«

Linni stöhnte und murrte: »Ach, Mama.«

Ich ignorierte meine grauenhafte Tochter und zwinkerte ihrer Freundin zu, die den Hund mit Käsebrötchen aus ihrer Brotzeitbox fütterte. Samira schien auf meiner Seite zu sein, und ich sagte: »Es wird euch gefallen, kommt schon!« Linnea seufzte, aber stand auf, und wir stapften die Stufen zum Dachboden hinauf. Der Raum war nicht gedämmt und durch etliche Ritzen zog es ungemütlich und kalt. Linni in ihren zu kurzen Hochwasserjeans und dünnen Sommershirts, die sie noch immer übereinander trug, schlang die Arme um sich. »Brr.«

Es roch staubig nach lange nicht gelüftetem Raum.

»Ich hol uns gleich ein paar Decken«, sagte ich, weil auch Samira fröstelte. »Und sag bitte deinem Vater, er soll dir ein paar Winterklamotten aus München schicken.«

»Die sind eh zu klein«, maulte das Kind. »Du musst endlich mit mir shoppen gehen.«

Auf den angegrauten Holzdielen konnte man das Pentagramm sehen, rot unter Schichten von Staub.

»Bald«, sagte ich und sah mich im Raum um. Hinter einem alten Schrank fand ich einen Besen, wickelte ein altes Handtuch darum und rief: »Wischmopp!«

Ich rannte nach unten, holte zwei Decken für die Mädels und einen Eimer Wasser und schrubbte das Zeichen frei, bis es wieder leuchtete.

»Wart ihr Satanisten?«, fragte Samira, die auf dem Dachboden zwischen Omas alten Truhen herumgestöbert und meine Kiste mit den Samtkleidern und Spitzentüchern und schwarzen Kerzen gefunden hatte.

»Nein!«, rief ich, die Aufgekratztheit wurde noch schlimmer. »Wir waren Hexen. Ich dachte, das gefällt euch.«

»Hmpf«, machte Linnea, der das ganz sicher gefiel. Ich kniete mich neben sie und zog einen Umhang aus der Truhe, der Henning gehört hatte, wühlte ein bisschen zwischen den modrigen, leicht muffig riechenden Klamotten herum. Ganz unten waren unsere Hühnergott-Ketten, die Lederbänder waren zwar marode, aber die Steine glänzten wie eh und je. Wir hatten sie damals immer eingeölt.

»Wollt ihr was anziehen? Wir können ein Ritual machen, oder so was.«

»Wir wollten eigentlich Balaclavas basteln …«

»Was? Diese Schalmützen, die jetzt alle haben? Wir wollten damals anders als alle sein. Wir hätten keine Schalmützen getragen.« Zumindest bis wir fünfzehn waren, fügte ich in Gedanken hinzu.

»Balaclava heißen die.«

»Schalmützen sind das! Und ich hab bestimmt noch eine alte für dich, aus deinen Kindergarten-Tagen.«

»Wer ist wir?«, fragte Samira, die sich ein Stirnband mit einer Pfauenfeder daran aufgesetzt hatte, aus unserer 20er-Jahre-Spiritisten-Phase, und wirkte, als hätte sie auch keine Lust, sturmhaubenförmige Kopfbedeckungen zu basteln.

»Vicky, Henning und ich.«

»Henning, oooh«, machte Linnea und tauschte einen Blick mit Samira. »Und wer ist Vicky?«

»Frau Siebert«, murmelte ich.

»Was?! Deine Mutter war mit Frau Siebert befreundet?«, fragte Samira.

»Ja, war ich.«

Ich wollte nicht an Vicky denken und fing an, mich in einige der Tücher zu hüllen und einen Kreis aus Kerzen auf dem Pentagramm aufzustellen.

»Eine Schale mit Wasser, ein bisschen Erde, eine Feder für die Luft und Feuer … wir brauchen alle Elemente«, sagte ich.

»Für was?«, fragte Linnea. Ich sah sie an.

»Wieso bist du denn heute so ein kleiner Kotzbrocken?«, fragte ich.

»Ich bin fast vierzehn«, sagte sie altklug. »Und damit längst ein Teenager. Wird man da nicht automatisch idiotisch?«

Sie lächelte mich zuckersüß an. Wieder schob ich die Unterlippe vor. »Ich dachte, du magst Hexenzeug.«

Meine Tochter zuckte die Schultern, aber ich konnte ihre Augen blitzen sehen und lächelte in mich hinein. Ich schickte die Mädchen Wasser und Erde holen, sie kamen mit einer Gießkanne und ein bisschen Matsch von draußen zurück nach oben, mit roten Wangen und aufgeregt schwatzend.

»Wir können uns eine neue Wohnung manifestieren«, sagte ich und hockte mich im Schneidersitz an die Seite für das Element Wasser, positionierte die Gießkanne.

»Mach die gelbe Kerze an, Linni, und stell sie da oben hin. Und Samira, die Erde kommt an diese Stelle …«

»Wir brauchen doch gar keine neue Wohnung.« Linnea kämpfte mit dem alten Feuerzeug aus der Kiste. »Wir haben doch das Haus.«

»Daheim meine ich. In München.«

Sie hatte es geschafft, die Kerze anzuzünden und sah mich hinter der Flamme aus flackernden Augen an. »Ich will aber nicht zurück.«

Ich seufzte. »Wir können doch nicht ewig …«

»Ich manifestiere uns lieber einen Internetzugang«, sagte Linnea. »Für hier, mein ich.«

»Na, meinetwegen.«

»Ach, das ist doch langweilig«, sagte Samira. »Können wir nichts Interessanteres machen?«

»Wollt ihr euch Jungs manifestieren?« Ich grinste. »Nette, meine ich.« Sie waren dreizehn, und sie prusteten wie auf Kommando los.

»Nein«, behauptete Linnea. »Aber wir können dir Henning herbeirufen, Hanuta.«

»Der kommt doch auch so.« Samira schaute zu Linni und beide glucksten.

Ich musste lachen. »Bloß nicht frech werden.«

»Oder wir bitten um Hilfe für das Geheimnis!«, rief Samira.

»Die Lösung des Geheimnisses!«, sagte Linnea altklug.

»Welches Geheimnis?« Ich lächelte über die glänzenden Augen der Mädchen. Manchmal vergaß ich, wie klein sie noch waren. Vor ein paar Jahren hatte sich Linnea noch vor der Wilden 13 in »Jim Knopf und Lukas der Lokomotivführer« gefürchtet. »Das Geheimnis von Oma Hanne«, sagte Linnea und senkte den Blick. »Wir haben nämlich die Briefe datiert und sortiert.«

»Uuuh!«, machte ich. »War sie mal heimlich mit den Landfrauen in Rom statt mit dem Obstbau-Verein?«

Linnea streckte mir die Zunge raus. »Da ist irgendwas«, sagte sie. »Stimmt’s, Sami? Irgendwas ist da.«

»Du hörst zu viele Podcasts, Kind«, sagte ich. »Aber los, bitten wir um die Lösung des Geheimnisses. Wenn Oma Hannes Geist irgendwo rumspukt, dann hier.«

Die Mädchen sahen sich freudig aufgeregt an. Ich dachte an Oma in den Zimmerecken und sagte: »Hanne, wenn du uns dein Geheimnis verraten willst, dann gib uns ein Zeichen!«

»Dafür brauchen wir ein Ouija-Board!«, rief Samira.

Henning, der jeden Buchstaben fein säuberlich mitschreibt, direkt unter die letzte Geschichte vom Oggrock-König Vralunker. Vicky ruft: »Du hast doch die Finger bewegt!« Ich, todernst: »Niemals, das ist alles echt!«

»Haben wir nicht«, sagte ich. »Ich glaube, das hat Henning damals mitgenommen.«

»Also manifestieren wir doch erst Henning herbei!«, rief meine Tochter, als sei Henning auch ein spukender Geist in einem alten Gemäuer. Wie blöd musste das sein, als Gespenst ständig von irgendwem irgendwohin zitiert zu werden.

»Jetzt lasst doch mal den armen Henning in Ruhe«, sagte ich, »wir fragen Oma einfach so … Hanne, wenn du …«

Das Fenster klapperte im Wind und wir zuckten alle drei zusammen. Die Kinder kreischten.

Ich schaute zum Fenster, stand auf und schloss es, ganz die rationale Erwachsene, die ich sein sollte, auch wenn mein Herz klopfte.

»Ich geh doch nicht allein in den Keller!«, rufe ich, als Oma meint, ich soll ein paar Gurken holen, also gehen wir zu dritt, Hand in Hand, Vicky, Henning und ich, schleichen bis in den letzten Raum, wo die Gurken lagern und wo es feucht nach Äpfeln riecht, die in einem Regal liegen. Wir schnappen uns jeder ein Glas, und als Oma

und Martha vorne neben der Treppe aus der Waschküche springen und »Wuah!« schreien, gehen drei Gurkengläser zu Bruch.
»Das war es wert«, sagt Oma und lacht ihr dreckiges Lachen.

»Fangen wir mit was Einfacherem an«, schlug ich vor, als das Fenster fest, oder jedenfalls so fest es ging, verschlossen war.

Wir beschränkten uns für den Anfang darauf, das Wetter ein bisschen weniger windig und weiterhin beständig zu zaubern, was wir aber alle ziemlich öde fanden. Mittlerweile war es draußen dunkel, der Wind rüttelte an den einglasigen Dachbodenfenstern und es zog ungemütlich. Irgendwo im Haus knallte eine Tür, und Bootsmann, der neben uns geschlafen hatte, hob erschrocken den Kopf. Aus der Truhe fischte ich ein paar alte Tücher und hängte sie mir und den Mädels zusätzlich zu den frischen Decken von unten um, dann beugte ich mich vor und flüsterte im Schein der Kerzen: »Wir können uns natürlich auch an ein paar Leuten … rächen.«

Der Gedanke war mir eben erst gekommen, Frau Siebert, dachte ich, Nilam und der Spitzname, verdrehte Vergangenheit.

»Martha meint, das soll man nicht«, sagte Linnea mit ihrer altklugen Stimme, und ich zuckte die Schultern.

»Das kommt sonst zu uns zurück«, sagte Samira mit aufgerissenen Augen.

»Wir müssen ja nichts Schlimmes machen. Außerdem muss man sich gegen Mobber wehren, lernt ihr das nicht in eurem Wendo-Kurs?«

Die Mädchen sahen sich an, dann blickte Linnea zu mir, als wäre ich komplett durchgedreht. Womöglich war ich das auch. Die Aufregung kribbelte noch immer durch meine Blutbahnen, ließ mich brodeln und sprudeln.

»Wir haben keine Mobber«, behauptete meine Tochter und warf

Samira wieder einen sehr langen Blick zu. »Aber wir können ja mit deiner Nemesis anfangen.«

»Was kennst du für Wörter, Kind?« Ich rückte die Schale mit dem Wasser ein wenig zurecht. »Als hätte ich so was.«

»Was hast du eigentlich beim Kurs mit Frau Siebert gemacht?«, fragte Linnea. Dieses Kind. Am Ende war ja doch was dran an dem ganzen Hexenkram und sie war wirklich hellsichtig.

»Nix«, behauptete ich.

»Aber du bist mit ihr weggegangen.«

»Ja, wir waren Kaffee trinken. Wir waren früher in einer Klasse.«

»Aber du magst sie nicht.« Das war eine Feststellung.

»Wie kommst du drauf?«

Linnea zuckte die Achseln. »Nemesis-Eindruck«, sagte sie.

Ich lachte. Dann flog das Fenster mit einem Knall auf, ein Windstoß fegte herein und unsere gelb leuchtende Kerze wurde ausgeblasen.

»Uh«, machte meine Tochter. »Spooky.«

»Ich glaube, wir schauen lieber einen Film«, sagte ich.

Wir sahen »Practical Magic« und bewunderten die schönen langen Haare und weiten Röcke der hübschen Hauptdarstellerinnen und das sehr viktorianische, sehr große Haus. Obwohl (oder weil) es langsam spät wurde, mixte ich den beiden Mädchen wie die Tanten im Film einen Midnight-Margarita, der aus Sprudelwasser und Limettensaft bestand, den wir aber mit bunten Strohhalmen, die wir in einer Schublade fanden, tranken. Wir tanzten durch die mit Kerzen beleuchtete Küche, verwirrten den Hund mit zu lauter Musik aus meinem scheppernden Handy und kippten schließlich eine der Kerzen um. Ein Platzdeckchen fing Feuer, alle drei kreischten wir, ich schlug mit einem Kissen nach den Flammen, verbrannte mich am heißen Wachs, und schickte die Mädchen schließlich ins Bett.

Ich hörte sie oben hinter der Tür tuscheln, während ich im Bad saß und meine vom Wachs verbrannten Finger verarztete. Gelbe Notfall-Salbe, auf die meine Oma und Martha seit jeher schworen und die seit 1998 abgelaufen war, schmierte ich kühlend auf die Finger. Dann stieg ich zum Dachboden hinauf, und klemmte das klappernde Fenster mit einem Stück Holz zu. Ich warf einen Blick auf den Drudenfuß am Boden, die Kerzen, die Umhänge, die wir hatten fallen lassen, die Erde, das Wasser. Die Feder, als Symbol für das Element Luft, war davongeweht.

»Nemesis«, murmelte ich, schloss die Tür hinter mir und ging ins Bett, wo ich lange wach lag und versuchte, an nichts zu denken, an rein gar nichts – bis ich mich endlich gegen drei Uhr nachts aufrappelte und wieder laufen ging, den Gedanken davonrannte, und mein Atem so laut keuchte, dass ich an nichts mehr denken konnte, außer daran, wie schwer sich meine Muskeln anfühlten.

KAPITEL 15

AM NÄCHSTEN MORGEN wachte ich kaputt und wie gerädert auf. Die Mädchen waren putzmunter, bereits angezogen und hatten auch schon gefrühstückt. Linnea drückte mir etwas in die Hand, das aussah wie ein Schälchen voller Potpourri aus Herbstlaub.

»Das haben wir eben gesammelt«, sagte sie. »Im Morgengrauen. Zünd das mal an.«

»Wieso?«, fragte ich, aber sie feixten beide nur und Linni sagte: »Keine Zeit, Schule, Schule, Schule!« Und weg waren sie, mein plötzlich so selbständiges Kind und seine neue beste Freundin. Sie gingen zum Bus, es war noch nicht mal halb acht.

Ich seufzte und zündete das Laub an, das vor sich hin kokelte, stellte es auf die Fensterbank und fand dann mein altes Buch der Schatten aufgeschlagen in Linneas Zimmer. »Liebeszauber«, las ich, in meiner eigenen, kindlichen Handschrift, »sehr mächtig, im Morgengrauen Blumen sammeln, Blätter und Zweige, die mit dem Angebeteten zu tun haben ...«

Ich lächelte, klappte das Buch zu und riss in der Küche das Fenster auf, um den verbrannten Geruch aus dem Haus zu vertreiben. Sie wollte bleiben. Ihr schien es hier wirklich zu gefallen.

Als hätte der Zauber gewirkt, rief gegen Mittag Henning an, der mich für Freitag zu sich zum Essen einlud, das Birnenrisotto stehe noch aus, und ob ich irgendwelche Allergien oder Intoleranzen hätte.

»Das weißt du doch«, sagte ich, und er sagte: »Man kann die entwickeln«, und mir fiel auf, wie lange wir uns nicht gesehen hatten. So, so lange.

***

Mein Termin beim Arbeitsamt stand an, die hatten eine Teilzeitstelle bei einer Anwaltskanzlei für mich aufgetrieben. Ich quetschte mich in Blazer und Strumpfhosen und kam mir sehr verkleidet vor. Nur vorübergehend, sagte ich im Auto vor mich hin, aber ich dachte daran, wie glücklich Linnea in letzter Zeit war, mit ihrer neuen Freundin und der neuen Schule, wie viel besser wir alle schliefen, der Hund, Linni und manchmal sogar ich.

Lars schickte Linnea eine Einladung zur Taufe seines Sohnes (Taufe, um Gottes willen) und schrieb dann gehässig hinterher: »Aber ich schätze, sie kann nicht kommen, ist zu weit für einen Nachmittag, oder?« Ich steckte das Handy weg. Wenn er wüsste, dass ich gerade auf dem Weg war, mir hier einen festen Job zu verschaffen, wäre er nicht besonders glücklich. Aber was wollte Lars schon? Er war Linneas Vater, nicht mehr und nicht weniger. Er sollte keinen Einfluss haben auf mich und mein Leben und meine Entscheidungen.

»Frau Zeitler!«, begrüßte mich die Dame im Amt und ich schüttelte ihre kleine, kalte Hand. »Haben Sie schon mal über einen Quereinstieg nachgedacht?«

»Was?«

Ich setzte mich etwas verwirrt. Meine Strumpfhose zwickte im Schritt, die Teile passten nie, wenn man sie in seiner normalen Größe kaufte, aber es fühlte sich nicht gut an, etwas zwei Nummern größer kaufen zu müssen, weshalb alle meine Strumpfhosen zu klein waren, rutschten und kniffen.

»Quereinstieg! Sie sind doch Illustratorin. Die braucht niemand. Was gebraucht wird, sind Kunstlehrer.«

»Kunstlehrer?«

Die Frau trug einen strengen, kleinen Dutt und hatte strenge, kleine Augen. Eigentlich wirkte alles an ihr klein und streng, wie eine Frau-Rektorin-Maus aus einem Kinderbuch.

»Genau, Kunstlehrer!«

»Aha. Nein.« Ich schüttelte den Kopf. »Ich bin keine Lehrerin. Das ist nicht meins.«

Sie wiegte den Kopf hin und her. »Und das sagen Sie so klar und schnell, ohne darüber nachgedacht zu haben? Es ist wirklich schwierig, etwas für jemanden mit Ihrer Ausbildung zu finden.«

»Ja, schon klar«, sagte ich durch zusammengebissene Zähne. »Das ist mir bewusst. Ich war jahrelang Sekretärin, ich habe gute Referenzen, ich …«

»Ja, aber der Job als Kunstlehrer wäre doch viel mehr Ihr Metier!« Ihre kleinen Mäuseäuglein leuchteten. »Sie könnten tun, was Sie so tun, malen oder basteln oder was auch immer.«

»Ja, aber ich seh mich einfach nicht als …«

»Die Schule ist auch gleich hier im Ort, Sie müssten nicht mal fahren. Die Anwaltskanzlei wäre zwanzig Kilometer weit weg.«

»Das ist hier am Gymnasium?«

»Ja, das ist gleich da hinten, wenn Sie beim Netto links abbiegen …«

»Ich weiß, wo das liegt«, und ich wusste auch, dass mich keine zehn Pferde in diese Schule zurückbringen würden. Andererseits, fiel mir ein, strapazierte ich diese Pferdemetapher langsam über und hatte sie jetzt auch schon ein paar Mal missachtet. Dumme Pferde, starke Pferde.

»Ich glaube, ich probiere es mal mit der Kanzlei«, sagte ich mit einem Lächeln, das ich für freundlich hielt. »Das ist ja auch befristet, oder, und ich weiß ja noch gar nicht, wie lange wir hier sein werden …«

Die Frau zuckte die Schultern. »Wenn Sie meinen.«

Nach meinem Termin fuhr ich zu IKEA und kaufte ein paar Einrichtungsgegenstände, die völlig sinnlos, aber schön waren, neue Bilderrahmen, Kissenbezüge, eine riesige Packung Teelichter, winzige kleine Töpfchen mit Sukkulenten, buntes Geschirr. Nur vorübergehend war okay, aber deshalb konnten wir es uns ja trotzdem hübsch machen, also verteilte ich alles im Haus.

Am Nachmittag half ich Linnea, einige meiner alten Hexensachen in ihrem Zimmer aufzuhängen: Die Hühnergötter gegen böse Geister, das Plakat mit den verschiedenen Heilpflanzen, eine Girlande aus Metallplättchen, die die Mondphasen darstellten, alte Vogelfedern und bunte Tücher gegen weiße Wände. Wir bemalten den Fensterrahmen in ihrem Zimmer mit grünen Ranken, und es sah aus, als würde eine alte Kräuterhexe dort wohnen.

Die Wand über ihrem Schreibtisch hatte sie mit Oma Hannes Briefen dekoriert – oder behängt, es wirkte wie ein Whiteboard in einem Kriminalfilm, neben Postkarten, Fotos und Briefen klebten Post-its mit in Rosa gekritzelten Notizen wie »1967« oder »P kommt nach B?«. Es fehlten nur noch rote Schnüre, die zwischen den einzelnen Hinweisen gespannt wurden.

»Was genau ist denn das Geheimnis?«, fragte ich, während ich die Wand studierte. Oma und Martha neben einem Gipfelkreuz, Oma und Opa Hermann beugen sich über ein winziges Baby, meine Mutter, in einem weißen Kinderwagen, Oma und Martha in Bikinis beim Eisessen an einem Weiher. »Fotograf* in?«, stand sehr korrekt auf einem gelben Post-it daneben.

»Das finde ich noch heraus«, sagte Linnea. »Ich hab schon eine Ahnung.«

»Aha. Verrätst du sie mir?«

»Nein, man darf immer erst am Ende alles aufdecken, falls man sich vertan hat.«

»Ach so. Klar.«

Danach sahen wir eine True-Crime-Dokumentation, nach der ich dreimal kontrollierte, ob die Haustür abgesperrt war. Linnea, die einen Hang zum Sich-Gruseln hatte, war begeistert, schlief aber in dieser Nacht, zusammengerollt wie ein kleiner Igel, neben mir im Bett.

* * *

Als hätte unser Wetterzauber das Gegenteil bewirkt, fing es am nächsten Tag an zu schütten wie aus Eimern.

Es wurde so richtig grau in grau. Von Marthas Rosenranken tropfte es, der Laubhaufen in Hannes Garten matschte zu einem traurigen Häuflein zusammen, und ich suchte eine halbe Stunde lang nach Omas Regenschirmen, bis ich im Keller zwei halbwegs brauchbare fand. Einen Knirps schmiss ich ins Auto, und den schweren schwarzen meines Opas spannte ich auf und huschte am späten Vormittag schnell zu Martha hinüber.

Ich half ihr dabei, die Scheune auszuräumen, damit ich mich, wenn alle anderen Leute arbeiten gingen, nicht ganz so nutzlos fühlte. Wir verscheuchten die Hühner, trieben sie hinter die Scheune zu ihren Ställen, trugen Gerümpel weg, rollten alte Fahrräder und Autoanhänger aus dem Weg. Martha hatte früher immer einfach vorne das Tor geöffnet und den Leuten auf der Straße ihren Honig verkauft; jetzt wollte sie einen echten Laden daraus machen, einen mit Regalen zum Stöbern.

»Das soll richtig schön werden«, sagte Martha. »Ich brauche mehr Platz für das Geschäft. Hanne wollte das schon zu ihren Lebzeiten angehen.« Sie sagte das, als wollte Hanne das jetzt noch immer angehen, zu ihren Unlebzeiten. Wir stellten Regale auf, trugen Tische als Ablageflächen herein, die Martha noch irgendwo zusammengeklappt stehen hatte, fegten den schmutzigen Boden.

Als Linnea um halb zwei aus der Schule kam, mit regennassen Haaren und schlechter Laune, sagte Martha: »Mensch, hab ich einen Hunger. Wie spät ist es?!«

Sie verschwand im Haus und kam kurz darauf mit einer Schüssel Backofen-Pommes, einer Flasche Ketchup und Mayo aus dem Haus und knallte alles auf den Tisch, den wir als Kassentresen ausgewiesen hatten.

»Es gibt Pommes Schranke!«, rief sie und warf Linnea ein Handtuch und eine Wollmütze zu, die sie unter den Arm geklemmt hatte. »Ich hab keine Lust zu kochen und es musste schnell gehen.«

»Martha Paplinski rechtfertigt sich?«, sagte ich feixend.

»Niemals.« Martha tauchte eine Pommes in einen rosa Ketchup-Mayo-Matsch. »Niemals.«

Danach war das Kind etwas besser gelaunt und wir machten weiter, ich holte mir Handschuhe aus Marthas Garderobe, dicke, selbstgestrickte Wollhandschuhe, die kratzten, aber gut warm hielten. Die Sonne kam heute kein bisschen hinter der dicken Wolkendecke hervor und der Regen hörte einfach nicht auf, prasselte unaufhörlich gegen das Scheunentor. Linnea hockte sich eingepackt in ihre dicke Winterjacke und Marthas Wollmütze an einen der Tische und baute ein Terrarium für Schnecki aus einem alten Aquarium, das Martha beim Aufräumen gefunden hatte. Sie saß mit angewinkelten Beinen sehr konzentriert da, ließ sich nicht stören, während wir um sie herum putzten und fegten und schrubbten und räumten.

»Ich glaube, sie ist schon gewachsen«, sagte sie nach einiger Zeit.

»Wer?« Ich stapelte unsere ketchupverschmierten Teller zusammen.

»Schnecki.«

»Echt?«

»Ja. Das Glas wird ihr zu klein.« Sie hatte ihr Handy neben sich liegen und wischte darauf herum; vermutlich las sie etwas über das

Erstellen von Terrarien für winzige Weinbergschnecken, Ausstattung, Belüftung, Sicherung.

»Da brauchst du aber einen Deckel.« Ich zeigte auf das Terrarium. »Sonst ist deine Schnecki ganz schnell auf und davon.«

»Im Sommer lass ich sie eh frei.«

»Mach das. Aber pass auf, dass es dir nicht so geht wie beim Kleinen Prinzen.«

Sie verdrehte die Augen. »Nächste Woche nehme ich sie mit in die Schule«, sagte sie. »Frau Siebert macht einen ›Bring-dein-Haustier-mit‹-Tag.«

»Oh.« Frau Siebert. »Willst du nicht Bootsmann mitnehmen?«

Linnea schüttelte den Kopf. »Der gehört doch Uri, nicht mir.«

»Sag mal, Frau Siebert«, fragte Martha, die mit einem Besen, um den sie einen Lappen gewickelt hatte, Spinnweben über unseren Köpfen wegmachte, »ist das nicht die kleine Vicky?«

»Ja, genau«, sagte ich. »Vicky Pozzi.«

»Ach, Mensch, und wie geht's ihr? Die war ja früher auch so oft hier. Mit ihrer Zahnspange und den verletzten Vögeln, die sie immer überall aufgelesen hat.« Martha lachte leise vor sich hin.

»Keine Ahnung«, sagte ich. »Ist lange her.«

»Und die hat jetzt einen der Siebert-Jungs geheiratet? Den Arzt oder den Anwalt?«

»Den Arzt«, sagte ich. »Markus.«

»Oh«, machte Martha und runzelte kurz die Stirn, als wüsste sie etwas, was ich nicht wusste. »Na, wo die Liebe hinfällt.«

Ich fragte nicht weiter, wollte nicht über Vicky und Markus sprechen und war froh, als Britta mit Nele im Schlepptau in die Scheune kam und »Heeeey!« rief. Neles Auge sah besser aus, war abgeschwollen und hatte eine leicht gelbe Farbe angenommen.

»Ihr seid ja schon voll dabei«, sagte Britta und Nele sagte: »Wow, das wird ja toll.«

»Ihr könnt gleich ein paar Sachen aus dem Keller holen«, sagte Martha. »Und die Regale einräumen. Da hinten sollen die Honige hin, und weiter vorne das Eingemachte …«

»Du hast immer deine kleinen Helferlein«, sagte ich, während Britta und Nele salutierten und im Haus verschwanden. »Das ist ganz schön praktisch.«

Martha zuckte die Achseln. »Wir helfen alle zusammen.«

»Ihr gegen das Patriarchat?«

»Gegen das und gegen den Kapitalismus. Rassismus. Ableismus … Gibt so viel Scheiße auf der Welt. Wir sind da nicht so streng.«

Sie wackelte spöttisch mit den Augenbrauen.

»Henners wollte später noch kommen«, sagte Britta, die mit einem Korb Einmachgläser wieder in die Scheune kam.

»Also dürfen auch Männer mitmachen?«, fragte ich.

Martha lachte auf. »Nur solange sie mit anpacken.«

»Nur Henning, der ist ein Guter«, sagte Britta gleichzeitig und fing an, die Gläser in eines der bereits sauberen Regale zu packen. »Er hat mir damals geholfen, als die Scheiße mit meinem Freund gelaufen ist.« Sie drückte Martha im Vorbeigehen den Arm. »Hat mich erst auf Martha aufmerksam gemacht.«

»Oh«, sagte ich. »Woher kennt ihr euch?«

»Ich hab mal Zeitungen ausgetragen und war da viel in der Redaktion. Die Stadt ist ja so winzig. Und dann haben wir uns noch mal in einem Spinning-Kurs getroffen.«

»In einem Spinning-Kurs?« Ich versuchte, mir Henning oder Britta in engen Leggins auf Hometrainern vorzustellen, wie sie zu fetziger Musik von einer muskelbepackten Schönheit dazu angetrieben wurden, in die Pedale zu treten. Es klappte nicht so ganz.

»Ja, war nicht so meins«, sagte Britta auch prompt. »Was ist eigentlich mit dir und Henning?«

»Hm, wieso? Nix.« Ich rubbelte an einem besonders hartnäckigen Fleck auf einem alten Tisch herum. Man hätte ihn abschleifen müssen und neu lasieren oder zumindest ölen.

»Er redet so viel von dir.«

»Hat er früher schon«, mischte sich Martha ein, die grinste.

»Wir waren mal ziemlich gute Freunde. Als Kinder«, sagte ich. »Aber das ist lange her.«

Zwischendurch hatte er mich hängen lassen, und wir waren erwachsen geworden. Ja, er sah jetzt gut aus und er war noch immer der nette Junge von damals, irgendwie, aber die Schmetterlinge, die immer anfingen zu flattern, wenn ich ihn sah, mussten irgendetwas Altes, Verschüttetes sein, etwas, das gar nicht in mein aktuelles Leben passte.

Es war zu viel passiert. Aber das musste ich hier nicht vor allen ausbreiten.

»Jaja, Kinderfreundschaften«, sagte Martha zerstreut und putzte weiter an den Spinnweben an der Decke herum.

»Apropos«, sagte Britta. »Linnea, ich hab dir drinnen ›Es‹ hingelegt, Martha meinte, du wolltest das lesen.«

»›Es‹?!« Ich drehte mich zu beiden um. »Du gibst ihr nicht ›Es‹ zu lesen, Britta. Oder Martha. Oder sonstwer.«

»Ach, bitte, Mama.« Linnea warf Martha einen Blick zu, der etwas Verschworenes hatte.

»Britta, das war doch unser kleines Geheimnis«, sagte Martha gespielt streng.

Ich schüttelte den Kopf. »Ihr seid unmöglich! Da lebt ein kindermordender Clown in der Kanalisation!«

Ich gruselte mich ja heute noch vor Monstern unter meinem Bett, wenn ich aus Versehen einen unheimlichen Film geguckt hatte oder so.

»Ja, aber der ist ja nur ein Symbol«, mischte sich Martha ein. »Da geht es darum, dass man nie richtig erwachsen werden kann, wenn noch irgendwo Altlasten rumliegen.« Sie hob eine Augenbraue in meine Richtung.

»Was für Altlasten?«, murrte ich und kratzte jetzt mit dem Fingernagel an dem Fleck am Tisch herum.

»Uh, die Welt ist doch schon schrecklich genug, da braucht man doch nicht noch kinderfressende Clowns«, sagte Nele, die an ihrem gelben Auge herumdrückte. »Lies lieber was Nettes, ich kann dir was von …«

»Ich hatte jahrelang so einen Clown daheim«, sagte Britta. »Und ich hab es nicht gemerkt. Es ist gut, früh anzufangen.«

»Mit was? Mit Horrorliteratur?« Ich ließ den Fleck bleiben, es hatte keinen Zweck.

»Mit Aufklärung und Abhärtung.«

Ich verdrehte die Augen. »Trotzdem. Du liest das nicht«, sagte ich zu Linnea. »Soweit ich weiß, gibt es darin auch ethisch nicht korrekte Szenen und eine Gruppenvergewaltigung.«

Ich hatte das Buch nie gelesen, aber Vicky hatte mir damals davon erzählt, als sie kaum älter als Linnea gewesen war, mit angewiderter Faszination. Mir hatte das schon gereicht. Pennywise, pah.

»Scheiße, wirklich? Das hab ich verdrängt.« Britta verzog das Gesicht.

»Und Abhärtung? Das schürt doch nur Ängste.« Ich kippte einen Tropfen Öl auf den Tisch, rieb es ein und der Fleck dunkelte sich ein wenig ab und verschwand fast. Immerhin.

»Ich dachte nur, man muss sich dem Clown stellen, wisst ihr? Sonst wird das nichts. Die Metapher fand ich ganz gut«, sagte Britta.

»Aussprechen reicht manchmal auch.« Martha wandte sich wieder ihren Spinnweben zu. »Before you can kill the monster, you have to say its name. Das ist von Terry Pratchett. Vielleicht fängst du mal mit so was an, Linnea.«

»Ja, bitte«, sagte ich. Linnea verzog das Gesicht. Enttäuschte Schnute, damit bekam sie oft, was sie wollte. Nicht dieses Mal.

»Nein!«, sagte ich streng.

»Aber hat nicht jeder ein altes Monster im Keller?«, fragte Britta. »Also du noch nicht, Linnea, aber wir … Leichen im Keller, ihr wisst schon …«

Ich verdrehte die Augen. »Herzlichen Dank auch!«

»Was denn?«, fragte Britta.

»Leichen im Keller …« Linnea sah Martha mit einem durchdringenden Blick so lange an, dass die die Stirn runzelte. Ich stupste sie an.

»Kind!«, stöhnte ich. »Wenn du allen Ernstes meinst, wir haben alle Leichen im Keller, dann spiel Ermittlerin, wenn du magst, aber lies keine abstrusen Bücher, die dir Angst machen.«

Linni schob die Unterlippe vor und schwieg. Ich war stolz auf sie, dass sie versuchte, ihren Willen durchzusetzen, und das vor allen anderen, mit lauter, starker Stimme. Trotzdem. Man musste auch mal konsequent bleiben. Meine Oma saß auf dem Tisch bei der Kasse, die Beine überschlagen, ihre pelzige Mütze auf dem Kopf und schmunzelte. Genauso hätte sie reagiert – geschmunzelt und mit dem Fuß gewippt, und sie hätte gesagt: ›Da ist was dran, Maria, das musst du zugeben.‹

Also sagte ich: »Ich hab ein dunkles Geheimnis für dich: Oma Hanne hat immer ganz laut gefurzt, wenn sie Roggenbrot gegessen hat. Und sie hat immer gesagt: ›Kinder, wehe, ihr erzählt das jemandem. Das mach ich nur vor euch, ihr seid engste Familie.‹«

Alle lachten.

»Wer, euch?«, fragte Britta.

»Henners und ich. Wir waren ja ständig bei ihr.«

»Oh ja, das war ihr finsterstes Geheimnis«, sagte Martha mit einem verträumten Blick an die von Spinnweben befreite Scheunendecke. Ich sah, dass Linnea wieder die Augenbrauen zusammenzog.

»Ich wusste das auch«, fügte Martha hinzu.

»Ach ja?«, fragte Linnea.

»Ja, ich hab ihr immer gesagt, Hanne, geh mal zum Gastroenterologen, du bist da auf was allergisch. Aber sie meinte, ›dann sagt der mir nur, dass ich kein Brot mehr essen darf, und ich liebe gutes Brot. Leidet ja nur ihr drunter, mir ist das egal.‹«

Ich dachte, dass Oma jetzt gelacht hätte, lautstark und tief aus dem Bauch heraus. Wahrscheinlich hätte sie sogar in eine dicke Scheibe Roggenbrot gebissen, um es zu demonstrieren, denn so war sie gewesen: Schamlos und großartig.

»Wir furzen doch alle«, sagte Britta.

»Ich glaube nicht, dass Influencer furzen«, sagte Nele und gähnte. »Zum Beispiel.«

»Doch, auch die.« Brittas Stimme wurde lauter. »Immer diese Tabuthemen, nichts darf man als Frau, keine Achselhaare, keine Fürze, kein Körpergeruch, keine hässlichen Geräusche beim Sex, blaue Flüssigkeit bei Bindenwerbung, dein ganzer Körper wird ausgeblendet …«

»Jetzt fängt sie wieder an«, sagte Nele und sah Britta mit einem fast liebevollen Blick an. Linnea wurde rot.

»Bin ja schon still«, maulte Britta, bückte sich nach ein paar weiteren Gläsern Erdbeermarmelade und wandte sich dann mir zu. »Sag mal, stimmt es, dass du bei uns anfängst?«

»Was?« Diese Stadt war ein Kuhkaff, nicht mehr.

»Ja, die Rosi meinte, es wäre da so eine Stelle frei und …«

»Ich war gestern erst beim Arbeitsamt. Gestern! Wie kannst du das wissen?«

»Ich weiß alles«, sagte Britta lächelnd. »Und wie geil wäre das denn? Dann wären wir Kolleginnen!«

»Du wirst Sekretärin in meiner Schule?«, fragte Linnea und klang mehr als erschrocken.

»Nein«, sagte ich.

»Nein, Kunstlehrerin!«, rief Britta gleichzeitig.

»Oh, das ist ja toll«, sagte Martha, während Nele sagte: »Wow!« und ich: »Ich weiß noch nicht.«

Meine Tochter sah aus, als müsste sie diese Info erst mal verdauen, und ich erklärte ihr: »Das war nur mal so ein Angebot. Ich mach das wahrscheinlich nicht.«

»Du bist doch gar keine Lehrerin«, sagte Linnea. »Frau Siebert sagt, die ganzen Quereinsteiger haben keine pädagogische Ausbildung und man sollte sie nicht auf Schüler loslassen.«

»Da hast du's«, sagte ich zu Britta. »Frau Siebert weiß Bescheid.«

»Pah«, machte Britta und winkte ab. »Ich hatte Lehrer, die hatten sehr wohl eine pädagogische Ausbildung und waren trotzdem Arschlöcher. Ich wette, du könntest das super!«

»Frau Siebert ist Mamas Nemesis«, sagte Linnea und ich warf ihr einen Blick zu. »Warum auch immer.«

Alle sahen mich an und warteten auf eine Erklärung.

»Ich glaub, ich geh jetzt mal heim«, sagte ich. »Ihr kommt doch hier ganz gut klar. Und du kommst auch bald nach und machst deine Hausaufgaben, Fräulein.«

Ich drehte mich um und ging einfach, bevor noch irgendjemand etwas sagen konnte, obwohl ich Britta hinter mir protestieren hörte und obwohl jetzt alle über mich und Frau Siebert tratschen würden, aber das war mir egal.

Zu Hause im Briefkasten war eine Einladung zum Kinderbasar am Gymnasium, den eben jene Frau Siebert gemeinsam mit ihrem Mann organisierte und den ich geflissentlich ignorieren würde, trotz der guten Sache. Der Erlös sollte an ein Hilfsprojekt in Nigeria gehen, zu dem Doktor Siebert noch aus seiner Studienzeit Kontakte hatte, wie ausufernd ausgeführt wurde. *Wir freuen uns auf euer zahlreiches Kommen.* Ich warf den Zettel in den Müll, öffnete meinen digitalen Posteingang und fand eine E-Mail, die mich aufforderte, den Termin zum Vorstellungsgespräch bei der Kanzlei zu bestätigen, was ich prompt tat.

Weil meine mobilen Daten an ihr Limit kamen, kramte ich auf dem Dachboden eine Kiste mit alten CDs und einen CD-Player hervor. Tori Amos, deren Lieder ich noch immer auswendig mitsingen konnte, und Kate Bush, und Fiona Apple und Jeff Buckley. Ich stand auf und tanzte und versank in der Musik. Ich hatte das Gefühl, dass irgendein Teil von mir, den ich lange vergessen hatte, wieder aufgetaucht war, einfach wieder da war, und er war nicht so schlimm, wie ich gedacht hatte. Im Gegenteil, es war schön, der träumerische Teenager zu sein, der ich gewesen war. Tagträume und Musik und tanzen und Poster an den Wänden und Fotos von mir und meinen Freundinnen mit gebleckten Zungen und riesigen Hoodies. Wenn ich auf die Toilette ginge, würde mich im Bad mein altes Ich aus dem Spiegel heraus anschauen: Ein Geist aus längst vergangenen Zeiten, mit langen, blonden Haaren, hervorstehenden Hüftknochen, Chucks und Schlaghosen. Würde mich anlächeln und winken, lange ignoriert und vernachlässigt, verdrängt und versteckt. Nilam und Vicky mit ihren Latte Macchiatos und ihren pastellfarbenen Pullis und ihren perfekten Leben fielen mir ein, und Markus in seiner Neubausiedlung mit seinen Töchtern auf dem Trampolin. Irgendwo unter diesen Menschenfassaden waren sie noch, diese anderen Personen, die mit den Zahnspangen und dem Kopf voller Liedtexte und MTV-Musikvideos.

In einer CD, die selbstgebrannt war, erkannte ich Hennings Kinderschrift im Booklet, sorgfältig kuratierte Lied-Listen extra für mich, und daneben, zum Aufklappen, ein Foto von uns beiden, er sitzt auf der Nussbaum-Schaukel, ich stehe auf der Schaukel hinter ihm, meine Haare fliegen, seine Haare fliegen, ich sehe aus, als würde ich gleich nach hinten runterfallen, und wir lachen beide breit. Henning mit seinen Pausbacken und einer schwarzen Cordschlaghose, in der er aussah wie ein Schreiner auf der Walz, obwohl wir doch eigentlich nach Hexenmeister hatten aussehen wollen. Wer hatte das Bild gemacht? Ich konnte mich nicht erinnern. Oma Hanne? Meine Mutter, die nie verstanden hatte, wie wichtig mir diese Freundschaften waren, vor allem in einem zerbröselnden Elternhaus? Oder doch Vicky, eigentlich konnte es nur Vicky gemacht haben, damals, als wir noch ein Trio waren.

Ich betrachtete das Bild lange und dann drückte ich das erste Lied der CD an und Tom Petty sang davon, dass es Zeit ist, weiterzugehen, Zeit ist, aufzubrechen, und aus einer Laune heraus riss ich das Fenster auf und sang lautstark mit.

Er hatte recht, dieser Tom Petty, oder der fünfzehnjährige Henning von damals, der mir diese CD geschenkt hatte, es war Zeit.

KAPITEL 16

FREITAG NACH DER SCHULE gingen wir einkaufen, das große Kind und ich, weil auch die Winterklamotten, die sie bei Lars eingelagert hatte, und die in einem Paket aus München kamen, natürlich zu klein waren, was ja eigentlich schon klar gewesen war. In der Innenstadt durchforsteten wir Second-Hand-Läden, fanden ein paar warme Pullis, die alle nur mir gefielen, bevor wir bei H&M einen Linnea-Großeinkauf machten. Auf dem Heimweg sangen wir im Auto Lieder, *gold teeth and a curse for this town were all in my mouth, only I don't know how they got out, dear,* und ich war aufgeregt, als ich am Abend im Bad stand und mich dabei ertappte, wie ich sorgfältiger als gewöhnlich Mascara auflegte, meine Haare bereits zum vierten Mal kämmte und mir den hübschesten der Second-Hand-Pullis zurechtgelegt hatte.

Linni saß auf dem Badewannenrand und beobachtete mich und grinste nur breit, als ich fragte: »Was?!«

Sie würde bei Martha bleiben, mit ihr zu Abend essen und helfen, Honigmet zu brauen. Die beiden standen am Fenster und winkten mir nach, als ich über den Hof davonging, und sahen so vergnügt aus, dass ich lachen musste.

Ich fuhr mit dem Rad in die Innenstadt, und kam trotz Regenjacke mit klatschnassem, an meiner Stirn klebendem Pony und klammen Knien bei ihm an.

»Hallo«, sagte Henning, als er die Tür öffnete. Er hatte eine

Schürze umgebunden und rote Wangen; in der Wohnung roch es nach angebratenen Zwiebeln und die Luftfeuchtigkeit war hoch. »Komm rein.«

Ich hielt eine Flasche Rotwein in die Höhe, die ich mitgebracht und die die Fahrt im Fahrradkorb glücklicherweise überlebt hatte, und Henning sagte: »Kannst du gleich entkorken. Essen dauert noch ein bisschen. Brauchst du ein Handtuch?«

Ich nickte schlotternd. »Mir ist schweinekalt.«

Aber in Hennings vier Wänden war es warm, und ich sah mich um, während ich meine Haare trockenrubbelte. Es war eine kleine, etwas geduckt wirkende Wohnung mit niedrigen Decken und dicken Dachbalken, ein typisch schmales Fachwerkhäuschen in der Altstadt. Wenn man im Wohnzimmer aus dem Fenster sah, plätscherte unten der Fluss vorbei, und die alten Holzdielen knarrten.

Socke begrüßte mich schwanzwedelnd, ich schenkte mir Rotwein ein und ging von Zimmer zu Zimmer, als wären Henning und ich immer noch beste Freunde, als wäre das mein gutes Recht als beste Freundin, selbst nach über zwanzig Jahren.

Das Wohnzimmer war gemütlich, ich erkannte ein altes Sofa seiner Eltern wieder, das diese vermutlich ausrangiert hatten, und die gleichen IKEA-Kissen, die ich kürzlich noch für Omas Haus gekauft hatte. An den Wänden hingen Poster von Ausstellungen und Zeitungsartikeln oder Magazincover, und ein ziemlich windschiefes Bücherregal war voll mit bunten Bänden Fantasyromanen, glänzende Reihen mit fiktiven Wappen und Kronen und Schwertern darauf. Es gab einen Plattenspieler, was der fünfzehnjährige Henning prätentiös gefunden hätte, aber anscheinend war er jetzt im Alter darauf gekommen, dass eine gute Stereoanlage und Vinyl tatsächlich einen besseren Klang hatte als ein scheppperndes Handy, CDs oder ein Kassettenrecorder. Ein gedeckter Esstisch mit zusammenpassendem Geschirr; sogar eine Kerze brannte in der Mitte. Eine sehr große Ecke des Wohnzimmers nahm Sockes Korb ein, um den herum verstreut Hundespielsachen, ein Quietscheknochen, eine schmuddelige Decke, ein Kauseil lagen. Im Bad war offensichtlich geputzt und aufgeräumt worden, es sah alles viel zu sauber und leer aus und roch frisch nach Zitronenreiniger. Der Flur war eng und fast gänzlich mit einer Garderobe vollgestellt, an der man sich vorbeischieben musste, um in die Wohnung zu gelangen. Ins Schlafzimmer traute ich mich dann doch nicht, erhaschte nur einen Blick durch einen Spalt in der angelehnten Tür: ein gemachtes Bett mit sehr männlicher Bettwäsche, geometrisch, grau-schwarz, weitere Bücherstapel neben dem Bett, eine Kleiderstange. Dann stand ich in der Küche, merkte, dass ich bereits mein ganzes Glas Wein hinuntergekippt hatte und vielleicht nervöser war, als ich gedacht hatte, und sah Henning beim Kochen zu.

»Sorry«, sagte er, »ich wollte viel weiter sein, wenn du kommst.«

»Kein Stress.« Ich kraulte Socke am Kopf, der neben mir in die Küche schlich.

Es war seltsam zu sehen, wie viel Mühe sich Henning gab; ich fühlte mich noch immer, als wären wir fünfzehn und würden gleich einfach einen schlechten Fantasyfilm schauen, dabei Popcorn essen und Cola trinken und uns über die dummen Protagonisten aufregen. Aber das hier war wie es aussah eine ganz seriöse, erwachsene Verabredung, mit Rotwein und Risotto und einem Mann, der sich extra ein Hemd angezogen hatte.

»Ich hab dich noch nie im Hemd gesehen«, sagte ich.

»War auch ’ne blöde Idee.« Henning deutete auf einen Fleck an seiner Brust. »Aber ich dachte, es macht was her.«

»Tut es auch mit Fleck«, sagte ich lächelnd und schenkte mir Wein nach. »Ich wusste nicht, dass wir uns schick machen.«

»Du bist doch schick«, sagte er und sah von seinem Kochtopf auf.

»Und jetzt können wir mal wieder so tun, als wäre das kein krampfiges erstes Tinder-Date«, sagte ich.

»Sorry.« Henning wurde rot. »Ich weiß auch nicht, was los ist.«

»Das ist das Setting.«

»Das Setting? Wir sind bei mir zu Hause!«

»Ja, aber … du weißt schon. ›Date‹.« Ich malte Anführungszeichen in die Luft. »Wenn man etwas so nennt, ist man gleich nervöser.«

»Wie wollen wir es denn nennen?«

»Ein Treffen von alten Freunden?«

Er runzelte die Stirn und ich hatte den Eindruck, dass er es genauso eben gerade nicht nennen wollte, und sagte schnell: »Ein Abendessen.«

»Also gut, ein Abendessen.«

»Passt eh besser als alte Freunde«, sagte ich, während ich einen Kalender an der Wand durchblätterte, voll mit Bildern seiner Brüder und Neffen und Nichten und ihren stolzen Großeltern.

»Findest du? Wieso?« Henning nahm den Topf vom Herd und scheuchte mich mit einer Geste aus dem Weg. Ich folgte ihm ins Wohnzimmer.

»Waren wir am Ende noch Freunde?«, hörte ich mich sagen.

Der Topf landete mit einem »Rums« auf der Tischplatte und Henning zog einen Stuhl zurück.

»Bitte schön«, sagte er, galant wie ein Kellner, und ich setzte mich an den gedeckten Tisch.

»Danke schön.«

Henning saß mir gegenüber, schenkte uns noch einmal Wein nach und öffnete den Topfdeckel. Dampf, der Geruch nach Parmesan und warmen Birnen.

»Wir waren immer Freunde«, sagte er. »Nicht? Und dann bist du weggezogen und … Na ja.« Er zuckte die Schultern.

Ich schaute ihn an. »Nicht so ganz, oder?«

»Klar.« Er tat mir Risotto auf. »Und dann die Zeit. Die Entfernung …«

Ich sagte nichts. Erinnerungen waren etwas Trügerisches. Ich hatte keine Ahnung, ob er sich an den Abend mit Markus erinnerte. An die Party. Daran, wie er mich danach angesehen hatte, als wäre ich nicht mehr die Maria, die er gekannt hatte.

»Ich hab was für dich«, sagte ich und zog die Mix-CD, die er vor tausend Jahren für mich gemacht hatte, aus meiner Tasche.

»Ach du Scheiße«, sagte Henning lachend. Er griff nach der Hülle und klappte das Booklet auf. »Ha! Was für ein Bild. Wir waren winzig!«

»Meinst du damit klein oder jung?«

»Beides.« Er reichte mir die CD wieder über den Tisch.

»Kannst du behalten.«

»Was gefällt dir denn daran nicht?«

»Alles gefällt mir. Die Musik, deine krakelige Schrift. Aber das Foto …«

»Was ist damit?«

»Das sind wir doch nicht mehr.«

»Na, das will ich hoffen nach, keine Ahnung, fünfundzwanzig Jahren!«

Er legte die CD mitsamt Booklet und Bild auf den Tisch zwischen uns.

»Das hat Vicky gemacht, oder?«, fragte Henning.

»Bestimmt.«

»Und das stört dich, weil …?«

»Wärst du manchmal gern jemand anderes?«, fragte ich, und es hörte sich unvermittelt an, zu schnell.

»Ich? Nee. Du?«

Henning pustete und sah dabei wieder aus wie das Kind, das ich so lange gekannt hatte. Ich probierte das Risotto, es schmeckte herrlich.

»Das ist wirklich gut.«

»Wärst du gern jemand anderes?«

»Immer. Aber dann gäbe es Linnea nicht. Vermutlich. Nicht in dieser Form.«

»Also bereust du … äh … deine Beziehung zu ihrem Vater?«

Das hatte ich damit nicht gemeint. »Nein«, sagte ich. »Ich glaube … keine Ahnung. Manchmal wäre ich eben gern … erfolgreicher, schöner, mit einer anderen Vergangenheit. Das ist nicht so besonders, oder? Kennt das nicht jeder? Dass man an manchen Kreuzungen jetzt anders abbiegen würde?«

»Ja, aber du wärst dann nicht mehr du. Und das ist doch die Frage: Würdest du dich jetzt mehr mögen, wenn du die andere Abzweigung genommen hättest? Wären dir dann nicht so viele Dinge passiert, dass du dich jetzt kaum wiedererkennen würdest, wenn du dich selbst treffen würdest?«

»Uh, Taschenphilosoph …«

»Ich mein ja nur, man muss die Gegenwart annehmen wie sie ist.«

»Ich finde das manchmal schwierig«, sagte ich. »Manche Dinge verzeiht man sich nicht.«

»Was denn zum Beispiel?« Er sah mich an, Dampf stieg über seinem Teller auf und ließ seine Stirn glänzen.

»Weiß nicht. Ich denke halt manchmal, wenn ich dieses oder jenes anders gemacht hätte, wäre ich jetzt viel weiter, nicht an diesem Punkt in meinem Leben.«

»Und dieser Punkt ist so schlimm? Du sitzt hier immerhin mit einem gutaussehenden Mann, der extra für dich gekocht hat, und isst gutes Essen.«

Ich lachte. »Wenn du es so sagst …«

»Hätte, hätte, Fahrradkette«, sagte Henning. »Die Zeit kann eh niemand zurückdrehen. Und du hast sicher immer nach bestem Wissen und Gewissen gehandelt, oder nicht?«

Ich lächelte in meinen Reis. »Hast du mal 'ne Therapie gemacht oder woher kennst du solche Sprüche?«

»Ich hab dir das damals nie erzählt, aber ich war meine ganze Jugend über in Therapie«, sagte Henning achselzuckend.

»Nein! Ernsthaft? Ich dachte, ich kenne dich in- und auswendig!«

»Tja.« Wenn er lächelte, hatte er noch immer kleine Grübchen in seinen Wangen, was früher niedlich ausgesehen hatte und jetzt irgendwie sexy war. Ich blinzelte ein wenig irritiert; das alte Bild vom Kinderhenners hatte sich über diesen neuen, großen, gutaussehenden Mann geschoben. *Facey,* hatten sie ihn damals in der Schule genannt, weil Nilam sagte, er sähe aus wie Pacey aus »Dawson's Creek«, nur in übergewichtig: *Fat Pacey.*

»Geheimnisse über Geheimnisse«, sagte ich und nahm einen Schluck Wein.

»Siehste mal«, sagte Henning. »Ich bin nicht so langweilig, wie du denkst.«

»Ich hab nie gedacht, dass du langweilig bist. Wie kommst du drauf?«

»Keine Ahnung.« Seine Ohren wurden rot, genau wie früher, wenn ihm etwas unangenehm war.

»Du hast jedenfalls die besten Geschichten geschrieben«, sagte ich. »Ich dachte immer, wie kann jemand so 'ne krude Phantasie haben?«

»Krude?«

»Ich hab's geliebt. Wir sollten mal wieder was zusammen machen, Henners, ich illustrier dir ganze Bücher.«

»Ich mach das nicht mehr. Ist doch kindisch.«

»Ich war immer Fan.«

»Da warst du die Einzige.«

»Und jetzt, deine verlassenen Orte!« Es war so einfach, über ihn zu sprechen. Ich brauchte mich gar nicht anzustrengen. Ablenken von mir und meinen Entscheidungen. »Selbst in dem alten Kram siehst du noch irgendwelche Storys.«

Hennings Ohren leuchteten jetzt knallrot und vielleicht legte ich es deshalb darauf an. Ihn ein bisschen necken, das hatte ich als Kind schon gern gemacht.

»Verarschen kann ich mich …«

»Nee, ich verarsch dich nicht. Ich finde das wirklich toll. Aber ich hör jetzt auf, bevor dir die Ohren abfallen.«

Er drückte an seinem Hörgerät herum. »Ich hasse es, wenn sie rot werden«, sagte er und klang genau wie früher.

Zum Nachtisch gab es Eis mit heißen Himbeeren und wir sprachen über Bücher, die wir beide gelesen hatten. Henning mochte genau die Fantasyromane, die ich nicht mochte: hypermaskuline Männer mit vielen Muskeln und noch mehr Barthaaren, die silberne Schwerter schwangen und Monster töteten. Frauen waren immer schön oder böse oder schön und böse, und wenn sie es nicht waren, hatten sie keine Daseinsberechtigung.

Aber wir fanden ein paar, die uns beiden gefielen, und kamen von Büchern auf Musik und auf Serien und Filme und dann sagte er plötzlich: »Wir sollten zu dem alten Schwimmbad fahren. Da fühlt man sich wie in einem echten Horrorfilm.«

»Wieso will man sich wie in einem Horrorfilm fühlen?«, fragte ich und dachte, dass Linnea liebend gerne mitgefahren wäre.

»Weil es spannend ist. Außerdem erhöht sich die Chance, dass man sich verliebt, wenn man beim ersten Date was Gruseliges macht.«

Dieses Direkte, das war neu. Der alte Henning war zwar auch immer sehr ehrlich und geradeheraus gewesen, aber nicht so, nicht in Bezug auf mich, auf uns.

Ich sah ihn an, ein bisschen zu lange.
»Na, dann«, sagte ich schließlich.

Hennings Auto roch nach Hund, und ich fragte mich, ob er nach drei Gläsern Wein wirklich noch fahren konnte, aber ich war selbst leicht beschwipst und fühlte mich unternehmungslustig. Im Radio lief die Übertragung irgendeines Festivals und wir lauschten schweigend. Regen auf dem Autodach, quietschende Scheibenwischer. Wir fuhren langsam, schlechte Sicht, verwaschene Lichter entgegenkommender Autos. Angus und Julia Stone sangen, dass wir keine Angst haben sollen vor dem, was wir noch nicht kennen, und wir fuhren lange, fuhren, bis die Lichter der Kleinstadt hinter uns lagen und all die Personen, die wir geworden waren, ebenso. Vielleicht waren wir wieder siebzehn, ein leichteres siebzehn hier draußen, außerhalb dieser Stadt, eines, das hätte sein können, eines, das wir gerne gewesen wären, das kaugummibunte Siebzehn aus den Musikvideos und MTV-Shows.

Henning und ich bei ihm zu Hause, wir liegen auf dem Bett. Er singt das Gitarrensolo aus »Bohemian Rhapsody« und ich zeichne an seine Wand. Lauter kleine Comicskizzen über seinem Kopfkissen. Nebenbei läuft ein Film, den wir gar nicht gucken, mit Untertiteln für Hörgeschädigte, obwohl Henners ja gar nicht so schlecht hört, »nachdenkliche Klänge« steht dort und ich sage: »Wie sich das wohl jemand vorstellt, der noch nie was gehört hat?« Und Hennig sagt: »Halt dir mal die Ohren zu!« Und dann kommt er ganz nah, so nah, dass ich lachen muss, und brummt irgendetwas Dumpfes in meinen Nacken, so dass ich seinen Atem und die Brumm-Vibrationen spüre, und als ich mich umdrehe, leuchten seine Ohren dunkelrot, und Marius, der die Tür aufstößt und »Essen!« brüllt, sagt: »Ach so, störe ich?!«

»Wieso waren wir hier nie?«, fragte ich, als wir durch ein Loch im Maschendrahtzaun stiegen, der schon ganz verrostet war. »Das ist ja phantastisch.«

»Zu weit«, sagte Henning und kämpfte mit seinem Regenschirm, der sich verhakt hatte. »Weißt du nicht mehr? Wenn man jung ist, sind zwanzig Kilometer schon eine halbe Weltreise, und wer in einem anderen Viertel oder Block wohnt, gehört zu einer fremden Clique und ist nicht mehr dabei …«

Ich hielt eine Weinflasche, die ich mitgenommen hatte, und den Schirm in der anderen Hand, kratzte meinen Handrücken an einem Stück Zaun auf und leckte darüber wie eine Katze, während ich Henning durch die Dunkelheit folgte. Glasscherben, der beißende Geruch nach Urin, Efeuranken, die alles überwucherten. Und trotzdem war es wunderbar. Das Schwimmbad war eine alte Betonbude mit eingeworfenen Glasscheiben, die spitz und zackig im Schein von Hennings Handytaschenlampe glitzerten. Graffiti-Schmierereien an den grauen Wänden.

»Wow, manche sind richtig gut.« Ich betrachtete ein paar der schöneren gesprühten Kunstwerke.

»Manchmal kommen Schüler hierher«, sagte Henning. »Die haben richtig was drauf.«

Die mausäugige Frau aus dem Arbeitsamt fiel mir ein, und ich stellte mir vor, wie ich als Kunstlehrerin mit meiner zwölften Klasse hierherkäme, mit einem Korb voller Spraydosen in allen möglichen Neonfarben. Man könnte richtig gute Übungen machen, die Kinder könnten sich austoben, interessieren würde das hier niemanden. Quereinstieg Kunstlehramt, dachte ich. Vielleicht könnte ich doch …

Ich stolperte über einen Haufen Steine am Boden. Ein Waldkauz rief sein langgezogenes Hu-hu.

»Da geht's rein«, sagte Henning und schob einen Vorhang aus

Efeuranken beiseite. Dahinter kam eine Art Kellerluke zum Vorschein, aus der jemand fein säuberlich alle Glasscheibenreste entfernt hatte, so dass man ohne Probleme und ohne sich zu verletzen hindurchklettern konnte. Wir stellten die Schirme neben diesen Eingang, Henning ging vor, verschwand in dem Kellerloch, und einen winzigen Augenblick lang stand ich allein im Finstern neben dieser Bruchbude. »Horrorfilm …«, murmelte ich und nahm einen Schluck Rotwein, dann rief Henning von drinnen: »Komm!«

Ich setzte mich auf den feuchten Boden und schob erst die Weinflasche, die er mir abnahm, dann meine Beine durch die Öffnung. Ich baumelte in der Luft, aber Hennings Hände waren an meinen Hüften und er sagte: »Hab vergessen, wie klein du bist.« Er ließ mich los, sobald ich unten war.

»Danke.« Wir standen in einer Umkleide; hier war noch weniger Licht als draußen. Beige Kacheln, blaue Spinde, halb aus den Angeln gehoben, umgekippte Bänke für Schuhe und Jacken.

»Ach du Scheiße«, murmelte ich, während Hennings Handytaschenlampenstrahl durch den Raum geisterte.

»Nee, ist super«, sagte er und nahm meine Hand. Ich dachte daran, was er über gruselige Orte und erste Dates gesagt hatte, und lächelte. Er zog mich weiter, durch Räume mit Umkleidekabinen, die beschmiert und kaputt waren. Einige Kabinen waren geschlossen; Sie sahen aus, als würde jeden Moment jemand in Badehosen und Badelatschen daraus hervorkommen, ein vergessener Besucher aus längst vergangenen Zeiten. Die Treppe nach oben – und dann standen wir in der Schwimmhalle, groß und dunkel und nur vom Mondlicht beleuchtet, das durch die von Gestrüpp eingewachsenen Scheiben fiel. Das Becken lag leer und dunkelblau vor uns, Leitern führten hinein, nach hinten zu wurde es tiefer.

Ich nahm einen Schluck Wein und drehte mich einmal im Kreis. »Hu!«, machte ich, denn ich hatte das Gefühl, es würde hallen, und so war es, meine Stimme schallte wider, ein hohler Ton im leeren Schwimmbad.

Wir kletterten vorne beim Nichtschwimmerbereich in das Becken hinunter und ich rannte einmal quer hindurch, schrie »Wuhuuu!«, weil mir nichts Besseres einfiel, es hallte laut. Jemand hatte das obligatorische ACAB an die Wand gesprüht und »Freiheit, Frieden, Freibier« und ich rief: »Prost!« und wäre mir blöd vorgekommen, hätte ich nicht die Flasche Wein in der Hand gehabt. Ich nahm noch einen Schluck. Henning trank nicht mehr, er musste fahren, also blieb mehr für mich. Ich ging durch das Becken und betrachtete die Schmierereien. »›Es gibt keine guten Zeiten‹«, las ich laut. »›Nur gute Momente.‹ Cheesy, diese Dorfjugend.«

»Und weise!«, sagte Henners.

Mit Edding stand kleiner daneben: »No one remembers your name when you're strange«, und ich sagte: »Wir haben hier einen Jim Morrison-Fan.«

Henning fing an, das dazugehörige Lied zu singen, mit tiefer, verstellter Stimme, und ich machte einen kleinen Tanz dazu, mit schwingender Rotweinflasche und ausgebreiteten Armen, offen flatternder Regenjacke. Dann zog ich ihn zu mir her und küsste ihn, meinen Rücken gegen die kalte Schwimmbadwand gedrückt, im tiefen Bereich des Schwimmerbeckens, gleich unterhalb vom Dreimeterbrett. Seine Lippen waren viel weicher, als ich gedacht hatte.

»Pass auf«, flüsterte er gegen meinen Mund, »sonst gehen wir unter.«

Ich legte den Kopf noch weiter in den Nacken, blickte nach oben zum Sprungbrett. »Sind wir doch längst«, sagte ich und küsste ihn wieder. »Und wenn du jetzt noch einen kitschigen Kommentar von wegen Ertrinken machst, bist du untendurch.«

»Ich?« Henning küsste meinen Mundwinkel und schob seine Hände um meine Hüfte. »Niemals.«

»Ich wollte dich heute noch gar nicht küssen«, sagte ich, nachdem wir ein paar Minuten einfach nur geknutscht hatten, als wären wir wirklich siebzehn und die einzigen Menschen auf dieser Welt.

»Wann denn dann?«

»…«

»Tja, das war dieser Gruselfaktor«, sagte Henning. »Sag ich doch.«

»Oh, alles nur Chemie.« Ich schüttelte gespielt enttäuscht den Kopf.

»Ja, dein Gehirn verwechselt das Adrenalin vom gruseligen Ort mit mir.«

»Dummes Gehirn«, sagte ich und küsste ihn noch einmal.

Socke, den wir draußen in der Nähe des Autos unter einem Wellblechdach angebunden hatten, bellte, man hörte es dumpf bis hier unten im Becken.

»Da kommt wer.« Henning hob den Kopf, und tatsächlich, kurz darauf flackerten Taschenlampenfinger durch den Raum und jemand quietschte erschrocken. Wir zwinkerten ins Licht.

»Hier sind alte Leute«, sagte ein Mädchen mit schwarzem Kajal und schwarzer Schlumpfmütze. »Und sie knutschen.«

»Wir sind schon fertig mit Knutschen«, sagte ich und löste mich aus Hennings Umarmung. »Und nenn uns nicht alt.«

»Können Sie bitte gehen?«, fragte ein Junge, der dem Mädchen gefolgt war. Hinter ihm kamen noch mehr Jugendliche, zwei schleppten einen Bierkasten, ein dritter hielt eine Box, aus der ein Bass hämmerte. »Wir wollen hier ein bisschen feiern.«

»Oh Gott«, sagte ich, »jetzt siezen die uns auch noch.«

»Nichts wie weg«, sagte Henning.

Der Hund begrüßte uns stürmisch und mir fiel auf, dass ich noch immer Hennings Hand hielt. Sie fühlte sich gut an. Ich trank mehr

Wein, dann war die Flasche leer und ich warf sie gegen den Zaun, der schepperte.

»Umweltsünderin«, sagte Henning und sah mich an. Seine Augen glänzten im fahlen Mondlicht. Der Hund leckte meine Finger. »Und jetzt?«

Gegen sein Auto gelehnt, vergrub ich meine Hände in seinen Haaren und wollte gar nicht mehr aufhören mit Küssen.

Aber ich war neununddreißig, nicht siebzehn. Ich wollte nichts überstürzen. Zurück in die Realität, dachte ich und fragte: »Fährst du mich heim?«

DAMALS

»Stehen zwei Pilze im Wald. Sagt der eine: Na, was geht? Sagt der andere: Halt's Maul, Pilze können nicht reden.« Meine Oma trägt ein grünes Kleid, eine rote Perlenkette und ein blaues Handtuch um den Kopf geschlungen und geht als Marge Simpson. Wir stehen alle vor dem Buchäcker-Haus in der von flackernden Kürbissen erleuchteten Dunkelheit, die ganze Frauentruppe aus Marthas und Omas Freundeskreis. Die sind alle laut und bunt und wiehern los über den schlechten Witz meiner Großmutter.

Ich trage schwarze Jeans und Mäuseohren und das Schnäuzchen und die Barthaare, die Vicky mir mit Kajal ins Gesicht gemalt hat. Harmlos. Oben bei Henners im Zimmer steht in einer Plastiktüte mein echtes Outfit, das für die Party danach. Ich sehe mich nach Henning um, aber er scheint tatsächlich nicht da zu sein. Vicky glüht bei Markus vor, zu zweit, meinte sie verschwörerisch, also sitze ich hier auf der Buchäcker-Party mit Martha und Oma fest. Die Luft riecht würzig, es ist kalt, und ich raschle mit den Füßen durch feuchtes Laub, das auf dem Kies vor dem Haus liegt. Martha und Oma halten Händchen, als wären sie ungefähr fünf. Nicht mal Vicky und ich halten Händchen, aber Oma und Martha leben ihre Freundschaft so richtig aus. Martha wirkt neben meiner Oma besonders klein und rund; sie trägt einen schwarzen, spitzen Hut und ein paar Lumpen und ist wohl eine Hexe.

»Haha«, macht sie. »Kann ich besser. Steht ein Pils im Wald. Kommt ein Jäger und trinkt es aus.«

Wieder lachen alle sehr laut. »Charmant«, sagt meine Oma. »Und jetzt gehen wir rein und trinken Schnaps, los.« Sie zieht Martha mit, ihre peinlichen Kleinmädchenhände, wir anderen trotten hinterher. Ich trinke ein paar Schnäpse mit den älteren Damen, aber als Martha und Oma anfangen, »Marmor, Stein und Eisen bricht« mitzugrölen, was sie immer tun, wenn sie betrunken sind, verziehe ich mich nach oben in Hennings Zimmer.

»Du willst also ernsthaft den ganzen Abend hier drin verbringen?«, frage ich.

Henning liegt auf seinem Bett und kritzelt in ein Notizbuch. Noch letztes Jahr hab ich ständig seine Geschichten illustriert, aber ich bin siebzehn und zu alt dafür und mache das nur noch sehr, sehr selten.

»Zeig mal her.« Ich werfe mich zu ihm aufs Bett. »Ach, Henny, immer noch Oggrock?«

Er kaut auf seinem Bleistift herum. Ich überfliege den Text. »Du und deine Blutbäder«, murmle ich, nehme ihm den Bleistift ab und zeichne ein paar geköpfte Trolle und abgetrennte Gliedmaßen, mit seinem Bleistift, der viel zu hart zum Zeichnen ist. »Ich bräuchte dafür eigentlich mehr Farben.«

Ich hebe den Blick vom Heft und sehe, dass Henning schnell wegschaut.

»Was?«

»Nichts«, sagt Henning, und dann: »Du bist ja doch eine Maus.«

»Nur hier«, flüstere ich, und als er mich fragend ansieht, spreche ich direkt in sein gutes Ohr, wie sonst immer. »Nur hier!«, flüstere ich lauter.

»Ach so«, sagt er und zieht mir das Notizheft weg, um weiterzuschreiben.

»Ich geh jetzt auch langsam los«, sage ich und wühle in der Plastiktüte nach meinem anderen Outfit. Ich winde mich aus meiner Jeans und schlüpfe in die extra feine Strumpfhose, die ich dabeihabe.

»Hm«, macht Henning.
»Was, hm?« Ich rubble mir mit etwas Make-up-Entferner das Mäuseschnäuzchen von der Nase.
»Nichts.«
»Oh Mann«, sage ich. »Kannst du ein Mal sagen, was du blöd findest? Nicht immer ›hm‹ und ›nichts‹ und ›passt schon‹.« Ich lasse mich neben ihm aufs Bett fallen und zücke das Nagellackfläschchen.
»Ist doch deine Sache. Ich mag eben Partys nicht.«
»Deshalb nimmt dich keiner ernst, Henners. Deshalb nennen die dich immer noch taube Taube und so Zeugs.«
»So nennen die mich?«
»Ja, und Fettsack und lauter fiese Sachen.« Ich übermale den Dreck unter meinen Fingernägeln mit dunkelrotem Nagellack und puste auf meinen Zeigefinger.
Er schiebt die Unterlippe vor. »Weshalb jetzt?«
»Uach!« Ich drehe die Augen zur Zimmerdecke. »Tust du nur so, oder bist du so schwer von Begriff?« Der Daumen ist verpatzt, ich kratze etwas Lack ab und schmiere neuen obendrüber.
»Anscheinend bin ich das wirklich.«
»Weil du einfach zu nett bist.«
»Aber Nettsein ist …«
»Nett? Ja. Und dann trampeln alle auf dir rum. Nilam sagt, man muss auch mal Zähne zeigen.«
»Ach so, Nilam.«
»Ja, Nilam. Wieso sagst du das so?« Ich höre es ja selbst, ich klinge wie Vicky. Aber beim Zähnezeigen hat Nilam recht.
»Keine Ahnung, nur so.«
Er schiebt wieder die Unterlippe vor, sieht aus, als wollte er noch was sagen, bleibt aber stumm. Ich puste noch einmal auf meine Nägel, die fast trocken sind, und zupfe an dem Loch in meiner Strumpfhose herum, das ich zwar nicht extra hineingemacht habe, aber über das

ich doch ganz froh bin. Es macht mich … edgy. Oder so was in der Art.

»Hast du Lust, dir was mit mir anzuschauen? Heute kommt …«

»Nee. Du musst auch mal rauskommen, Henners. Du kannst nicht immer nur daheim hocken und fernsehen.«

»Manchmal lese ich auch.«

»Ja, aber …«

»Schon klar.«

Eine Weile schweigen wir. Ich schlüpfe in mein Kleid und zupfe am Saum herum.

»Sagst du das auch, Hanuta?«

Henning kritzelt wieder irgendwas in sein Heft, ständig kritzelt Henning irgendwas in sein Heft.

»Was?«

»Taube Taube und so.«

Ich schaue ihn an. »Glaubst du das wirklich?«

Er zuckt die Schultern. Ich sehe ihn noch eine Weile an, dann schüttle ich den Kopf. »Du spinnst ja, Henners. Ich bin nämlich auch nett.«

»Ach so!«

Ich strecke ihm die Zunge raus. »Ja, ach so.«

Er lächelt, ich lächle. Ein guter Moment. Ich wackle mit meinen roten Fingern vor seinem Gesicht herum und stelle mich dann in Positur.

»Wie sehe ich aus?« Ich hebe ein Bein zu einer Pin-up-Pose und versuche, besonders verrucht auszusehen.

»Gut«, sagt Henning, der kaum hergesehen hat. Seine Ohren leuchten ein bisschen, also bin ich zufrieden. Ich betrachte mich selbst im Spiegel und male meine Augen noch ein wenig schwärzer. Dann packe ich meine hohen Schuhe aus, fummle an den Riemchen herum.

»Na ja, ich bin gern nett«, sagt Henning schließlich und ich, jetzt mit meinen Stilettos, beuge mich vor und streiche mit meinen tiefroten

Nägeln seine Haare zurück und sage in sein gutes Ohr hinein: »Das mag ich auch echt an dir.«
Er schluckt und seine Ohren werden wieder rot. Ich ziehe den Mund zurück. »Willst du nicht doch mitkommen?«
Er schüttelt den Kopf, viel zu schnell. »Nö.«
»Bitte?« Ich blinkere mit den Wimpern.
Er verdreht die Augen. »Willst du nicht lieber hierbleiben?«
»Nö.«
Insgeheim bin ich froh, dass Henning nicht mitkommt. Er ist und bleibt einfach uncool. Nilam hat neulich gefragt, ob wir noch mit ihm befreundet sind, und ich war froh, dass sie abgelenkt war, bevor ich antworten konnte. Das ist gemein, und das weiß ich, aber so ist es nun mal. Henning und ich, das ist hier, bei ihm zu Hause, oder bei Oma, das passt nicht zur Schule und zu Nilam und zu Partys drüben bei den Gewächshäusern oder so.
»Na, dann tschüss«, sage ich und winke ihm mit meinen blutroten Fingernägeln zu. An der Tür drehe ich mich noch einmal um und werfe ihm meine Mäuseohren zu.
»Falls du doch noch Lust kriegst.«

KAPITEL 17

ICH WACHTE mit einem brummenden Schädel und guter Laune auf, drehte mich auf die andere Seite und schlief wieder ein, bis mich Bootsmann weckte, der an der Tür kratzte, weil er pinkeln musste. Linnea war schon weg, sie wollte den Tag mit Samira verbringen (wem sonst?!) und bei ihr übernachten. Ein Mädelswochenende für sie, ein kindfreies Wochenende für Mama.

Ich machte einen langen Spaziergang mit dem Hund, ließ mir den Kopf durchpusten, weiter in die Stadt, schlenderte durch die Gassen, band Bootsmann schließlich vor der Bücherei an und ließ mir einen Ausweis ausstellen. Ich lieh mir einige Fantasy- und Science-Fiction-Romane aus, holte mein Fahrrad, das noch vor Henners' Haustür stand, und fuhr pfeifend zurück nach Hause. Der Regen hatte nachgelassen, wenigstens für ein paar Stunden, und die Wolken hingen noch immer schwer und grau über der Siedlung, was mich heute rein gar nicht störte. Ich sprang sogar in eine Pfütze, als wäre ich ein kleines Kind, und freute mich, dass es spritzte.

Auf dem Heimweg traf ich Martha, die schmunzelte, aber nichts fragte, und ich versprach, ihr mit dem Kompost im Garten zu helfen, den sie umsetzen wollte. Wir schufteten den ganzen Tag, warfen Erde mit Schaufeln auf Siebe, bis meine Arme schmerzten und meine Hände in den dicken Lederhandschuhen rotgefroren waren. Ich mochte, dass Martha nicht fragte; ich wollte Henning und unseren Abend im Schwimmbad ein bisschen für mich behalten.

Kurz bevor es dunkel wurde, kletterte ich auf eine Leiter und nagelte das vor vielen Jahren von mir gebastelte Schild mit dem Namen »Eierschalen-Anwesen« am Türsturz fest, eine blassgelb wie das Haus bemalte Tonscheibe, jeder Buchstabe in einem anderen Farbton, die Acrylfarbe noch fast so bunt wie damals. Ich lächelte. Das Eierschalen-Anwesen. Unser neues Zuhause.

Zurück im Haus hörte ich Popmusik, fand irgendwo ein altes Album von Britney Spears, tänzelte dazu durch Oma Hannes Küche, um wieder warm zu werden, ein Glas Milch in der Hand, einen Milchbart auf der Oberlippe, Kopfhörer auf dem Kopf, glücklich und gelöst an einem hellen Samstagnachmittag. Energie und Emotionen hatte ich schon immer gut wegtanzen können.

Dann rief ich Linnea an.

»Was macht ihr gerade?«

»Nichts.« Sie klang genervt, natürlich, ihre Mutter störte sie. »Und du?«, fragte sie trotzdem freundlicherweise.

»Ich tanze zu Britney Spears.«

»O je. Geht's dir gut?«

»Bestens. Wieso?«

»Britney! Also war das Date erfolgreich?«

»Geht dich nichts an, aber ... ja.«

Etwas raschelte und ihre Stimme wurde vernuschelt. »Meine Mutter. – Ja. Sie mutiert zum Teenager. – Hm-hm. – Britney Spears!« Dann kam ihre Stimme wieder klarer aus dem Hörer. »Samira sagt, solange du nicht Taylor Swift hörst, ist alles in Ordnung.«

»Britney ist besser als Taylor?«

»Bei Taylor hättest du wahrscheinlich Liebeskummer.«

Ich musste lachen, verschluckte mich an meiner Milch und hustete in den Hörer.

»Macht nichts, was ich nicht auch tun würde!«, sagte ich wie eine Mom aus einem 80er-Jahre-Teenie-Film und legte auf.

Ich nahm mir meinen Stapel Bücher aus der Bücherei und machte mir ein Kirschkernkissen in Omas riesiger Mikrowelle heiß, setzte mich ins Bett und tauchte ein in phantastische Welten, die von gefährlicher Dunkelheit bedroht wurden oder von magischen Krankheiten und Seuchen und die von mächtigen Zauberinnen gerettet werden mussten.

Später am Abend telefonierte ich mit Henning, der mich anrief, »einfach so«, wie er sagte, was eine nette Abwechslung zu den paar wenigen Online-Dates war, die ich in München gehabt hatte und die sich grundsätzlich erst nach mehreren Tagen oder gar nicht meldeten. Ich war mit meinem Roman vom Bett in die Badewanne gewechselt, plätscherte mit einer Hand im Wasser, legte das Handy mit Lautsprecher auf den Wannenrand, und wir redeten über Belangloses, die Hunde, Bootsmann und seinen Essensspleen, Socke, der nicht kacken konnte, wenn jemand zusah, und über früher. Ich erzählte ihm, dass ich mit Linnea das Pentagramm geputzt und unsere Hühnergötter gefunden hatte: »Ich wünschte, wir würden immer noch daran glauben, dass die Welt magisch ist.«

»Manchmal ist sie das doch«, sagte Henning, und ein warmes Gefühl stieg in mir hoch, etwas zu schnell und etwas zu warm, und ich sagte, ehe wir uns verabschiedeten:

»Ach, was bist du kitschig.«

Dann griff ich nach meinem Roman aus der Bücherei, der neben der Wanne lag, junge Magierin kehrt zurück in ihr Königreich und muss sich ihrer durch dunkle Mächte veränderten Gegenwart stellen. Ich ließ warmes Wasser nachlaufen, Lavendelduft waberte um mich herum, und nach nur einem Kapitel schlief ich ein.

***

Am Sonntag holte ich Linnea von Samira ab; sie war müde und schlechtgelaunt und hatte vermutlich das ganze Wochenende lang zu viele Süßigkeiten gegessen. Sie war so mit sich beschäftigt, dass sie gar nicht mehr nach meiner Verabredung fragte, was mir ganz recht war.

Als Lars anrief, reichte sie das Telefon an mich weiter, »… nein, Papa, ich will hier gerade nicht weg, ich mag nicht mit euch wandern gehen, ich mag überhaupt nicht wandern gehen, ja, nein, ich geb dir mal die Mama«, ich fuhr rechts ran, Lars war genervt und wurde laut: »Wieso verstehst du nicht, dass mich das auch etwas angeht, wo ihr wohnt, jetzt ist es so ein Aufwand, sie mal zu holen, und natürlich hat sie keine Lust, drei Stunden Zug zu fahren, ist doch logisch.«

»Zweieinhalb«, sagte ich; Lars ignorierte den Einwand.

»Und hast du dich jetzt schon entschlossen, wann ihr endlich zurückkommt? Ich kann dir auch helfen, meine Kollegin kennt so einen Makler, der hat die besten Wohnungen unter der Hand und …«

»Weißt du was?«, sagte ich. »Vielleicht bleiben wir auch einfach hier.«

»Wie bitte?«

»Vielleicht bleiben wir auch einfach hier«, wiederholte ich lauter, als hätte er mich akustisch nicht verstanden. »Du kannst gern kommen und uns, oder Linni, besuchen. Wir sind nicht allzu weit weg. Wenn sie keine drei Stunden fahren mag, dann macht es doch bestimmt dir nichts aus?«

»Du bist unmöglich«, sagte er. »Un-mög-lich.«

Ich legte auf, mit einem komischen Gefühl im Bauch, das sich ein bisschen anfühlte wie Triumph.

Eventuell rief ich deshalb gleich am nächsten Tag beim Arbeitsamt an und fragte die mausige Frau noch einmal nach der Stelle als Kunstlehrerin, nur ganz unverbindlich, wie wären da die Konditionen? Aushilfsweise schon jetzt und dann fest ab dem zweiten Halbjahr. Ich fühlte mich unverwundbar, stellte mir schon vor, wie ich Kunstmaterialien für meine Klassen kaufte, mir ein lehrerinnenhaftes Outfit zulegte und Urlaube für die Osterferien plante und was immer man sonst noch als Lehrerin so zu tun hatte.

Vicky würde ich ignorieren, dafür in den Pausen bei Britta im Sekretariat herumhängen, wir würden auf dem Mädchenklo Nelkenzigaretten aus dem Fenster paffen, und ich hätte immer Hanutas für uns beide dabei.

Die Arbeitsamtfrau vermittelte mir schon für die übernächste Woche ein Vorstellungsgespräch und ich war so aufgeregt, dass ich beim Abendessenkochen in der Küche das Knoblauch-Lied aus »Tanz der Vampire« trällerte, an das ich seit Jahren nicht gedacht hatte. Wer singt, hat keine Angst, das hatte ich mal gelesen; es hatte etwas mit blockierten Synapsen oder so zu tun. Also sang ich, sang sehr laut und sehr schief und sehr fröhlich, bis Linnea nach Hause kam und die Musik abdrehte und sagte: »Das hält man ja nicht aus!«

* * *

Am Dienstagmorgen hing ein Tütchen an der Klingel mit einer selbstgebrannten CD darin, mit verziertem Booklet, wie früher. Ich fand Henning süß und das Ganze ein kleines bisschen peinlich, aber so war er schon damals gewesen und wahrscheinlich änderten sich manche Dinge einfach nicht. Ich hörte die Lieder, während ich das Haus putzte und mehr Dinge meiner Oma sortierte: Wegwerfen, behalten, Flohmarkt, sang laut bei den Smashing Pumpkins mit oder versuchte, Stevie Nicks zu imitieren, woran ich natürlich kläglich scheiterte.

Um halb zwei knallte die Tür und Linnea rannte heulend am

Treppenlift vorbei in den ersten Stock und schlug auch ihre Zimmertür hinter sich zu.

Ich schaltete meine Musik ab.

»Linni?«

»Lass mich!«, kam es von oben.

»Was ist denn passiert?«

»Nichts!«

Ich ließ sie ein paar Minuten wütend und traurig sein, dann kam sie sowieso nach unten, fuhr sich mit dem Ärmel über die triefende Nase (ich sagte nichts dazu) und setzte sich auf die Küchenbank.

»Hab Hunger.«

»Wir können saure Gurken essen«, sagte ich. »Oder mal wieder Grießbrei mit Apfelmus?«

»Ganz was Neues.«

»Willst du erzählen, was passiert ist?«

»Schnecki«, sagte Linnea nur.

»Wie?«

»Heute war doch der Haustiertag«, sagte Linnea. »Und Marlene hat Schnecki ausgelacht. Sie und noch andere.«

»Wieso?«

»Weil sie meinten, dass Schnecken keine richtigen Haustiere sind.«

»Na und, aber Schnecki ist eben dein Haustier.«

Sie murrte irgendetwas. Ich goss Milch in einen Topf und ließ sie aufkochen. Ich wollte fragen, was Frau Siebert zu der Sache gesagt hatte, hielt mich aber zurück. Bis die Milch kochte, dann fragte ich doch.

»Sie hat gesagt, dass es doch nett von mir ist, die Schnecke zu überwintern. Und dass es eben unterschiedliche Haustiere gibt.«

»Okay. Gut.« Ich kippte Grieß in den Topf, rührte energisch darin herum und knallte schließlich den fertigen Brei auf den Küchentisch. »Und jetzt sag ich dir mal was: Wer immer dir blöd kommt, hat wahrscheinlich selbst Probleme. Und du musst nicht weinen, auch wenn ich verstehe, dass man da vor lauter Wut weinen will, aber das sind doch alles Idioten. Nächstes Mal wehrst du dich.«

»Sag mir nicht, was ich machen soll.« Linnea holte sich einen dampfenden Löffel aus dem Topf und klatschte ihn auf ihren Teller. Es war eine dicke Pampe geworden, aber mit Apfelmus würde es schon schmecken.

»Ich sag dir nicht, was du machen sollst, ich gebe dir nur einen Rat.«

»Ich hasse deine Ratschläge. Die klingen immer so, als wüsstest du es besser.«

»Weiß ich ja auch, ich bin älter als du.«

»Geringfügig.«

»Ach, Kind.«

»Ach, Mutter!«

Einen Moment lang löffelten wir schweigend unseren Grießbrei. »Jedenfalls ist Marlene ein Arsch«, sagte sie schließlich leise.

»Guck mal in mein Buch der Schatten«, sagte ich. »Da ist sicher was Hilfreiches drin.« Ich wusste selbst nicht, was helfen könnte, eine beruhigende Meditation? Ein Zauberspruch, um sich ein dickeres Fell zuzulegen und einen feuchten Furz auf die Meinungen anderer Menschen zu geben? »Und mehr sag ich jetzt nicht mehr.« Ich machte ein imaginäres Schloss vor meinem Mund zu, legte den Schlüssel auf meinen Löffel und aß ihn mit dem nächsten Bissen Grießbrei.

Obwohl Linnea so schlechtgelaunt war, ließ sie sich überreden, wieder zu Brittas Wendo-Kurs zu gehen, wo sie laut eigener Aussage ihre Wut in ein paar dicke Weichbodenmatten boxte und dem Hausmeister, der sich als Versuchskaninchen bereitgestellt hatte, so fest gegen's Schienbein trat, dass er empört aufschrie.

»Ich bin stolz auf dich«, sagte ich, als Samiras Mutter sie wieder zu Hause abgeliefert hatte. »Und jetzt basteln wir Voodoo-Puppen!«

Ich hatte die Zeit genutzt und in Marthas Hof Kastanien gesammelt, war durch den pfützenübersäten Hof gequatscht und hatte meine Taschen gefüllt. Und zu meinem großen Erstaunen machte Linnea mit. Wir aßen Butterbrot mit süß-sauren Gurken und bauten in der Küche mit Zahnstochern Kastanienmännchen und Kastaniengetier, was mehr und mehr unsere Fensterbank bevölkerte. Linnea bohrte einem ihrer Männchen einen Zahnstocherpfahl mitten durchs Herz, ich sagte: »Drastisch«, und sie rollte nur die Augen. Einem anderen Männchen bastelte ich einen Hut und nannte ihn Opa Hermann. Wir setzten ihn auf die Fensterbank zu den anderen und gaben ihm eine kleine Minizeitung aus Papier in die Hand.

»Und jetzt noch Oma!«, sagte ich und Linnea sagte: »Und Martha!«, und schlussendlich saßen kleine Kastanienreplikate von Opa Hermann, Oma Hanne, Martha, Bootsmann, Britta, Linnea, Samira, Henning und mir vorm Fenster, alle mit einem winzigen Erkennungsgegenstand ausgestattet: Oma mit einer Pelzmütze (aus ein paar Haaren von Bootsmann), Martha mit Kochtopf und Britta mit einer gelben Kappe, Henning mit einem kleinen Schreibheft (alles aus Tonpapier), Linnea und Samira mit Zauberstäben. Nur ich bekam keinen; Linnea hatte mich einfach aus zwei besonders mickrigen Kastanien zusammengesteckt.

Am nächsten Tag kamen Nele und Britta Arm in Arm herübergeschlendert, einfach so, als würden sie sich schon ewig kennen, und mich ebenfalls. Ich sah sie in der Abenddämmerung vom Fenster aus über den Hof kommen, und als ich die Tür öffnete, sagte Britta: »Uuuund?« und beide sahen mich mit großen Augen an.

»Was?«

»Henning?«, sagte Britta. »Du und Henning?«

»Das ist wirklich eine Kleinstadt«, sagte ich und trat zur Seite. »Kommt rein.«

Sie hatten eine Flasche Honigmet dabei, der erst beim dritten Glas einigermaßen schmeckte.

Bis dahin war ich betrunken und hatte jede noch so kleine Kleinigkeit erzählt.

»Ich dachte, du bist eifersüchtig«, sagte ich, während Britta nachschenkte.

»Ich? Wieso?«

»Na, ich dachte, Henning und du, ihr wärt …«

»Hä? Nee.« Britta war schon genauso beschwipst wie ich. Halb neun und noch nichts gegessen. Das Kind war wieder bei Samira unterwegs, als wäre sie nicht dreizehn, sondern siebzehn, und alleine vergaß ich oft zu essen. Als hätte ich gelernt, mich um meine Tochter zu kümmern, aber nicht um mich selbst. Nele stand auf und kramte im Kühlschrank herum.

»In der Speisekammer sind noch saure Gurken«, sagte ich. »Ansonsten könnte ich uns höchstens ein paar Pommes auftauen.«

»Au ja«, sagte Britta, und ich holte eine Großpackung Pommes aus der Gefriertruhe im Keller und warf sie in den Backofen.

»Also, du wolltest nie was von Henning?«, fragte ich dann.

»Er ist schon sehr süß, aber ich hab gerade jemand anderen im Blick.« Britta lächelte.

»Nein, wen?«

Sie schien fast ein wenig verlegen. »Nele«, sagte sie. »Ich dachte, das hättest du gemerkt.«

»Oh«, sagte ich. Nele wurde ein bisschen rot.

»Aber Henning ist ein netter Kerl«, sagte Britta. »Ich mag ihn. Und ich mag dich. Das ist toll, dass ihr glücklich seid.«

Sie sagte das so echt und ernst und ehrlich, dass ich gleich noch ein Glas Honigmet trinken musste. Derselbe Satz aus Vickys Mund hätte getrieft vor Falschheit.

»Danke«, sagte ich. »Ich mag euch auch. Und das sage ich vielleicht nur wegen diesem Gesöff hier.« Ich schwenkte mein Glas. »Aber ich meine es trotzdem sehr ernst.«

Britta hob ihr Glas. »Auf Neuanfänge!«, rief sie und Nele stieß mit einer Gewürzgurke mit ihr an.

»Auf Neuanfänge!«, rief auch ich, und etwas Met schwappte über meine Finger; ich leckte sie ab. »Aber das ist ja alles eh nur vorübergehend, hier.«

»Wieso sagst du das ständig?« Britta biss knackend in eine Gurke.

»Weil es so ist.«

»Aber es ist doch so gut hier. Oder nicht? Deine Kleine macht sich übrigens super in meinem Kurs, du solltest sie sehen. Sie ist ein tolles Mädchen. Und du hast dieses Haus hier und bist mit dem begehrtesten Junggesellen der Stadt zusammen und …«

»Ach, ist er das?«

»Falls es hier so was gibt, ist er das wohl. Aber das ist doch keine ZDF-Vorabend-Schmonzette, das hab ich jetzt nur so dahingesagt. Jedenfalls läuft es doch gut bei dir! Du hast ganz neu angefangen.«

»Hm«, machte ich und schaute in mein leeres Glas.

»Neuanfänge …«, murmelte Nele und sah Britta an.

»Hat schon begonnen.« Britta schob ihr eine Haarsträhne hinters Ohr. Ihr Bluterguss kam zum Vorschein, mehr gelb-grün als blauviolett. »Du heilst schon«, sagte Britta mit einem Nicken zum Fleck hin. Nele ließ ihre Haare wieder nach vorne rutschen und senkte den Kopf.

»Aber ich glaube, mir fehlt der Bruch«, sagte ich, es rutschte aus mir heraus wie eine Erkenntnis, die am Grund der Honigmetflasche gelauert hatte. »Ich glaube, wenn das Fundament nicht stimmt, dann ist das alles wackelig.«

»Hä?«

»Die Leute ändern sich nicht«, sagte ich zur Honigmetflasche. »Oder?«

»Aber neue Leute können sehr gut für dich sein«, sagte Britta und stupste wieder Nele an. »Wir zum Beispiel. Wir sind super neue Freundinnen, wenn du uns willst.«

»Ja, danke, ich nehm euch gern.« Ich lächelte schief. »Meine alten kommen mir mittlerweile sehr toxisch vor.«

»Uh, toxische Freundschaften sind die schlimmsten«, sagte Nele.

»Am schlimmsten sind die, die immer behaupten, es gut mit dir zu meinen«, sagte ich und dachte an Vicky und ihre beigen Pullover und ihre perfekten Kinder. »Die meinen, sie kennen dich, dabei haben sie sich nur ein Bild von dir gemacht, von dem sie jetzt nicht mehr abrücken, nicht mal, wenn sie dich über zwanzig Jahre lang nicht gesehen haben.«

»Weg mit denen, wenn sie dir nicht guttun.« Britta kippte noch ein Glas Honigmet. »Das ist auch Selbstfürsorge, oder so was.«

Ich nickte langsam. Vicky hatte damals zu mir gesagt, ich müsse eben anerkennen, wer ich sei. Was ich sei. Nicht verleugnen, dass ich im Grunde meines Herzens eben ein Miststück war, und endlich zu mir stehen. Als wäre ich, die Person, die ich kannte, gar nicht echt. Ich wusste damals nicht mehr, was wahr war und was nicht. Hatte ich ihr Markus ausspannen wollen? Hatte ich daran gearbeitet, cool und erwachsen zu sein und nicht mehr das »Mädchen ohne Stimme«? War das alles, wie Vicky behauptete, Absicht gewesen, die fürchterliche Party nur ein von mir genauestens geplanter Schritt in einem Emanzipationsprozess, nach dem ich vom hässlichen, unscheinbaren Entlein zur Queen Bee aufsteigen würde, die sich nahm, was und wen sie wollte?

Ich dachte daran, wie lange ich geweint hatte. An die Scham, die Schmerzen, meine nassen Füße auf dem Heimweg. Wie ich niemals jemandem davon erzählen wollte und es dann dank Vicky doch jeder erfahren hatte. Henning, der danach so komisch gewesen war. Der sich abgewandt hatte. Vicky, die mich eine falsche Schlange nannte. Nilam, die mir gratulierte (»Respekt!«), aber mich warnte, mich ja nicht an ihren Freund ranzumachen. Es war alles so wirr und verquer und verdreht in meinem Kopf. Nichts ergab irgendeinen Sinn.

»Ich glaub, ich kenne Henning schon zu lange«, sagte ich. »Ich glaub, das wird nix mit uns.«

Auch diese Erkenntnis spülte der Honigmet nach oben. Es war zu viel passiert. Oder?

»Nein!«, rief Nele langgezogen.

»Warum das denn? Ihr seid Kindheitsfreunde, das ist doch zuckersüß!«, fügte Britta hinzu.

»Wie im Film«, sagte Nele.

»Ich hasse Liebesfilme«, sagte ich. »Alle davon.«

»Ach nö«, sagte Britta. »Die meisten sind doch sehr nett. Und man weiß immer gleich, was man am Ende bekommt.«

»Die meisten propagieren ein völlig veraltetes Frauenbild«, sagte ich mit Vorlesungsstimme. »Von den Männern ganz zu schweigen. Lovebombing und Stalking ist da noch das geringste Übel.«

»Aber es sind doch nur Filme.«

»Die formen unsere Gesellschaft! Unser ganzes Weltbild, unser …«

»Jetzt hör mal auf mit dem Honigmet«, sagte Britta, »ich glaub, der macht dich trübsinnig.«

»Und immer sind die Männer zwanzig Jahre älter als die Frauen. Frauen in Filmen werden nie älter, die werden gegen jüngere ausgetauscht. Männer dürfen älter werden. Ich hasse das alles.«

»Jaja, sexistische Gesellschaft.« Britta nahm mir die Flasche ab.

»Und dann die Sexszenen«, sagte ich. »Die machen das immer

komplett ohne Vorspiel, als wäre man ständig dauerspitz. Man merkt immer, wenn ein Mann das geschrieben hat. Die Frauen wollen das dann immer noch härter und dann kommen sie nach zwei Sekunden und …«

»Uh, da hat wohl jemand einen Nerv getroffen«, sagte Britta und zwinkerte Nele zu.

»Manchmal grenzen solche Sexszenen doch schon an Vergewaltigung«, murmelte ich. »Und trotzdem finden die Figuren das immer total heiß und …«

»Süße«, sagte Britta sanft, »willst du nicht doch noch mal zu Marthas Gruppe kommen?«

Ich blickte auf, merkte, dass mir etwas Nasses die Wange hinunterlief und wischte es schnell weg. »Ich rede nur über Filme«, sagte ich. »Ich rede über schlechte Filme, die man nicht anschauen sollte.«

Linni erklärte ich bei jeder Schnulze, die wir sahen, dass man zwischen dem filmischen Blick und dem absolut unnatürlichen, unrealistischen Verhalten der Charaktere unterscheiden musste und man das zwar ganz nett finden konnte, es aber kein ernsthaftes, im realen Leben anwendbares Verhalten war, das man sich als Frau am Ende auch noch wünschte. Stalking war eine Straftat. »Ich weiß das doch«, sagte meine Tochter dann immer und ich war jedes Mal ein bisschen stolz auf sie.

Britta und Nele blieben noch lange, während es draußen nieselte und der Wind wieder mal auffrischte. Sie waren nett, ich mochte ihre offene Art (sie sprachen über alles, erörterten selbst die Größe ihrer Menstruationstassen oder die Länge der Haare an ihren Unterarmen und Fingerknöcheln ausführlich), die war mitreißend und ansteckend, und der Honigmet tat ein Übriges.

Um halb zwei an diesem Mittwochabend wankten wir Arm in Arm barfuß in den tropfenden Hof hinaus, sangen »We are the

Champions«, verfluchten diverse Menschen aus unserem früheren Leben und heulten dann den Mond an, wie drei verrückte Werwölfinnen. Der Wind hatte den Regen vertrieben, Wolken jagten über den Himmel, unsere Haare flogen. Es war Vollmond, oder fast, jedenfalls war es mondscheinhell, Bootsmann wachte verwirrt auf und jaulte mit uns, und erst als in einem Nachbarhaus das Licht anging und jemand aus dem Fenster plärrte: »Seid ihr total bescheuert? Ich rufe die Polizei!«, hörte ich schlagartig auf zu heulen und wurde mir bewusst, dass ich nicht mehr siebzehn, sondern neununddreißig und eine erwachsene Frau war.

»Entschuldigung!«, rief ich zu dem hell erleuchteten Fenster hinüber. »Wir sind heute nicht ganz wir selbst.«

Britta und Nele, die anscheinend noch viel betrunkener waren als ich, lachten nur gackernd, heulten noch viel lauter. Ich unterdrückte ein Kichern und versuchte, ihnen die Münder zuzuhalten.

Als ich mit kalten Füßen ins Bett fiel, hatte ich das Gefühl, zwei Freundinnen gewonnen zu haben, und das einem ekelhaft süßen Getränk zu verdanken, oder Martha, die die beiden vielleicht, nur vielleicht, zu mir herübergeschickt hatte.

Am nächsten Tag hatte ich einen klebrigen Geschmack im Mund, übergab mich gleich in der Früh direkt in die Badewanne, weil ich es nicht mehr bis zum Klo schaffte, und schwor mir, nie wieder Honigmet zu trinken. Aber das war es wert gewesen.

KAPITEL 18

WIR WERKELTEN ALLE weiter am Hofladen herum, der pünktlich zu Marthas Nicht-Geburtstag, den sie grundsätzlich im Herbst feierte, weil sie diese Jahreszeit mochte, eröffnet wurde. (In einem halben Jahr war ihr achtundsiebzigster Geburtstag, und sie feierte schon mal vor.)

Für den letzten Schliff sortierten wir Chutneys, Mus, Honig, eingekochte Birnen und alles weitere, was Martha herstellte, in die Regale, und dekorierten sie mit Sträußen aus Herbstlaub, Schlehen, Hagebutten und Sanddorn, die zwischen den Einmachgläsern rot und orange von den Regalbrettern leuchteten.

Samstagabend standen alle in der Scheune, die vorne offen war, Licht fiel herein und kalte Herbstluft durchzog die Gespräche mit kleinen Wölkchen. Martha war umringt von den Frauen aus ihrem Club, all den unterschiedlichen Gestalten, und jede hatte irgendetwas für den Laden mitgebracht, was sie sich gewünscht hatte: Kerzen und Kerzenhalter zur Beleuchtung, aber auch handfeste Verlängerungskabel, damit man es wirklich hell machen konnte, Tischdeckchen und Tücher, um schmuddelige Ecken zu überdecken, alten Kram, den man wieder herrichten und verkaufen konnte wie Geschirr, angelaufenes Besteck oder Serviettenringe, Einmachgläser für Marthas Marmeladen, oder einfach Hühner- oder Katzenfutter in Dosen und Tüten.

Als es dunkler wurde, zündete Britta die Kerzen an und tauchte so alles in einen warmen Feuerschein. Ab und an rannte gackernd ein verstörtes Huhn vorbei; wir hatten ihr Territorium geklaut, und sie waren verwirrt.

Martha machte Bratäpfel in einem Ofen, und in der Scheune wurde es gemütlicher, wir schoben die Pötte mit Astern und Chrysanthemen, die den Eingang säumten, hinein, schlossen die Tore und sperrten das graue Herbstwetter aus. Der Duft nach gebratenen Äpfeln und Rosinen füllte den ganzen Raum und Linnea und Samira naschten bereits vom Buffet an mitgebrachten Speisen: Teigtaschen, verschiedene Brotsorten, Kuchen, Kräuterdips, Gemüsecremes.

»Ihr lieben Menschen«, sagte Martha, die ihre Apfelkuchengabel gegen eine alte Kaffeetasse klirren ließ und offenbar gern Ansprachen hielt, »wir machen das ja sonst immer schon zur Tagundnachtgleiche, also danke, dass ihr auf die Eröffnung meines Lädchens gewartet habt.« Gejohle und Geklatsche. »Und danke, dass ihr da seid!«, rief sie, und dann stießen alle mit Honigmet an. Die ganze Versammlung stimmte »Heute kann es regnen, stürmen oder schneien« an, und selbst Linnea und Samira sangen lautstark mit. Wir aßen Kürbisbrot mit Butter, und Martha zeigte den Mädchen, wie man Kräuterbündel gegen schlechte Energie band, anzündete und richtig schwang, wobei sie eine große Show daraus machte, vermutlich, weil sie zu viel vom Honigmet getrunken hatte. Die Luft wurde schwer von Myrrhe, Wacholder, Kiefernharz.

Henning, den ich seit unserem Date letzte Woche nicht gesehen hatte, kam mit einer Flasche Wein, und küsste mich auf die Wange. Es war schön, dass er da war, aber auch komisch, und ich traute mich nicht, ihn vor allen zu küssen. Ich hatte trotzdem Lust darauf und zog ihn aus der Scheune, kaum dass er da war, nach hinten zum Stall, zwischen die verschreckten Hühner. Ich küsste ihn lange, meinen alten Jugendkumpel, meinen Kindheitsfreund, und der Kuss schmeckte nach Nostalgie und Abenteuer.

»Hi«, sagte er, als sich unsere Lippen endlich voneinander lösten.

»Hi«, sagte ich und lächelte. Socke lag zu unseren Füßen, Henners schwarz-weißer Schatten mit den Tennissocken, immer dabei.

»Wieso verstecken wir uns hier?«, fragte er und strich mir eine Haarsträhne hinters Ohr.

»Ich knutsche ungern vor meiner Tochter herum.« Das war trotz allem nur eine Ausrede. Gefühle einordnen, Gefühle zulassen, so was hatte ich in der Therapie lernen sollen, aber es war noch immer nicht meine Stärke. Henning fragte nicht weiter, und ich küsste ihn noch einmal kurz, um meine Emotionen zu überprüfen (es war gut, ich mochte es, ihn zu küssen, aber ein leicht diffuses Magengrummeln blieb), und dann gingen wir zurück zur Party.

»Man könnte hier auch tolle Kinoabende machen«, sagte Henning und sah sich in der Scheune um. »Jetzt, wo es so schön sauber und ordentlich ist. Das Scheunentor würde sich perfekt dafür eignen, man bräuchte nur ein paar weiße Bettlaken.«

»Au ja!«, rief Britta.

»Und einen Heizstrahler«, sagte Nele mit zweifelndem Blick. »Oder Sommer.«

»Nee, jetzt im Herbst«, sagte Henning. »Einen richtigen Herr-der-Ringe-Marathon! Das würde hier total gut reinpassen. Das bräuchte ich mal wieder!«

»Ich nicht«, sagte ich, ohne zu überlegen. »Aus dem Alter bin ich rausgewachsen.«

Er sah mich mit großen Augen an. »Man wächst doch nicht aus ›Herr der Ringe‹ raus.«

»Ich schon«, sagte ich, »aber ich war eh nie ein großer Fan der Filme.«

Henning runzelte die Stirn, als habe er gehofft, dass ich »au ja, meine Lieblings-Trilogie!« rufen würde und wir eine weitere Gemeinsamkeit (Fantasybücher, krude Geschichten) aus unserer Kindheit mit rüber ins Erwachsenendasein gerettet hatten.

»Ich lese immer queere ›Herr der Ringe‹-Fanfiction, die ist super«, sagte Nele mit kartoffelsalatvollem Mund.

»Wer ist das Paar?«, fragte Henning und schaute ein bisschen angewidert beim Gedanken an Frodo und Sam zusammen in einem Efeu umrankten Elbenbett.

»Ach, verschiedene«, sagte Nele. »Am liebsten mag ich Gimli und Legolas.«

»Uh.« Henning zog eine Grimasse. Ich grinste.

»Also, ich finde, hier sollte noch ein Bild von Hanne hin«, sagte Britta und zeigte auf ein Tischchen am Eingang, auf dem eine alte Kasse stand. »Das ist doch auch ihr Verdienst hier.«

»Sie hat immer zu mir gesagt: ›Das ist doch nix, Martha, dein Straßenverkauf, mach mal was aus dem Laden‹.« Martha war neben uns aufgetaucht, ein Glas Honigmet in der einen und ein Tofu-Würstchen in der anderen Hand.

»Ich mal dir eins«, sagte ich. »Ja?« Ich hatte ein Bild im Kopf, meine Oma unter ihrem Lieblingsbaum in Marthas Garten, mit einem Buch auf den Knien und Bootsmanns Kopf an der Schulter. Ich könnte es mit Kohle auf einen großen Bogen Packpapier malen und Rahmen lassen.

Martha lächelte und drückte meine Schulter. »Es wäre mir eine Ehre«, sagte sie. »Brauchst du eine Vorlage?«

»Ich glaube, ich hab eine«, sagte ich. »Oma und deine uralte Eiche, weißt du …«

»Oder ein Bild von euch beiden«, sagte Linnea und ich hob erstaunt den Kopf aus dem Salatbuffet. »Ich hab da ein schönes bei ihren Briefen gefunden.«

Alle schauten sie an. Linnea lächelte. Ich bemerkte, dass sie etwas nervös ihre Finger knetete, aber ansonsten wirkte sie stark und selbstbewusst.

»Ihre Briefe?«, fragte Martha und ihre Stimme hatte einen ganz anderen Ton als noch vor ein paar Minuten. »Was meinst du mit ihren Briefen?«

»Wir haben die drüben in der Küchenbank gefunden.« Linnea wirkte auf einmal wie die Chefermittlerin bei einem Verhör. »Lauter Briefe und Postkarten und Fotos. Viele an dich.«

»Linni …«, fing ich an, aber Martha unterbrach mich.

»Bring mir die doch mal«, sagte sie zu Linnea. »Ich würde sie zu gerne noch einmal lesen.«

»Klar.«

»Apropos Briefe«, sagte Britta. »Wann schreiben wir unsere Abschiedsbriefe dieses Jahr?«

»Demnächst«, sagte Martha. Sie beobachtete noch immer Linnea, die sich schon wieder dem Buffet zugewandt hatte, sich Muffins und Törtchen auf einen Teller lud. »Vorher beerdigen wir aber erst mal Heidruns linke Brust.«

»Ach ja, das hatte ich vergessen«, sagte Britta. »Das hat natürlich Vorrang.«

»Äh, was?«, sagten Henning und ich gleichzeitig.

»Die Arme hat Brustkrebs«, erklärte Nele, als wäre eine Brust-Beerdigung das Normalste von der Welt. »Und sie mussten die linke Brust amputieren. Wir dachten, es wäre gut, wenn sie sich ordentlich davon verabschieden könnte.«

Alle pflichteten ihr bei und Henning und ich tauschten einen Blick, der fast ein bisschen war wie früher: Er und ich, eine eingeschworene Gemeinschaft.

Linnea und Samira kicherten, und Henners und ich mussten auch lachen und Martha sagte: »Sich zu verabschieden ist wichtig. Du bist herzlich eingeladen.«

»Wie immer zu unserer Gruppe«, sagte Britta mit Nachdruck, und ich lächelte und ging dann ins Haus, um mit Henning eine Stereoanlage herüberzuschleppen und ein paar alte CDs, denn wenn auf einer Eröffnungsparty nicht getanzt wurde, dann wusste ich auch nicht.

»Mama, du bist so peinlich!«, rief meine Tochter, aber es war mir egal, ich tanzte, tanzte sogar zu dudeliger Weltmusik, die eine der älteren Damen auflegte, warf die Arme in die Höhe und drehte mich im Kreis, bis mir schwindelig war und die Umgebung um mich herum völlig verschwamm.

KAPITEL 19

MITTE OKTOBER STOPFTE ICH zusammengerollte Handtücher unter die Fenster, weil es zugig war im Haus, die Kastanienmännchen auf dem Fensterbrett mussten zusammenrücken.

Unsere warmen Winterdecken lagerten in einer Halle in München, also kaufte ich uns große, dicke Wolldecken fürs Wohnzimmer, Daunendecken für die Betten und einen Überzug für das abgewetzte braune Sofa dazu. Damit sah es gleich viel behaglicher aus. Martha schenkte mir einen Kranz aus Korn, faselte etwas von Erntedank und dem viel älteren Fest, auf dem das christliche basierte, und meinte, ich sollte mir überlegen, für was ich dankbar war. »Das bewahrt man auf«, sagte sie. »Alles andere, das Belastende, das begraben oder verbrennen wir.«

»Wie Heidruns Brust?«, fragte ich, während ich den Kranz an der Eingangstür befestigte.

»Genau. Kommst du? Heute Abend, Frauengruppenzeit! Es ist immer gut, Sachen loszulassen, vor allem im Herbst.«

Ich schielte zu dem ganzen Kram von Oma, den ich schon aussortiert hatte.

»Genau«, sagte Martha, die meinen Blick bemerkt hatte. »Ordnung schaffen. Dafür ist jetzt die beste Zeit. Macht euch hier ein gemütliches Nest und haut alles andere weg. Hanne fände das gut.« Sie sagte das, als wäre meine Oma nicht tot, sondern nur kurz mal zum Einkaufen gefahren.

Ich ging also mit zur Beerdigung von Heidruns Brust. Viele der Frauen trugen blaue Perücken, »es hat ja auch was Feierliches, so eine Beerdigung«, sagte Britta dazu ernst, die sich blaue Strähnen in ihr rotes Haar geflochten hatte und mir eine eklige alte Perücke mit langen, blauen Haaren gab, die ich widerwillig aufsetzte und mit der ich mir vorkam wie Arielle.

»Hat Arielle nicht rote Haare?«, sagte Nele, während wir über Wurzeln und den matschigen Feldweg stolperten, die ganze Frauenprozession in dicken Jacken und Handschuhen. Raureif überzog weiß die Felder, die Erde unter unseren Füßen war fest. Ich trug wieder Oma Hannes Gummistiefel und zwei paar Wollsocken, die Martha mir gestrickt hatte, und hatte trotzdem kalte Füße. Die Beerdigung fand auf der Lichtung im Wald statt, in der Nähe der Einsiedler-Bude, die Henners ja für seine »Lost Places«-Reportage untersucht hatte. Der Ort war aber kein bisschen verloren, sondern gut genutzt; anscheinend verbrachte der Frauenclub dort häufig seine Nächte. Ich hatte Bootsmann dabei, der fröhlich zwischen allen herumstromerte und sich Streicheleinheiten und Rückenklopfer abholte.

»Ja, Arielle hat rote Haare«, sagte Britta und fing an, »Under the sea« zu summen.

»Ihr wisst schon, was ich meine. Wieso müssen wir uns verkleiden?«

»Du hast dich doch früher so gern verkleidet!«, rief Martha, die mit ihren Wanderschuhen kräftig neben uns herschritt und kein bisschen stolperte. »Du wolltest immer eine Waldhexe sein.«

»Eine Kräuterhexe«, verbesserte ich.

»Ihr saht so toll aus«, sagte Martha. »Mit euren Samtkleidern und selbstgebastelten Ketten aus … aus was waren die noch mal?«

»Naturmaterialien«, sagte ich vornehm und alle lachten.

»Einmal haben sie Henning so eine Blätterkrone gebastelt«, sagte

Martha. »Er hat ausgesehen wie ein kleiner Pan. Der hat aber auch wirklich alles mit sich machen lassen, damals.«

Britta hakte sich bei mir unter. »Und heute?«, raunte sie in mein Ohr. »Lässt er immer noch alles mit sich machen?«

»Kein Kommentar.« Ich grinste und stolperte, weil mein Schuh an einer besonders morastigen Stelle kleben blieb.

Dann waren wir da, auf der Lichtung mit Backstein-Hütte, die jemand dekoriert hatte. An einer Wand prangte ein Pentagramm und in den zerkratzten oder zersplitterten Fenstern hingen Kräuterbündel und Traumfänger.

»Wie bei ›Blair Witch Project‹«, stellte ich fest.

»Aber wir sind gute Hexen«, sagte Britta. »Gute, merk dir das.«

»Sowieso.« Martha versammelte mit einer Handbewegung die ganze Gruppe um sich. »Es ist schön, dass ihr da seid«, sagte sie, die alte Oberhexe, und sah besonders mich dabei an. »Wir verabschieden heute Heidruns linke Brust, und mit ihr den Brustkrebs, den sie besiegt hat!« Alle brachen in Jubel und Applaus aus, und eine kleine, stämmige Frau verbeugte sich und lächelte breit.

»Das Begräbnis ist symbolisch, die echte Brust hat das Krankenhaus«, sagte Martha. »Aber wer ein paar Worte sagen möchte, tue dies. Danach wird geräuchert und getanzt, ihr kennt das ja.«

Heidrun sprach ein paar Abschiedsworte für ihre Brust und warf Erde in ein kleines Grab, das jemand ausgehoben hatte. Nachdem sie es zugeschaufelt hatte, legten manche der Frauen Steine darauf, andere brachten kleine Sterne oder machten Pentagramme aus Stecken, manche spuckten darauf, man konnte tun, was man wollte. Ich stand am Rand der Gruppe, etwas weiter hinten, und trat von einem Fuß auf den anderen, um warm zu werden.

»Willst du nicht auch?«, fragte Martha.

»Was?«

»Dich verabschieden.«

»Ich kenne weder Heidrun noch ihre linke Brust«, sagte ich.

Martha hob die Augenbrauen und zog die Mundwinkel nach unten. »Sie verabschieden sich hier alle auch von anderen Dingen. Dingen, die nicht mehr gut sind für sie. Manchmal ist es richtig, sich zu trennen. Von Altem.«

Ich zuckte die Schultern, trat vor und wusste nicht, was ich tun sollte. Also machte ich ein Peace-Zeichen und ging weiter.

Jemand stellte einen kleinen Grabstein auf, ein großer Kiesel, auf den sie »Hier ruht Heidruns linke Brust. So long, old pal« geschrieben hatten, mit glitzernden Farben, die in der Sonne funkeln würden.

Ich wanderte mit Martha zurück zur Siedlung, behielt Bootsmann im Blick, der über die Felder strich.

»Wie läuft es denn zwischen dir und dem kleinen Buchäcker?«, fragte Martha. Der kleine Buchäcker. Es war lustig, dass sie das so sagte, wo er doch mittlerweile ungefähr doppelt so groß wie Martha war.

Ich zuckte die Schultern. »Gut, nehme ich an.«

»Aber?«

Ich pfiff nach Bootsmann, der zu weit abgedriftet und in Richtung der Neubausiedlung unterwegs war.

»Wir sind doch nur vorübergehend hier«, sagte ich und wusste selbst nicht, ob das überhaupt noch stimmte. Linnea war so zufrieden in ihrer neuen Schule, mit ihren neuen Freundinnen, und ich hatte nächste Woche ein Vorstellungsgespräch.

»Seid ihr das wirklich?«, fragte Martha auch prompt, als hätte sie meine Gedanken gelesen.

»Und selbst wenn nicht«, sagte ich. »Es ist Henning.«

»Ja, und? Er war früher schon in dich verliebt, du hast das nur nie gemerkt, weil du nach den älteren Jungs Ausschau gehalten hast.«

»Wirklich?«

»Und wie, Kleine. Man hat ihm sein Schmachten immer richtig angesehen. Jahrelang.« Sie schmunzelte.

»Wir hatten damals einen Streit«, sagte ich. »Oder … keinen richtigen Streit, er war nur … er war nicht für mich da, okay? Es hat ihn nicht interessiert, was …«

Ich stockte und merkte, dass ich schneller ging; Martha hatte Mühe, mitzuhalten. *Henning und die Party in der Schulturnhalle. Vicky, die mir nicht glaubt. Henning, der sich abwendet.*

»Magst du es mir erzählen?«, fragte Martha.

Ich schüttelte den Kopf. »Egal«, sagte ich. »Lange her und verjährt. Außerdem – Linni und ich müssen bald zurück in unser echtes Leben, und was ist dann mit Henning? Wir wohnen über zwei Stunden weg.«

»Ihr wohnt zurzeit in einem sehr schönen Haus gleich die Straße runter«, sagte Martha. »Das hier ist dein echtes Leben, Maria, ob du willst oder nicht. Du kannst doch nicht so tun, als würdest du in irgendeiner weit entfernten Zukunft leben.«

Oder Vergangenheit, dachte ich, sagte aber nichts.

»Wenn du allerdings Zweifel hast, sag ihm das. Ich glaube, der Gute ist schon wieder wahnsinnig verliebt in dich. Wäre doch schade, wenn er zum zweiten Mal enttäuscht werden würde.«

»Ich hab ihn nicht enttäuscht«, fauchte ich und packte Bootsmanns Halsband, als er vorbeiwedelte, band ihn für die letzten paar Meter wieder an die Leine. »Er hat mich damals enttäuscht, Martha. Wieso ist eigentlich nie jemand auf meiner Seite?«

»Ich wusste nicht, dass es Seiten gibt«, sagte Martha und sah mich so durchdringend an, dass ich nur noch wegwollte.

Ich verabschiedete mich und ließ Martha stehen, stapfte mit meinen Gummistiefeln ins Haus und ging nicht ans Telefon, als Henning anrief, schaute mir stattdessen Wohnungen in München an, die wir uns eventuell leisten könnten, und schrieb ein paar unmotivierte Sammelbewerbungen auf Stellen, die ich dort vielleicht kriegen könnte.

Wahres Leben, dachte ich. Ob du willst, oder nicht.

DAMALS

Es ist kalt, kälter als gedacht, und ich fröstle in meiner dünnen Strumpfhose und den hohen Schuhen. Ich habe einen dicken alten Parka meiner Großmutter übergezogen, den man notfalls auch verlieren, also gut hinter ein paar Spinde klemmen kann, ohne sich Sorgen zu machen, und bin froh drum. Aus der Turnhalle wummert Musik, ein paar Betrunkene stehen vor der Tür und rauchen. Ein Mädchen lacht quiekend über irgendeinen Witz und zwei Jungs mit theaterfarbenblutigen Gesichtern kabbeln sich um ein Bier. Ich kette gerade mein Rad an einen Fahrradständer, als neben mir Reifen über den Asphalt schlittern und eine Bremse quietscht.

»Henners …«

»Bin doch gekommen«, sagt Henning, eine Feststellung der Tatsache, dass er hier ist.

»Das sehe ich.«

Er trägt Jeans und denselben Hoodie wie vorhin, hat aber meine Mäuseohren aufgesetzt.

»Und sogar als Maus«, sage ich.

Henning zieht eine Grimasse und rückt die Ohren zurecht. »Meine Mutter wäre stolz auf mich.«

»Na, dann«, sage ich und nehme meine Wodka-O-Flasche und Hennings Arm. »Auf geht's.«

Drinnen ist es stickig, viel zu laut und viel zu dunkel, nur ein paar flackernde Diskoscheinwerfer erhellen ab und an blitzlichtartig die Turnhalle, die wohl wie ein Friedhof aussehen soll und eher wie eben eine schmutzige Turnhalle aussieht. Ich habe keine Ahnung, wie wir hier Vicky und die anderen finden sollen.

»Willst du was trinken?«, brüllt Henning in mein Ohr. Ich hebe meine Flasche als Antwort, finde aber, es ist eine gute Idee, zur Bar zu gehen, ein paar aufeinandergestapelte Bierkästen mit einem Brett obendrüber, hinter der Leute aus dem Abi-Jahrgang stehen und für wenig Geld viel billigen Alkohol in Plastikbecher füllen. Henning kauft zwei Pfeffis, die schmecken wie Zahnpasta, und ich frage mich gerade, ob ich als Nächstes in der Toilette nach Vicky suchen soll oder ob sie tatsächlich schon tanzt, als mir jemand eine sehr kalte Hand auf die Schulter legt.

»Facey!«, kreischt eine Stimme, und ich entdecke Nilam, die Henning um den Hals fällt. »Du, hier?!«

»Was?«, schreit Henning, der den bescheuerten Spitznamen, den Nilam ihm verpasst hat, entweder nicht verstanden hat oder noch nicht kennt, weil sie ihn normalerweise nicht mitten in sein Gesicht plärrt. Sie muss sehr betrunken sein. Ihr hünenhafter Freund winkt uns zu und hinter seinem breiten Schwimmerkreuz tauchen Vicky und Markus aus der Menge auf. Nilam geht als sexy Kätzchen und jauchzt über Hennings Mauseohren. Wenn es nicht so finster wäre, würden seine echten Ohren rot leuchten, das weiß ich. »Zeigt mal eure Verkleidungen!«, ruft Nilam befehlsmäßig. Ihr Freund und Markus haben beide eine Totenkopf-Gummimaske in die Stirn geschoben, die sie jetzt kurz aufsetzen, um nebeneinander zu posieren.

»Wow, Maria, so sexy!«, sagt Nilam zu mir. »Schade, dass ihr jetzt erst da seid!«

»Wieso schade?«, frage ich.

»Gehen wir tanzen?«, fragt Nilam, während ihr Freund Shots bestellt.

»Wieso schade?«, frage ich Vicky noch einmal, und sie sagt: »Na ja,

wir waren alle bei Markus. Aber da waren nur Pärchen, du wärst dir wie das fünfte Rad am Wagen vorgekommen.«
Ich schiebe die Unterlippe vor und sage nichts. Die Wodka-Flasche in meiner Hand fühlt sich schwer an und in den dämlichen hohen Schuhen tun mir die kleinen Zehen weh.
»Ui, Maria!«, ruft Markus und schnalzt mit der Zunge. Er umarmt mich und hebt mich dabei ein paar Zentimeter vom Boden hoch und seine Hände sind warm und groß. »Wie schön, dass du auch da bist.«
»Ja«, sage ich. »Jetzt erst.« Ich werfe Vicky einen Blick zu.
»Was?«, fragt Vicky. »Du wärst dir nur doof vorgekommen, deshalb hab ich dich nicht gefragt. Jetzt mach nicht gleich wieder ein Drama draus!«
Sie hat explizit gesagt, dass sie mit Markus allein vorglüht. Nicht, dass es eine Privatparty ist für Leute mit Freund, oder für Leute, die cooler sind als ich.
Ich mache ein heiteres Gesicht und kippe einen Schnaps, den mir der Freund von Nilam hinschiebt. Der DJ spielt jetzt wenig einfallsreich »Thriller« von Michael Jackson und die ganze Turnhalle johlt blöde. Ich schraube meine Wodka-Flasche auf und trinke einen großen, beißenden Schluck. Nilam ist sehr betrunken und zieht an Hennings Arm. »Also, ich tanze jetzt mit Facey«, lallt sie und Henners lässt sich von ihr auf die Tanzfläche ziehen; er wirkt ein wenig hilflos. Die anderen folgen. Ich trinke noch einen Schluck.
»Kann ich auch mal?«, fragt Markus, und ich bemerke im Halbdunklen, dass er immer noch da ist. Vicky winkt uns von der Tanzfläche aus zu.
»Bitte.« Ich gebe mich cool, aber ich bin nervös, hier ohne alle anderen nur mit ihm zu stehen. Er trinkt und gibt mir die Flasche zurück. Ich nehme einen Schluck.
»Du siehst heute echt gut aus«, sagt er und lächelt, und als ich ihm die Flasche wiedergebe, berühren sich unsere Hände.

Er tänzelt in Richtung Tanzfläche und da sind die anderen und wir hopsen herum und wir trinken und irgendwann verschwimmen die Lichter mehr und mehr, jemand setzt mir Hennings Mauseohren auf, jemand legt mir einen Arm um die Schultern. Mehr Schnaps, meine Wodka-Flasche macht die Runde. Auf hohen Schuhen muss man anders tanzen, mehr in den Hüften schwingen, um sich auszubalancieren. Vicky sagt: »Mir ist schlecht«, und statt Markus geht Henning mit ihr nach draußen und auf einmal bin ich mit Markus allein und er grinst mich an und wir trinken gemeinsam noch einen Kurzen an der Bar, den er ausgibt.

»Vielleicht hätte ich mich für dich entscheiden sollen«, sagt er, als wären Vicky und ich ein Wettbewerb.

Ich lache dümmlich, weil ich betrunken bin, und dann zieht er mich an einer Hand zurück zur Tanzfläche, wo mich jemand schubst und ich in meinen hohen Schuhen stolpere und in Markus' Arme falle, wie in einer besonders albernen RomCom.

»Wups«, mache ich, und Markus lacht und hält mich fest, lässt seine Hand auf meinem Rücken, auch als ich wieder stehe.

»Wir sollten mal nach Vicky sehen!«, rufe ich in sein Ohr, während der DJ einen weiteren Halloween-Grusel-Klassiker spielt, der viel zu alt für uns ist.

Markus schüttelt den Kopf. »Ist doch alles super hier.«

Und dann beugt er sich vor und küsst mich.

KAPITEL 20

LINNEA VERKÜNDETE MIR einen Tag vorher, dass am nächsten Morgen Elternsprechtag sei, und ich zu Frau Siebert in die Sprechstunde kommen musste. »Wieso sagst du das erst jetzt?«, fragte ich.

»Du hast doch eh nichts vor«, sagte sie und ich hätte sie gegen die Wand klatschen wollen. »Du bist immer daheim.«

»Das ist erstens überhaupt nicht wahr und zweitens wäre es trotzdem nett, wenn ich mich auf so ein Gespräch ein bisschen vorbereiten könnte«, sagte ich giftig.

»Psychisch?«, fragte sie mit einem hinterhältigen kleinen Lächeln. Als ich sie eben vom Wendo-Kurs abgeholt, vor dem Fenster eine Nelkenzigarette geraucht und sie dabei beobachtet hatte, wie sie Britta gegen das Schienbein trat und dem Hausmeister gegen die riesigen Pranken boxte, war ich sehr, sehr stolz gewesen. Jetzt wünschte ich kurz, ich hätte sie trotz Dämmerung und ungünstiger Fahrpläne einfach mit dem Bus fahren lassen.

»Uach!«, machte ich und knallte die Tür zu meinem Zimmer zu.

Ich war nervös, als ich am Mittwoch zur Sprechstunde fuhr, trommelte mit den Fingern einen Takt auf dem Lenkrad mit und versuchte zur Beruhigung einen alten Kate-Bush-Song zu singen, was mir nicht gelang; meine Stimme krächzte nur.

An der Schule angekommen hatte ich wieder das Gefühl, hier völlig fehl am Platz zu sein, und bereute es schon, dass ich das Vorstellungsgespräch für die Kunstlehrerstelle ausgemacht hatte. Was hatte ich mir dabei gedacht? Ich könnte hier niemals glücklich werden, die Altlasten waren zu groß. Kinderfressende Clowns in Kanalisationen, und alles. Zu viel Scheiße, die beschissene Turnhalle und Markus Siebert mit seinen scheißschönen grauen Augen.

»Hi!«, sagte Vicky, als ich angeklopft hatte und die Tür öffnete, als sei rein gar nichts passiert. Als hätte sie mich nicht neulich mit Nilam als Dramaqueen und Bienenkönigin beschimpft.

»Hi«, sagte ich, wobei mein Lächeln nicht ganz so perfekt geriet wie ihres. Victoria saß hinter ihrem Pult im Klassenzimmer, in einer beigen Bluse und Jeans, die Haare locker nach oben gesteckt, das Gesicht makellos. Ich musste an ihre Zahnspange von früher denken und versuchte, ihr altes Gesicht in dieser perfekten Visage zu erkennen, aber es ging nicht. Als hätte sie es geschafft, ein völlig anderer Mensch zu werden. Neben ihren Zettelstapeln und Ordnern stand eine braune Papiertüte von einem Sushi-Restaurant, auf die jemand ein Herz und einen kleinen Text gekritzelt hatte: ›Weil du die Beste bist. Und heute Abend besiege ich dich im Scrabble, du Tausendsassa. Es grüßt freundlich der Ehegatte.‹

Ehegatte. Tausendsassa. Scrabble.

»Also: Linnea.« Vicky blätterte in einem Buch, in dem sie Zensuren oder was auch immer notierte. Als Lehrer musste man andere ständig bewerten, das konnte doch nicht gut für die Persönlichkeit sein, das musste doch irgendwann übergehen ins Privatleben und dich zu einer ätzenden, verurteilenden Kuh machen. Oder? Vermutlich würde sie gleich über meine Tochter herziehen, weil sie nicht trennen konnte zwischen Privatleben und Schule.

»Sie hat sich ja ganz toll eingelebt«, sagte Vicky, noch bevor ich die Rückenmuskulatur anspannen, mich straffen und wappnen konnte gegen alle Wespenstiche, die kamen.

»Oh?«, machte ich.

»Ja, ich hatte am Anfang leichte Bedenken, weil sie ja etwas später zu uns kam, aber es war eine tolle Idee von Frau Prasilova, sie gleich mit Samira zusammenzutun. Da haben sich wirklich zwei gefunden.« Sie lächelte und es wirkte ehrlich. Vielleicht mochte Vicky auch einfach ihren Job. Vielleicht war das hier doch rein professionell.

»Und …« Ich überlegte, wollte nicht zu viel preisgeben von meinem Versagen als Mutter, von Linnis starken Schulängsten in München, und von meiner kompletten Überforderung mit diesen Ängsten. »Ähm … Meldet sie sich?«

Vicky runzelte die Stirn. »Sie nimmt ganz normal am Unterricht teil, ja. Anfangs hat es ein bisschen gedauert, aber das ist ja verständlich, wenn man in eine neue Klasse kommt. Sie ist nicht die Allerlauteste, aber das muss man ja auch nicht sein.«

Ich sah sie ein wenig ungläubig an.

»Aha«, sagte ich. »Also gibt es gar kein Problem?«

»Nicht mit Linnea«, sagte sie spitz. Und hier war sie, Victoria Pozzi, hier blitzte ihre echte Persönlichkeit hinter der freundlichen Lehrerin hervor. Ich biss die Zähne zusammen.

»Gut«, sagte ich und stand auf. »Dann kann ich ja gehen.«

Ich war schon fast an der Tür, als sie sagte: »Es ist übrigens nicht so, als könnte ich dich nicht leiden.«

»Was?«

»Das hast du neulich im Café gesagt: Du willst dich nicht mit Leuten abgeben, die dich nicht mögen. So ist das nicht. Ich habe eher den Eindruck, du kannst mich nicht leiden.«

Ich antwortete nicht. Was sollte ich sagen? Ja? Einfach nur Ja?

»Ich weiß seit zwanzig Jahren nicht, warum du sauer auf mich bist. Ich weiß, warum ich lange wütend auf dich war, und ich glaube, du auch, aber das liegt hinter uns, oder? Meine Güte, ich habe zwei Kinder mit diesem Mann. Bei dir war er nicht mehr als ein Jugendschwarm.«

Ich starrte sie an. Jugendschwarm.

»Daran liegt es nicht«, sagte ich durch zusammengebissene Zähne. »Und das weißt du ganz genau.«

»Nein, weiß ich nicht. Ich habe deine Version der Geschichte gehört und seine, und ich glaube, dass du dich einfach geschämt hast und ihn für etwas verantwortlich machst, was du bereust, und außerdem ...«

»Ich gehe jetzt«, sagte ich. »Ich gehe jetzt, Vicky.«

Und damit packte ich meine Tasche und machte die Tür mit einem Ruck hinter mir zu.

Draußen stand ich kurz auf dem Flur, der mir so vertraut war, neun Jahre war ich hier auf und ab gegangen. Neun Jahre lang. *Markus wirft Steinchen ans Klassenzimmerfenster und Vicky fängt seine Luftküsse mit der Hand, bis Herr Plass sagt: Victoria! Jetzt reicht's aber!*

»Und?«, fragte jemand und ich schaute vom Linoleumboden und der ganzen aufgewirbelten Vergangenheit auf.

»Hm?« Britta stand vor mir, mit ihren leuchtenden Haaren und ihren leuchtenden Augen und ihrer leuchtenden Persönlichkeit.

»Wie war's? Ist Linnea ein Wolf im Schafspelz oder so was?«

»Alles gut«, sagte ich.

»Aber ...?«

»Kannst du mich kurz in den Arm nehmen?«, hörte ich mich sagen, und Britta sagte: »Klar« und umarmte mich und das fühlte sich gut an.

»Ich weiß nicht, ob ich hier arbeiten kann«, sagte ich, als wir uns wieder voneinander lösten. »Ich komme einfach mit Lehrern nicht klar. Und dann soll ich selber eine sein?«

»Du kannst ja die sein, mit der du als Kind klargekommen wärst. Die, die du gebraucht hättest. Das ist dann wie 'ne Therapie, Martha macht das manchmal mit uns: Was bräuchte dein inneres, verletztes Kind jetzt? Gib es ihm! Wollen wir eine rauchen?«

Während wir nach draußen und über den Pausenhof gingen, bis zu der Ecke hinter den Mülltonnen, wo man heimlich Zigaretten teilen konnte (denn auch die erwachsenen Angestellten sollten gute Vorbilder sein), dachte ich darüber nach, was Britta gesagt hatte. Das innere Kind heilen. Selbst diejenige sein, die es gut machte. Scheiß auf Vicky Pozzi oder Vicky Siebert und ihre Meinung, scheiß auf Queen Bee und Dramaqueen, scheiß drauf, was alle dachten.

Ich wusste genau, was passiert war.

Ich wusste genau, dass ich recht hatte.

Und wenn sie ihrem verlogenen Mann glauben wollte, sollte sie das tun.

»Ist ja nicht gleich eine Festanstellung«, sagte Britta schließlich, als wir Wölkchen in den Himmel pafften, der grau und harmlos über uns lag. »Du kannst es doch einfach mal ausprobieren.«

»Hm«, machte ich. »Dann mach ich das wohl.«

»Yay!« Britta klatschte in die Hände. »Das Vorstellungsgespräch ist morgen in einer Woche, oder?«

Ich nickte und mir wurde flau im Magen. Aber Britta knuffte mir aufmunternd in die Seite und ich gab ihr die Zigarette zurück. Es war schön, hier eine Freundin zu haben, auf diesem Pausenhof wieder mit jemandem zu stehen und zu wissen, sie war auf meiner Seite.

* * *

Am Freitag hatte Linnea Freundinnen zu uns eingeladen, sie machten eine richtige Übernachtungsparty, mit Mitternachtssnacks und Pyjamas und ohne Jungs, und sie hätte mich am liebsten zu Henning geschickt, aber dieses Mal blieb ich und spielte die Aufpasserin. Die Mädchen plapperten viel und ließen mich nicht oder nur unter Gekreische ins Zimmer, was ich als gutes Zeichen deutete.

Ich rief Henning an, entschuldigte mich für die Funkstille und merkte, wie gut es tat, seine Stimme zu hören. Ich war noch immer durcheinander, verwirrte mich selbst mit meinem Hin und Her, wusste selber nicht, was ich wollte oder nicht wollte, und es tat gut, mal nicht nachzudenken und einfach zu tun, auf was ich in diesem Augenblick Lust hatte. Und das war, Henning zu treffen und mit ihm Zeit zu verbringen, mit dem Henning von heute, mit seinen braunen Locken und seinem markanten Kinn und seinen ein Meter neunzig, nicht dem Kind von damals.

Er küsste mich an der Tür, und ich merkte, wie schön es war, ihn zu küssen, auch das ohne nachzudenken, nur Lippen auf Lippen. Er schmeckte nach Schnitzel und Pommes und als ich ihn danach fragte, sagte er etwas kleinlaut, ja, er hätte bei seiner Mutter gegessen, und seine Nichte hätte sich Schniposa gewünscht, und da könnte man ja nun wirklich nicht nein sagen. Schniposa – Schnitzel, Pommes, Salat – so hatten wir das früher immer genannt und so sagte ich immer noch und Henners anscheinend auch.

»Du hast nicht zufällig Reste eingepackt?«, fragte ich. Ich hatte einen Müsliriegel zum Abendbrot gegessen, bisher, und wollte später für die Mädchen Pizza bestellen.

»Welche Reste?« Henning schob sich in den Flur und wirkte so groß und breit, dass es noch immer ungewohnt war.

Ich hatte versprochen, mit Henners unten zu bleiben, damit die Mädchen oben in Ruhe ihre Freundschaftsbänder knüpfen konnten oder was auch immer sie sonst taten.

»Habt ihr eine Kastanienausgabe von mir auf eurem Fensterbrett?«, fragte Henning, während ich in der Küche nach Knabbereien für die Mädchen und meinen akuten Hunger suchte.

»Schuldig«, sagte ich.

»Süß.« Er betrachtete die schon leicht verschrumpelten Figuren. »Ich hab ja sogar ein Notizheft!«

»Natürlich hast du das, du bist doch Journalist!«

Er zog die Mundwinkel nach unten und nickte, als sei das ein triftiger Grund für ein Notizheft, und ich schüttete ein paar schon leicht angetrocknete Gummibärchen in eine Schüssel, überlegte, ob ich sie nach oben bringen sollte, murmelte »… nichts Süßes vor dem Essen …« und steckte mir selbst eine Handvoll in den Mund.

»Mensch, Hannes Haus«, sagte Henning, als wir im Wohnzimmer auf der Couch saßen und sah sich um, hob den Überwurf auf dem Sofa an, den ich für mehr Gemütlichkeit und weniger Omahaftigkeit gekauft hatte, warf ein gepunktetes Kissen in die Höhe. »Ist ganz anders als damals.«

Ich zuckte die Schultern. »So wie wir alle.«

»Nur einen Anstrich hat es immer noch dringend nötig.«

»Tja, es ist und bleibt das …«

»Eierschalen-Haus!«, rief Henning, »stimmt ja. Genauso sieht es immer noch aus.«

Wir lächelten uns an und es war neu und vertraut zugleich.

Kurz darauf knurrte mein Magen besonders laut, und nicht mal Gummibärchen konnten ihn besänftigen, und auch Linnea rief die Treppe herunter: »Hunger!«, also bestellte ich zwei große Familienpizzen und zweigte mir drei Stücke ab, bevor ich sie nach oben zu den Mädchen brachte, die auf Kissen und Decken auf dem Fußboden lümmelten.

»Die sind so süß«, sagte ich, als ich wieder nach unten kam. Ich warf mich neben Henning auf Omas Sofa, angelte nach meinem Teller mit den Pizzastücken. »Waren wir auch so süß?«

»Du bestimmt«, sagte Henning galant und küsste mich.

»Vorsicht, die Pizza!«, rief ich und stopfte mir ein großes Stück in den Mund, bevor der ölige Käse auf die Couch tropfte.

»Schau mal, was ich gefunden habe, als du oben warst«, sagte Henning, während ich noch kaute. Er hob ein kleines, blaues Notizheft in die Höhe. »Die Geheimnisse von Vralunker, dem grausamen Oggrock-König.«

Ich lachte und verschluckte mich an meiner Pizza. »Ich weiß noch, dass du ihn unbedingt mit VR schreiben wolltest, aber immer betont hast, dass man ihn ›Roarlunka‹ ausspricht.«

»Der gute alte Vralunker«, sagte Henning und blätterte in dem Heft. »Du hast damals schon gut gezeichnet.«

»Und du hattest die wildeste Phantasie.«

»Wenn du wüsstest.«

»Wieso? Gibt es mehr?«

»Bei meinen Eltern im Keller liegen noch ganze Schubladen voll mit skurrilen Geschichten.«

»Wieso kenne ich die nicht?« Ich griff nach dem Heft, schlug es auf und betrachtete Hennings krakelige Kinderschrift und meine Zeichnungen. Ein trollartiges Wesen in einem Palast, blutende Augen bei seinen Opfern, holde Maiden, die gerettet werden wollten.

»Die meisten kennst du. Manche waren ein bisschen … ähm … pornographisch angehaucht.«

»Henning!«, rief ich. »Das hätte ich ja nicht von dir gedacht.«

»Hey, ich war auch mal ein Teenager.« Er lachte und auf seinem kantigen Männergesicht tauchte kurz der pausbäckige Junge von damals auf. Er fieselte an seinem Ohr herum und murmelte etwas von »… verdammte Batterie.«

»Muss ich näher kommen?«, fragte ich. Ich beugte mich vor und flüsterte in sein gutes Ohr: »Ich muss gar nicht weiter weg.«

»Danke, Batterie«, sagte Henning diesmal, und als wir uns küssten, fühlte es sich herrlich aufregend an. Dann klappte ich »Vralunker, der Oggrock-König« auf, blieb nah bei Henners sitzen und las mit lauter Stimme vor: »›Kapitel Eins, in dem Vralunker in einer finsteren Tschuntscha-Nacht geboren wird und alle von seiner absoluten Abscheulichkeit entsetzt sind.‹ Was ist eine Tschuntscha-Nacht?«

»Das erfährst du, wenn du weiterliest«, sagte Henning, also las ich weiter, lachte über die abstruse Geschichte und die noch abstruseren Zeichnungen, bis Vralunker sich irgendwann in seine beste Freundin, die wunderschöne Kriegerprinzessin Mai-Tan verliebte und meine Stimme heiser wurde. Ich räusperte mich.

»Das warst übrigens du«, sagte Henning. »Also, Mai-Tan war von dir inspiriert.«

Mir fiel ein, was Martha gesagt hatte, und ich blinzelte ein wenig. »Was? Wieso hab ich das nie gemerkt?«

Er zuckte die Schultern. »Ich war ein Jahr jünger und ungefähr doppelt so dick wie du«, sagte er. »Und nicht gerade eine Augenweide. Du hast mehr nach … anderen geguckt.«

»Na ja, ich … keine Ahnung.« Ich überflog ein paar weitere Zeilen, in denen Vralunker sich ausmalte, wie er mit Mai-Tan in seinem Jagdschloss auf einem Bärenfell Liebe machte, und musste lachen. »Meine Güte«, sagte ich. »Hier vögeln die auch noch rum.« Über den abscheulichen Kopf des Oggrock-Königs hatte ich eine Denkblase gezeichnet und darin eine nicht besonders jugendfreie Szene, die ich grob ausgekreuzt hatte, und daneben eine friedfertige Szene von zwei Gesichtern übereinander, deren Körper unter einer Felldecke steckten. Ich prustete los und zeigte Henning das Bild.

»Tja, ich war nicht sehr subtil«, sagte Henning. »Aber du hast trotzdem nichts kapiert.«

Ich klappte das Heft zu. »Ich will jetzt nicht über früher nachdenken«, sagte ich. »Okay?«

»Über was dann? Über die Zukunft?«

»Nein, weder über die Zukunft noch über die Vergangenheit. Martha sagt, ich kann nicht in einer fernen Zukunft leben und auch nicht in einer längst vergangenen Vergangenheit.«

»Unsere weise Martha«, sagte Henning. »Was würden wir ohne sie machen. Also reden wir über das Jetzt. Das unmittelbare Jetzt.«

Wir sahen uns einen Moment an und schwiegen und das Jetzt breitete sich vor uns aus wie eine süße, zähe Masse, eine Art Marmelade, in die man einfach hineinbeißen musste.

»Schwierig, über das Jetzt zu reden«, sagte ich.

»Ja, sobald man es ausspricht, ist es vorbei«, sagte Henning. »Komplizierte Sache.«

Er beugte sich vor, hatte seine Nase in meiner Halsbeuge, sein Gesicht nah an meinem.

»Kompliziert«, sagte ich und dann küsste ich ihn und so schwierig war das gar nicht mit dem Hier und Jetzt.

Wir küssten uns lange, bis ich auf dem Sofa lag und er auf mir drauf. Von oben hörten wir die Musik der Mädchen und seine Hand war an meiner Hüfte und dann unter meinem T-Shirt und ich wollte gerade sagen: »Die Kinder sind oben«, so wie man früher gesagt hätte »meine Eltern sind unten«, als wir ein Kichern hörten und auseinanderstoben wie scheue Teenager.

Ich zuckte hoch und zog mein T-Shirt zurecht. Linnea stand in der Tür, eine Wand aus giggelnden Mädchen hinter sich.

»Jetzt schaut euch diese zwei Turteltäubchen an!«, rief Linni in einer ziemlich guten Imitation meiner Mutter, und ich verdrehte die Augen.

»War was?«, fragte ich.

Meine Tochter streckte die Hand aus. »Bitteschön«, sagte sie und die Mädchenwand hinter ihr gackerte unisono.

Sie reichte mir eine Flasche Cola, von der das Etikett gepult worden war. Jemand hatte mit Glitzerfarbe »Liebestrank« darauf geschrieben und kleine rosa Herzen daneben gemalt.

»Oh«, sagte ich und zeigte sie Henning. »Für uns?«

»Haben wir nicht nötig.« Henning grinste, bevor er mich an sich zog und ziemlich schamlos küsste, was mir ein bisschen peinlich war vor diesen ganzen Pubertierenden, die prompt kicherten.

»Trotzdem«, sagte Linnea. »Ich will hier nicht wieder weg.«

»Was hat der Liebestrank damit zu tun?«

»Nur zur Sicherheit.«

»Wieso denkt ihr, ich brauche unbedingt einen Mann, um hierzubleiben?«

Linni zuckte die Achseln. »Brauchen«, sagte sie. »Brauchen tut man die nicht. Aber du strahlst immer so schön, wenn Henning da ist.« Sie lächelte Henners zu, dessen Ohren sofort knallrot wurden.

Ich betrachtete die klare Flüssigkeit in der braunen Glasflasche. »Na, wenn du meinst.« Ich drehte sie auf, schnupperte daran (es roch nach nichts) und nahm einen Schluck. Der Trank schmeckte nach roten Gummibärchen und abgestandener Cola. Dann gab ich sie Henning.

»Bitte schön. Damit das auch fair bleibt.«

»Aber ich fange dann nicht an, wie ein brünstiger Esel zu blöken oder so?«, fragte er skeptisch und warf den Kindern einen so ernsthaften Blick zu, dass ich ihn am liebsten sofort wieder geküsst hätte.

»Weiß ich ehrlich gesagt nicht«, sagte Linnea genauso ernsthaft. »Aber wir hören heute Abend sehr laut Musik, falls ihr …«

Samira quiekte auf, boxte ihr in die Seite, und die ganze Meute zog wieder ab.

Ich fand sie furchtbar albern und furchtbar niedlich.

»Prost«, sagte Henning und trank die ganze Flasche leer.

KAPITEL 21

ICH WACHTE NACKT neben einem warmen, großen Körper auf. Henners Brustkorb hob und senkte sich, er atmete gleichmäßig, mein Kopf lag neben seiner Achsel; er roch frischgeduscht und nach Mann.

»Liebestrank«, murmelte ich, ließ ihn schlafen und schob mich aus dem Bett, schlüpfte in Jogginghose, Wollsocken und einen Pullover.

Ich fütterte Schnecki mit einem Stück Gurke und einem Salatblatt und stellte auch Bootsmann sein Futter hin, der mich mit einem schiefen Blick bedachte.

»Du darfst morgen wieder in meinem Zimmer schlafen«, sagte ich. »Das war … eine Ausnahme.« Er sah aus, als würde er mir nicht glauben.

Die Mädchen schliefen noch, in der Küche war es ruhig, das Wetter draußen kristallklar, windverweht. Bunte Blätter, goldener Oktober. Die rosarote Schaukel schwankte im Wind. Drüben bei Martha quoll schwarzer Rauch aus dem Kamin und ließ das von Rosenranken eingewucherte Haus noch mehr nach Hexenhäuschen aussehen. Ich kochte Kaffee und saß am Fenster, bis Henning hereinkam. Seine Haare waren verwuschelt und er wirkte müde.

»Morgen«, murmelte er. »Was war in diesem Liebeszauber? Ich hab den totalen Brummschädel.«

Ich zuckte die Achseln. »Aufgelöstes Haribo?«

»Und, hat es gewirkt?«, fragte Linnea, die ihren Kopf zur Tür hereinstreckte, die Haare zu einem zerzausten Schlaf-Zopf geflochten und mit schwarzlackierten Nägeln.

»Ja«, sagte ich und warf Henning einen Blick zu. »Sieht so aus.«

Linnea grinste breit, drehte sich um und rief: »Wir sind Hexen! Du verlierst, Samira!«

Samiras Stimme kam aus dem Bad: »Das war ja nicht schwer, wenn die eh schon verliebt waren!«

Hennings Ohren wurden rot und er sagte: »Habt ihr Lust auf Pfannkuchen? Ich mache echt gute Pfannkuchen.«

»Wer mag keine Pfannkuchen?«, fragte ich und dann klapperte Geschirr und die verschlafene Mädchenmeute kam angetrottet und füllte die kleine Küche aus und bald duftete es nach warmen Pfannkuchen, Zimt und Zucker und Marthas Apfelmus, das wir noch in der Speisekammer hatten.

Wir aßen lange, kochten Tee für die Mädchen und mehr Kaffee für Henning und mich, während draußen die Blätter von den Bäumen wirbelten und auf dem Dachboden das Fenster klapperte.

Linnea holte einen Stapel Tarotkarten und legte sie zwischen das schmutzige Geschirr, Samira schob die Teller beiseite, stapelte sie und drückte sie mir in die Hand. Ich seufzte und spülte mit Hennings Hilfe ab, den ich an diesem Morgen noch kein einziges Mal geküsst hatte. Ich fragte mich, ob er die Nacht als Fehler empfand, oder als zu schnell, oder als genau richtig, ich wusste selbst nicht so genau, was ich denken sollte, immerhin war das Henning, mein alter Kinderfreund Henners, von dem ich jetzt genau wusste, wie er nackt aussah und wie es war, mit ihm zu schlafen.

Die ganze abendliche Euphorie schien am Morgen fehl am Platz, wie etwas, was nur bei Dunkelheit existierte, wie alte Kinderängste vor Gespenstern in dunklen Ecken, die sich bei Licht als Kleiderständer entpuppen.

»Woher hast du denn die Tarotkarten?«, fragte ich mit den Händen im warmen Spülwasser.

»Gekauft«, sagte Linni.

»Aha. Und kannst du das?«

»Ich lerne es gerade«, sagte sie und legte für jedes der Mädchen ein Keltisches Kreuz, prophezeite gute Schulnoten und dahinschmelzende Parallelklassenjungs, lange gewünschte Haustiere und Eltern, die sich doch nicht scheiden ließen.

»Was macht ihr übrigens an Halloween? Oder Samhain, oder wie sagt man noch mal als echte Hexe?«, fragte Henning, als wir endlich alles abgespült und aufgeräumt hatten. »Ist das nicht ein ganz wichtiger Feiertag für Hexen?«

Samira runzelte die Stirn. »Sag das nicht so herablassend.«

»Ich meine das sehr ernst«, sagte er, tatsächlich todernst, »ich war selbst mal eine Hexe.«

»Ein Hexer.«

»Nein, eine Hexe. Wir haben die weibliche Form damals universell verwendet.«

»Wir gehen auf die Party in der Schule«, sagte Linnea, ohne mich anzusehen.

»Ach ja?« Ich hob die Augenbrauen. »Wieso weiß ich davon nichts?«

»Bitte?« Linni sah mich mit ihrem seit Jahren einstudierten Hundeblick an, von dem sie wusste, dass er immer zog.

»Sie suchen auch noch Aufpasser«, sagte ein Mädchen mit langen, braunen Haaren. »Sie könnten sich ja melden, dann …«

»Lucie!«, zischte meine Tochter, die natürlich nicht ihre Mutter auf ihrer ersten Schulparty dabeihaben wollte.

»Oh, ja, das mach ich, danke für den Tipp«, sagte ich, obwohl ich ums Verrecken nicht zu der Halloween-Feier in der Schule gegangen wäre. Eine harmlose Party, mit fledermausförmigem Gebäck,

Spinnweben-Deko und alkoholfreier Bowle für die Kleinen, und später, wenn die Unterstufen abgeholt worden sind, mit Wodka und vor Bass wummernden Boxen und … *Markus Siebert, der mit seinen Studentenfreunden vorbeigekommen ist, um sich von den Schülerinnen seiner Heimatstadt anhimmeln zu lassen.*

Ich schauderte.

»Weißt du, meine Eltern schmeißen ihre obligatorische Halloween-Fete«, sagte Henning, wie beiläufig, obwohl ich seine Ohren rot leuchten sehen konnte.

Die Buchäcker-Party ging so weit zurück, da hatte noch niemand in Deutschland oder zumindest in unserem winzigen Kaff daran gedacht, Halloween zu feiern. Alle ihre Bekannten kamen, sogar von weither angereist, ältere Damen verkleideten sich auf die absurdeste und wildeste Art und Weise, mittelalte Väter waren unter dicker Schminke kaum wiederzuerkennen, und alle aßen viel zu viele Süßigkeiten und tranken viel zu viel Bowle. Kein Erwachsener achtete auf uns, im Wohnzimmer wurde getanzt, es ging jedes Jahr irgendein altes Erbstück kaputt, das kurz betrauert wurde und dann egal war, und Hennings gesamte Familie verbrachte zwei Tage lang damit, alles zu putzen. Als Kinder waren wir mit Körbchen losgezogen für »Trick or Treat«, und später hatten wir die Party zum Vorglühen benutzt, bevor wir dann, schon gut betrunken, in die besagte Schulturnhalle weiterzogen.

»Gehst du mit mir hin?«, fragte Henning und es klang wie ein Briefchen zum Ankreuzen aus der Grundschule: ja, nein, vielleicht.

»Dachte schon, du fragst nie«, sagte ich kokett, obwohl ich bis vor kurzem kein bisschen an die Buchäcker-Feier gedacht hatte. Ich hatte sie mitsamt der Erinnerung an die darauffolgende Schulfete von vor zweiundzwanzig Jahren aus meinem Gedächtnis gestrichen, verdrängt und verschlossen, wie eine Leiche, die man vorsichtshalber noch mal mit Steinen beschwert, bevor man sie im tiefsten Teil des Sees versenkt.

Linnea schien aufzuatmen. »Also darf ich?«

»Wann konnte ich dir jemals etwas abschlagen, du Gör?«

Die Mädchen wurden nach und nach abgeholt und auch Henning verabschiedete sich mit einem kurzen Kuss an der Haustür, dann waren Linni und ich alleine.

»Und?«, fragte sie.

»Weiß auch nicht«, sagte ich. »Es war schön, aber … es ist halt Henning.«

»Ja, und?«

»Ich kenne ihn seit tausend Jahren.«

»Aber nicht richtig. Du kanntest ihn als Kind. Jetzt ist er erwachsen. Ihr. Ihr seid erwachsen.«

Ich wuschelte ihr über den Kopf. »Ach, meine weise Tochter.«

»Und geh halt auf mehr Dates mit ihm, das hilft bestimmt.«

»Jaja. Bist du eigentlich mit dem Briefgeheimnis weitergekommen?«

»Briefgeheimnis?«

»Na, deine Postkartenwand in deinem Zimmer. Die aussieht wie von der CIA.«

»Hm-hm«, machte Linnea. »Ich denke, ich lüfte das bald.«

»Ist es ein wirklich schlimmes Verbrechen? Ganz nach deinem Geschmack?«

»Nee«, sagte Linnea. »Eher nicht. Falls die nicht irgendwas mit deinem Opa gemacht haben …«

»Wie bitte? Wer hat was mit meinem Opa gemacht?«

»Wie ist der noch mal gestorben?«

»Der war alt. Manchmal sterben Menschen auch, weil sie alt sind.«

»Ach so. Na ja, dann ist es wahrscheinlich kein Verbrechen.«

»Na, Gott sei Dank.«

»Soll ich dir mal die Karten legen?« Linnea holte ihre Tarotkarten hervor, zog den Stapel aus der Schachtel und fing an, sie ziemlich gekonnt zu mischen.

»Ach, lass mal«, sagte ich. »Ich will gar nicht wissen, was die Zukunft bringt.«

»Nicht?!«

Ich kräuselte die Nase. »Weiß nicht. Martha sagt, ich soll mehr im Hier und Jetzt leben.«

Sie zuckte die Achseln. »Dann nicht. Ich hab mir auch ein eigenes Buch der Schatten gekauft.«

»Sag mal, hast du gespart?«

»Ja. Außerdem haben Samira und ich uns einen Job manifestiert.«

»Aha? Was denn?«

»Sag ich nicht.«

»Wie bitte? Wieso das?«

»Eine Frau braucht Geheimnisse.«

»Ach ja?«

»Ja.«

Ich betrachtete sie, meine dreizehnjährige Tochter, die Geheimnisse hatte und einen Haufen gutgelaunter Freundinnen und einen mysteriösen Job, von dem sie sich Tarotkarten kaufen konnte, und schwarz bemalte Fingernägel.

»Dir geht's gut hier, oder?« Ich strich ihr eine Haarsträhne hinters Ohr.

»Hm-hm. Bitte lass uns nicht zurückgehen«, sagte sie und blickte von den Karten auf, die sie gedankenverloren studiert hatte. »Bitte lass uns bleiben.«

»Und dein Vater?«

»Den seh ich doch sonst auch nur alle paar Wochen.«

»Stimmt auch wieder.« Ich seufzte. Eine Weile schwiegen wir.

»Mutter?«, sagte sie schließlich.

»Ja, Sprössling?«

»Geht's dir nicht auch gut hier?«

Ich kaute auf meiner Unterlippe, dachte an Britta und Martha, den Honigmet und Henning.

»Ich denke schon«, sagte ich und blickte aus dem Fenster.

»Ich weiß, ich wollte nicht herkommen«, sagte meine Tochter. »Aber jetzt bin ich froh. Das hast du gut gemacht.«

»Ja? Ich hab mal was gut gemacht?« Ich sah sie an und seufzte theatralisch. »Puh! Ich war mir nämlich gar nicht so sicher, ob das hier besser wird als zu Hause. In München, meine ich.« Ich dachte an die Neubausiedlung und Markus und Vicky und Nilam und schluckte.

»Weiß ich doch«, sagte Linnea.

»Weißt du?«

»Klar. Erwachsene tun immer so, als hätten sie alles im Griff, aber …«

»… aber du durchschaust das?«

»Natürlich. Du bist allerdings ganz gut darin.«

»Im So-tun-als-ob?«

»Ja. Du wirkst meistens so, als hättest du vor nichts Angst.«

»Ha«, machte ich und legte Schnecki ein winziges Stück Pfannkuchenrest vor die Fühler. »Punkt für mich.«

Linnea schob sich aus der Küchenbank und legte ihre dünnen Arme um meinen Hals. Sie roch noch immer wie mein kleines Mädchen, dieser schlaksige, rothaarige Teenager, und ich vergrub die Nase in ihren Haaren.

»Ich hab dich lieb, Kürbisnase«, sagte ich.

»Ich dich auch, Mama.« Sie ließ mich los.

»Weißt du, welcher Angst wir uns als Nächstes stellen müssen?«, fragte ich und zog eine Grimasse.

»Nee?«

»Ich habe in der Speisekammer ein riesiges Nest Spinnen entdeckt«, sagte ich. »Jemand muss die wegmachen. Und ich fürchte, wir werden beide zu Spiderwoman mutieren, so viele sind da. Die Gefahr, dass uns eine beißt, ist immens.«

»Iih«, quietschte Linnea. »Das darfst du schön alleine machen, wozu bist du denn die starke Mama und ich nur das kleine, kleine Kind?«

»Ich geb dir gleich, kleines Kind!«, sagte ich und kitzelte sie ein bisschen, bevor sie vor mir davonrannte. »Du hilfst mir da schön dabei. Und wir sollten uns einen Staubsauger besorgen …«

»Aber als Spiderwoman könntest du Wände hochgehen und Spinnenweben aus deinen Handgelenken schießen und so was!«

Ich fing an, das Spiderschwein-Lied aus den Simpsons zu singen, und Linnea rollte die Augen und verzog sich in ihr Zimmer.

* * *

Ich hörte auf meine weise Tochter und verabredete mich zu einem weiteren Date mit Henning. Er wollte mich wieder an einen seiner verlassenen Orte ausführen, »weil das das letzte Mal doch so gut geklappt hat«, sagte er, was irgendwie süß und irgendwie ein bisschen creepy war.

»So von wegen Adrenalin-Verliebtheits-Verwechslung?«, fragte ich.

»Ja. Und weil die meisten von diesen Orten so wildromantisch sind. Düster, aber romantisch.«

»Und wo gehen wir hin?«

»Lass dich überraschen.«

Also ließ ich mich überraschen, zog mir warme Fäustlinge, Stulpen, ganz neu gekaufte gefütterte Stiefel und einen dicken Mantel aus Omas Schrank an, setzte mir eine bommelige Wollmütze auf, die ich in einem Laden in der Stadt entdeckt hatte, und radelte an einem relativ sonnigen, klaren, aber eisigkalten Dienstagnachmittag zu Hennings Wohnung, wo wir ins Auto umstiegen. Er hatte sich extra freigenommen (»Man muss doch deine Arbeitslosigkeit nutzen, solange man kann!«), einen Picknickkorb gepackt oder war gerade noch dabei, ihn zu packen, lud Schüsseln und Plastikdosen und Gläser hinein, hörte gar nicht mehr auf.

»Nimmst du deinen ganzen Hausstand mit, König Oggrock der Bestialische?«, fragte ich.

»Vralunker, der Fürchterliche«, verbesserte Henning. »Nur den halben.« Er packte noch eine Tüte Chips, ein paar Oliven und eine Flasche Wein in den Korb. »Fertig!«

Im Auto hörten wir wieder Radio, aber diesmal lief kein zauberhaftes Konzert, sondern Nachrichten, die die romantische Stimmung ein bisschen dämpften. Henning drückte am Regler herum, kramte im Handschuhfach, sagte: »Guck mal da rein, da müssten CDs liegen, such dir eine aus.«

»Eskapismus-Musik statt Nachrichten-Realität?«, fragte ich, während ich ein sehr oldschoolmäßiges CD-Mäppchen durchforstete.

»Ganz genau«, sagte Henning. »Es geht doch nichts über ein bisschen schönen Eskapismus.«

»Also bitte.« Ich holte eine CD von den Weakerthans hervor. »›Left and Leaving‹ fand ich schon immer ein tolles Autofahrlied.«

Wir fuhren und wir hörten, und die Musik waberte durch mich hindurch und versetzte mich in andere Zeiten, oder ins Hier und Jetzt, aber ein Hier und Jetzt, das wirklich ganz genau hier und jetzt war und nicht eine Millisekunde früher oder später. Die Autoheizung blies heiße Luft in unsere Gesichter, ich schwitzte in meinem

Winteroutfit, spielte mit dem Bommel der Wollmütze in meinen Händen.

Wir hielten gar nicht weit von der Stadt, eher noch in ihren Ausläufern, südlich, wo ein Industriegebiet an brachliegende Felder grenzte.

»Hier?«, fragte ich. »Hier ist dein wildromantischer Ort?«

»Wart's ab«, sagte Henning, aber ich wusste schon, wohin wir gingen, und das Hier und Jetzt krachte ein kleines bisschen in sich zusammen. Das alte Gewächshaus in der Gärtnersiedlung. *My city's still breathing, but barely, it's true, through buildings gone missing like teeth.*

Ich lief hinter Henning und seinem Korb her und hörte kaum zu, während er davon erzählte, was hier früher gewesen war, Gärtneranlagen, Anbaugebiet für Zwiebeln oder Rüben oder anderes gesunde Gemüse, und jetzt lag es brach und die letzten Gewächshäuser, die noch standen, waren ein Überbleibsel aus glorreichen Gärtnertagen, die Scheiben beschmiert oder eingeworfen, aber weiter hinten, das letzte, das war noch fast völlig intakt, als traute sich hier keiner hin, als habe es unerschütterlich die Zeit überdauert.

»Und wenn die Sonne reinfällt, ist es noch richtig schön warm«, bemerkte Henning.

»Wird knapp mit der Sonne«, sagte ich mit einem Blick in den bewölkten Himmel.

»Ich hab auch Decken dabei!«, meinte Henning. »Eine zum Sitzen und zwei zum Warmhalten.«

»Du hast ja an alles gedacht.« Ich räusperte mich, folgte ihm durch den fast zugewachsenen Eingang ins Gewächshaus.

»Vorsichtig mit den Glasscherben.« Henning bog eine Ranke zur Seite, schob mit dem Fuß eine rostige Tür auf. Drinnen noch mehr Pflanzen, die Luft dicker, schwerer, als würde hier noch jemand wässern, an einer Stelle ein Loch in der Decke, wuchernde Stauden, da hingen tatsächlich noch irgendwelche weißen Knollen, die giftig aussahen.

»Hier lang«, sagte Henning und schob mich durch einen Efeu-Vorhang. Dahinter kam eine kleine Höhle zum Vorschein, so musste man es fast nennen, ein verborgener Raum aus Ranken und Ästen, der Boden plattgetreten von zahlreichen Schuhen und Stiefeln.

»Ich hab aufgeräumt.« Henning strahlte mich so breit an, dass wieder der kleine Junge von damals auf seinem Gesicht erschien. »Manchmal hinterlassen Jugendliche hier Flaschen oder Scherben oder Kondome.«

»Iiih«, sagte ich und sah mich um.

»Keine Sorge, alles weg. Und wir haben die riesige Decke.«

Er breitete alles aus, packte das Picknick aus, belegte Brote und Hummus und andere Cremes, frischgebackenes Weißbrot, Oliven, Gläser für den Rotwein.

»Wow«, sagte ich, aber alles, was ich denken konnte war: Hier waren wir früher manchmal. Ohne Henning. Mit Nilam. Hier hat Vicky Markus kennengelernt. Hier haben wir Markus kennengelernt. Überall Vergangenheit, die einem ins Hier und Jetzt pfuschte. Überall in dieser verdammten Stadt.

Ich setzte mich auf die Decke, streifte meine Handschuhe ab und machte »hmmm« und »toll« und »lecker«, und trank mein erstes Glas Wein viel zu schnell.

»Schön, oder? Und schau, wie bestellt …« Henning deutete auf die Sonne, die über dem Glasdach zwischen den Wolken hervorkam und auf unsere Picknickdecke schien.

»Ja, schön«, sagte ich und knabberte etwas lustlos an einem Stück Baguette. Ich fühlte mich unwohl, ich mochte das hier nicht.

»Ist was?«

»Ähm, nee.«

»›Ähm, nee‹, Maria?«

»Ich …« Und dann sprudelte es aus mir heraus, weil das nur fair war, und er sich wirklich Mühe gegeben hatte. »Hier haben wir uns manchmal mit Nilam getroffen. Vicky und ich. Weißt schon, in unserer ›coolen‹ Phase.«

Nicht oft, zwei, drei Mal, aber jedes Mal hatte ich zu viel getrunken und mit älteren Jungs Joints geteilt und ein ums andere Mal in eines der alten Beete gekotzt, oder in einen der Bewässerungsgräben vor der Tür. Ich rückte meine Mütze zurecht.

»Echt?« Henning lächelte etwas unsicher. »Ich war hier nie. Habt mich nie mitgenommen. Hatte nie eine coole Phase, nehm ich an.«

»Hmm«, machte ich. »Hast nichts verpasst.«

»Wer weiß«, sagte er, und ich sah ihn an und dachte, dass alte Jugendmonster ständig ihre langen Arme und kalten Finger nach uns ausstreckten. Ich beugte mich vor und küsste ihn, um sie zu verscheuchen, die Finger und die Vergangenheit. Es klappte für einen winzigen Moment, dann kamen sie zurück.

Vicky und ich, betrunken und nicht richtig gekleidet für einen Ausflug über öde Felder in alte Gewächshäuser. Vicky kratzt sich den Arm an einer kaputten Fensterscheibe auf. Die älteren Jungs, die wir bisher nur vom Sehen kennen. »Muss man das nähen?« Markus kippt Wodka darüber, Vicky quiekt und lächelt. Getauschte Nummern. Und der Heimweg: »Ich hab seine Nummer, seine Nummer, seine Nummer! Welcher hat dir gefallen?« Und ich behaupte: »Keiner«, weil es eine unausgesprochene Sache ist, dass Markus ihr gehört, wo sie doch schon so lange für ihn schwärmt.

Ich hörte auf, Henning zu küssen, und aß noch ein paar Oliven, dann stand ich auf. Meine Finger waren klamm, ich knetete ein bisschen an ihnen herum.

»Schon komisch mit der Vergangenheit, oder?«, sagte ich und hopste ein wenig auf und ab. Es war kalt, da konnte auch der einsame Sonnenstrahl nichts ausrichten.

»Wieso?«

»Weil wir wohl alle irgendetwas mit uns herumschleppen.«

»Ich war ein dicker, kleiner Junge, aber das ist ja jetzt vorbei«, sagte Henning und tat lässig. »Und du hast selbst gesagt, ich hätte nichts verpasst.«

»Hast du auch nicht.« Ich stand auf und ging in dem winzigen Räumchen umher, bog Äste um, erschrak, als etwas vor mir weghuschte, ein kleiner, dunkler Schatten.

Und dann sah ich es. An einem rostigen Pfeiler, hinter einer besonders dicken Efeu-Ranke, hatte jemand etwas eingeritzt. Es war schon verblasst, überrostet, überkratzt, aber immer noch lesbar: *Jungfrau Maria*. Nur das.

Ich zuckte zurück, ließ die Ranke fallen, ging zur Picknickdecke, schnappte mir die Weinflasche und nahm einen großen Schluck.

»Was war da? Eine tote Ratte?«

Ich antwortete nicht. *Jungfrau Maria.* Blödsinnig und albern, aber gemein. Jemand hatte sich den Spitznamen für mich ausgedacht, nachdem die Sache mit Markus die Runde gemacht hatte, damals, nach der Party in der Turnhalle. ›Macht's mit jedem, musst sie nur abfüllen.‹ Es war demütigend und grausam gewesen und keiner meiner Freunde, nicht Vicky und auch nicht Henning, hatte mich je verteidigt. Ich betrachtete den großen Mann, der da auf der rotkarierten Picknickdecke saß, mit seinen Oliven und seinen Chips, und mich ein wenig verwirrt ansah.

»Und du bist da völlig drüber weg?«, hörte ich mich sagen, in einer gemeinen, hohen Stimme, die hinterfotziger nicht hätte sein können. »Über all die Spitznamen und Hänseleien? Facey, der Mops? Die taube Taube?«

Henning machte ein grunzendes Geräusch. »Ach ja, ›die taube Taube‹, fast vergessen.«

Er grinste, ich wollte nicht, dass er grinste.

»Wegen des Hörgeräts und weil du manchmal so den Kopf eingezogen hast.« Ich versuchte, eine besonders taubenartige Bewegung nachzuahmen, die Henning manchmal als Kind in der Schule draufgehabt hatte, wenn er eine Frage im Unterricht nicht beantworten konnte.

»Das ist ziemlich bekloppt.«

»Schon, aber fies, oder?«

»Ja, na und, Teenager sind scheiße. Was ist denn auf einmal los mit dir?« Er klang jetzt ein wenig lauter, ein wenig wütender, genau da, wo ich ihn haben wollte.

»Und als Vicky und ich ein bisschen älter waren, war es uns unangenehm, mit dir wegzugehen. Du hast nicht zu unserem neuen Bild gepasst, und Nilam fand dich peinlich, also wir auch.«

»Klar, Nilam«, sagte Henning und stopfte sich ein großes Stück Baguette mit Butter in den Mund. »Euer großes Vorbild damals. Ich glaube, es war mir egal. Zu Hause waren wir trotzdem noch Freunde, oder etwa nicht?«

»Vielleicht.« Ich trank mehr Wein, schneller jetzt, fühlte ihn in meinem fast leeren Magen schwappen. Henning stand auf und kam zu mir. »Das sind doch alles Teenagerdramen, Maria, das ist doch längst vorbei.«

»Ja, ist es das?« Ich trat einen Schritt von ihm zurück. »Seit ich hier bin, habe ich das Gefühl, die Vergangenheit ist hier dicker als woanders. Von wegen im Hier und Jetzt leben, Henners, das Vergangene sitzt doch an jeder Ecke in diesem Kaff, du kannst doch nicht einfach so tun, als wäre es nicht so. Wie kannst du nur in diesem Ort leben, wo dich ständig alles daran erinnert, dass du klein und fett und unbeliebt warst? Wie kannst du es hier gut finden?«

Ich bog wieder die Ranken auseinander. »Schau«, sagte ich, nahm noch einen Schluck aus der Flasche, fühlte mich plötzlich noch angriffslustiger und noch wütender. Ich zeigte auf den Pfeiler. »Erinnerst du dich? An meinen Spitznamen?«

»Ich hab den nie verstanden.« Henning begutachtete die Inschrift.

Ich schnaubte. »Hast du wohl.«

»Es ist vorbei«, sagte Henning, ohne mich anzusehen, »es ist lange vergangen, deshalb nennt man es Vergangenheit. Man schafft neue Erinnerungen, bessere, man nimmt an, wie man war.«

»Aber wie schaffst du das?«, fragte ich und merkte jetzt, dass ich Tränen in den Augen hatte, dumme Tränen, die ich nicht da haben wollte. Ich blinzelte heftig und trank noch mehr, die Flasche war schon ganz leicht.

»Es ist nur ein Spitzname«, sagte Henning. »Kinder können grausam sein, Jugendliche auch, aber jetzt sind wir erwachsen und …«

»Lass uns gehen«, sagte ich. Ich spürte den Wein warm durch meine Kehle rinnen, mir wurde leicht flau im Magen.

»Ach, Maria, jetzt warte doch mal …«

»Ich will einfach raus hier, okay?«

Henning seufzte, fing an, die Picknicksachen einzupacken, die wir kaum angerührt hatten. Ich sah ihm dabei zu, half nicht. Der Wein war jetzt fast leer und mir war schlecht. Ich wankte aus dem Gewächshaus, kämpfte mich durch den rankenumwachsenen Eingang und spuckte rotweinrosa in eines der leeren Gemüsebeete. Damals hatte ich mich erbrochen, diesmal nur beinahe.

»Ich laufe nach Hause«, sagte ich, als Henning hinter mir stand und ich aufgehört hatte zu würgen. »So weit ist es nicht.«

»Jetzt red keinen Quatsch, es ist eiskalt, ich fahr dich.« Henning kam hinter mir hergestolpert, klaubte im Gehen den Picknickkorb und die Decken zusammen.

»Nein, ich laufe!«, fauchte ich und ging über das offene Feld davon.

»Maria!«, rief er. »Maria, jetzt warte doch mal!«

Aber ich wollte nicht warten. Ich wünschte mir meine Laufschuhe, eine lockere Hose, ich konnte jetzt nicht stillsitzen.

»Ich muss mich bewegen!«, rief ich Henning zu, als er mit dem Auto neben mir anhielt, ging einfach weiter. »Ich kann jetzt nicht im Auto sitzen.« Als sei das eine erwachsene Erklärung für mein seltsames Verhalten. Unruhige Beine. Restless Legs-Syndrom.

»Maria!«, sagte Henning aus dem Auto heraus. »Jetzt steig ein, du benimmst dich kindisch.«

Ich schüttelte den Kopf, hastete weiter über das Brachland.

»Weiß ich selbst, Henning.« *Dramaqueen.* Sollten sie ihre Dramaqueen haben.

»Kannst du mir mal erklären, was jetzt eigentlich los ist? Es ist doch nur ein dummer, alter Spitzname. Über zwanzig Jahre her. Jetzt lass mich dich doch fahren, verdammt.«

»Ich hab dir gesagt, ich brauche etwas Bewegung. Hat nix mit dir zu tun.«

Er seufzte. »Fühlt sich aber ganz danach an.«

Ich blieb stehen und er hielt quietschend an. »Dieses Kaff ist einfach nichts für mich«, sagte ich. »Okay? Ich muss hier wieder weg. Das ist nicht mein wahres Leben, es ist zu viel.«

»Was in aller Welt ist denn passiert, Maria? Wieso erzählst du denn nichts?«

»Tschüss, Henning.« Theatralisch stapfte ich davon, wie der trotzige Teenager, zu dem ich mutiert war, zog meine Bommelmütze fester über die Ohren und ballte die Fäuste in meinen Handschuhen.

Er fuhr hinter mir her, ich hörte ihn ein paarmal »Jetzt setz dich doch ins Auto« sagen, dann murmelte er noch etwas, gab auf und fuhr davon. Ich fühlte mich hundsmiserabel, albern, kindisch, etwas hatte übernommen, das nicht hätte übernehmen sollen, aber ich kam nicht dagegen an.

Es liegt nur an diesen Orten hier, dachte ich, ich bin der erwachsenste und rationalste Mensch, wenn ich in meinem echten Leben bin.

Wir mussten zurück. Schleunigst.

KAPITEL 22

LINNI!, SCHRIE ICH, als ich endlich zu Hause angekommen war, mit kalten, nassen Füßen (sollten die neuen Stiefel nicht wasserfest sein?) und einer roten Nase von Wind und Wetter.

Es hatte sich zugezogen, und graue Wolken bildeten eine dichte Decke über uns, und es war dunkel geworden, während ich über die Felder marschiert war, dunkel und noch kälter.

Ich warf die Tür hinter mir zu. »Linni!«

›Wir gehen‹, wollte ich rufen, oder: ›Wir fahren, jetzt sofort‹, genau, wie ich mich in meinem Dramaqueen-Modus fühlte. Aber Linnea war nicht da. Nicht mal Bootsmann kam schwanzwedelnd aus einem der Zimmer gelaufen. Das Haus war still und düster und leer. Selbst Oma Hannes Geist ließ sich nicht blicken.

»Linnea!«, brüllte ich. Keine Antwort.

»Wo ist dieses Kind«, brummelte ich vor mich hin wie die verrückte Alte aus einem Steven-Spielberg-Film und eilte wieder aus dem Haus. In meinen neuen Stiefeln gab es ein matschiges Geräusch. Ich stieß mit dem Fuß gegen die Plastikschaukel im Hof und sah dann drüben in Marthas Hütte meine Tochter an einem Fenster vorbeigehen, hell beleuchtet an diesem finsteren Abend, die Rosen wie ein Theatervorhang vor den Fensterläden. Mir fiel ein, dass Linnea ja nach ihrem Wendo-Kurs zu Martha gehen wollte, abendessen. Ich rannte über die Straße, klopfte an die Tür des Hexenhauses. Martha öffnete mir mit einem von warmem Essensdampf roten Gesicht.

»Oh«, sagte sie, während Bootsmann mir um die Beine strich und mit seinem struppigen Schwanz wedelte. »Du bist schon wieder da? Wir haben gerade gegessen. Ich dachte, du kommst später.«

»Nein, ich bin hier.«

»Das sehe ich.« Martha runzelte die Stirn. »Es sind noch Reste da, willst du was?«

»Nein. Linni!«

Linnea erschien hinter Martha und hatte genauso rote Wangen wie sie. Im Haus war es warm und gemütlich und es roch nach geschmolzenem Käse und frischem Sauerteigbrot.

»Mama«, sagte sie. »Du kommst genau richtig. Ich lüfte jetzt das große Geheimnis.«

»Welches Geheimnis?«

»Was ich ermittelt habe.«

Ich seufzte. »Linnea, nicht jetzt, du, wir müssen packen, das hat hier keinen Sinn, ich werde gleich morgen Ariane anrufen, bei der kommen wir sicher ein paar Wochen unter, bis wir was Eigenes gefunden haben.«

»Was?« Linnis Lächeln brach in sich zusammen. »Du hast gesagt, wir bleiben hier. Du hast doch sogar das Vorstellungsgespräch …«

»Das lässt sich absagen.« Ich spürte einen leichten Stich irgendwo in der Nähe meines Herzens.

»Ständig entscheidest du dich um!«, schrie Linnea und ich wunderte mich über ihre laute Stimme. »Du bist total … total …«

Ich wartete darauf, was sie sagen würde. Fies? Wankelmütig? Irgendeinen Linnea-haften Begriff aus ihrem altklugen Wortschatz, der es auf den Punkt traf.

»… total gaga!«

»Okay«, sagte ich. »Das mag sein. Aber ich bin trotzdem deine Mutter und hab hier das Sagen. Und jetzt komm.«

»Nein«, sagte Linnea.

»Komm du erst mal rein«, sagte Martha, die mit einem Paar Wollstrümpfe in der Hand wieder neben uns auftauchte. »Und zieh dir was Warmes an, du holst dir noch den Tod.«

»Ich bin neununddreißig Jahre alt, Martha, ich kann selbst entscheiden, wann ich …«

»Meine Güte, dann lass eben die nassen Schuhe an, aber setz dich hin und atme.«

Ich sah, dass Linnea grinste, und fühlte mich zu schwach, um ihr einen angemessen strengen Blick zuzuwerfen. Widerwillig ging ich in die Wohnstube und setzte mich auf Marthas blaue Couch.

»Du hast Wein getrunken«, stellte Linnea fest, die neben mir kniete und an meinem Mund schnupperte wie ein kleiner Hund.

»Ja, und?«

»Bei zu viel Wein wirst du melodramatisch.«

»Ach ja?«

»Ja. Also trink ein Glas Wasser und hör mir erst mal zu. Das wird dir gefallen.«

Sie gab mir was zu trinken und ich sank in die Kissen. Mein schönes, kluges Kind. Wie hatte ich sie verdient? Ich fühlte, wie die Wut langsam aus mir herauströpfelte, mit jedem Schluck Wasser davongespült wurde. Martha drückte mir ein Brotzeitbrettchen mit einem mit würzigem Käse überbackenen Brot in die Hand. Es duftete herrlich. Auf einmal war ich furchtbar müde.

Linnea holte einen Stapel Briefe aus ihrem Schulrucksack und legte ihn auf Marthas großen Esstisch. Martha klapperte noch mit dem Spülgeschirr herum, trocknete sich dann aber die Hände an einem Tuch und kam herüber. Sie wippte auf dem großen, grünen Gymnastikball herum, während Linnea nervös wirkte und fahrig die Unterlagen auf dem Tisch ausbreitete.

»Also …«, sagte sie. »Ich hab ja eure Briefe studiert. Uris Briefe, meine ich.«

Martha lächelte. »Und jetzt kann ich sie endlich haben und lesen? Ich weiß gar nicht mehr, was wir da alles so geschrieben haben …«

»Hm-hm«, machte Linnea.

Ich runzelte die Stirn.

»Hast du rausgefunden, dass Oma dreimal öfter in Jesolo war, als sie erzählt hat?«, fragte ich. »Oder gab es eine Affäre mit einem heißen Venezianer?«

Linnea guckte zu Martha, und die auf die blankpolierte Tischplatte.

»Martha?«, fragte ich und blickte von Linnea zu ihr und zurück. »Was, ernsthaft? Ein heißer Venezianer?«

»Nein«, sagte Martha leise. »Kein Venezianer.«

»Sondern …?«, fragte ich.

»Wie bist du denn da drauf gekommen?«, fragte Martha an Linnea gewandt.

Meine Tochter zwirbelte an Bootsmanns Fell herum, der unter dem Tisch lag. »Hm … wegen … Kleinigkeiten. Details. P wie Paplinski, oder? Ich weiß auch nicht. Ich hatte so eine Ahnung.«

»Was?«, fragte ich, verstand gar nichts.

»Uri war deine Freundin, oder?«, sagte Linnea zu Martha.

»Natürlich war sie das«, sagte ich.

»Ich meine Freundin-Freundin«, erklärte Linnea.

»Oh«, sagte ich. Die Briefe, die Post-its, die Ermittler-Wand. All die Fotos von Oma und Martha. »Was?«

Martha seufzte. »Warst du schon mal verliebt?«, fragte sie Linnea.

»Nein.« Linni wurde rot.

»Na ja, aber irgendwann verliebst du dich. Und dann sind da diese Schmetterlinge und der ganze Kram, von dem man hört. Und wenn du dich wirklich für jemanden entscheidest, geht das auch wieder weg, die rosarote Brille. Aber trotzdem wäre dein Leben ohne diese Person verdammt leer und traurig. Und das ist dann wirklich wichtig.«

»Also war sie deine Freundin«, stellte Linnea fest.

»Bist eine gute Ermittlerin«, sagte Martha und drückte ihre Hand. »Und du hattest nur ein paar Briefe und Fotos!«

Linni wirkte stolz.

»Martha!«, sagte ich.

Martha zuckte die Schultern.

»Ich hab eh nie kapiert, wie ihr das nicht sehen konntet. Hannelore war meine beste Freundin. Meine Geliebte, meine Frau. Sie war alles für mich.«

Mir stand der Mund offen. »Und Opa?«, rief ich.

»Der wusste es auch nicht. So richtig sind wir aber erst zusammengekommen nach seinem Tod. Vorher war das … sporadisch.« Sie seufzte, es klang erleichtert, als wäre endlich etwas herausgekommen, was lange unterdrückt gewesen war.

Meine singende Oma, Arm in Arm mit Martha. Sie grölen »An der Nordseeküste« oder irgendeinen anderen dämlichen Schlager und haben rote Wangen vom Apfelwein. Opa und ich auf der unbequemen Bierbank beim Apfelfest, ich sitze auf seinem Schoß und trinke eine Limo und habe Bauchweh von zu viel Kuchen und Saft. Nach dem Apfelfest, erklärt mir Opa, kriegen immer alle die Scheißerei. So bekömmlich sind Äpfel nämlich nicht. Und dazu noch der Zwiebelkuchen, »ei-ei-ei.« Deshalb trinkt Opa auch keinen Apfelwein, sondern ein Bier, und jetzt runzelt er die Stirn.
»Oma ist besoffen«, stelle ich fest. Er nickt. Wir beobachten meine auf der Bierbank schunkelnde Oma. Jetzt spielt die Kapelle »Marmor, Stein und Eisen bricht«, und Oma drückt Martha einen Schmatzer auf die Wange. Die wird noch röter, und Opa sagt: »Jetzt will ich auch mal was singen mit meiner Frau!« Alle stutzen, der ganze Tisch

schaut ihn an. »Hermann…?«, fragt jemand erstaunt. »Du?« Oma wirkt schlagartig nüchtern. Mein Opa singt nie, er ist keiner von der lauten Sorte. Aber jetzt schiebt er mich von seinem Bein und legt einen Arm um meine Oma, die irgendwie kleiner wirkt, als gerade eben noch und stimmt lautstark ein: »… aber unsere Liebe nicht, alles, alles geht vorbei, doch wir sind uns treu!«
Martha setzt sich zu mir und betrachtet die beiden mit ihren Apfelbäckchen und einem mürrischen Blick. »Der Opa singt besser wie du«, sage ich mit dem Mund voll bröseliger Salzstangen, und Martha sagt: »Als. Als du, heißt das, Hummelchen.«

»Aber …«, sagte ich. »Aber … Wieso habt ihr denn nie was gesagt? Wir sind doch nicht … Ich meine, wir sind doch nicht homophob, oder so.«

Oma und Martha. Es war ja auch eigentlich so offensichtlich. Sie waren ständig zusammen gewesen. Aber man dachte doch nicht darüber nach, ob sie verliebt sein könnten, wenn sie gemeinsam die Apfelbäume schnitten oder Birnenmus einkochten, in ihren Wanderschuhen und beigen Wollhosen.

»Deiner Oma war das nicht recht«, sagte Martha. »Sie dachte, ihr verurteilt sie.«

»Warum?«

»Nicht so sehr wegen mir, mehr wegen deinem Opa. Dabei hat es, wie gesagt, erst richtig angefangen, als er gestorben war. Und dann war es halt auch zu spät, was zu sagen. Sie hat sozusagen den richtigen Zeitpunkt verpasst.«

Ich biss in mein Käsebrot, das mittlerweile kalt geworden war, weil ich nicht wusste, was ich sagen, was ich tun, was ich denken sollte. Oma und Martha.

»Dabei ist es doch viel leichter, ein Mal was zu sagen, als dauernd zu lügen«, sagte ich schließlich mit vollem Mund. »Wieso habt ihr denn gelogen? Ist doch nicht … Ich meine, wir hätten das doch verstanden.«

»Nicht gelogen, nur nichts gesagt«, erwiderte Martha. »Und es ist ja nicht so, als wärst du besonders oft hier gewesen.«

Ich biss wieder in mein Brot; solche kleinen Spitzen war ich von Martha gar nicht gewohnt. »Nur in letzter Zeit nicht«, sagte ich, plötzlich verärgert. »Als Kind war ich ständig hier. Und ihr habt uns doch immer gepredigt, dass man zu sich selbst stehen soll, zu allem, wie man ist.«

Hexenzirkel, Teenager-Empowerment, Angst rausschreien, Wut wegtanzen. Alles nicht echt.

»Wir waren ja, wer wir waren«, sagte Martha und wirkte verzweifelt. »Nur … vor euch nicht ganz. Sie hat eben nicht alles erzählt, du erzählst doch auch nicht alles …«

Alles Alte sprudelte wieder in die Höhe. Noch mehr Vergangenheit, mehr Schmerz und Unausgesprochenes.

»Lass uns gehen, Linnea. Ich muss das erst mal sacken lassen.« Ich stand auf, nahm mein Brot in eine und Bootsmanns Halsband in die andere Hand, zog den Hund mit, Martha sagte: »Maria …« Aber zum zweiten Mal an diesem Abend ließ ich jemanden einfach stehen.

Ich hörte noch, wie Linnea »Tut mir leid …« zu Martha sagte und sie antwortete: »Nein, das war super, meine kleine Ermittlerin. Es war längst Zeit.«

Dann waren wir draußen in der Kälte, ich schob Linnea durch den Garten und sagte: »Ich rufe Ari an. Wir fahren. Am besten gleich morgen.«

»Nein!« Linnea machte sich von mir los. »Du spinnst mal wieder, Mama, du …«

»Ja, das weißt du doch, dass deine Mutter spinnt, also gewöhn dich dran. Ich bin hier die Erwachsene, ich hab das Sagen.«

»Aber du bist bescheuert. Du bist gar nicht richtig erwachsen.«
»Du noch viel weniger«, sagte ich und ließ Bootsmann ins Haus, bevor wir hinterher gingen. »Es hat einfach keinen Zweck, diese blöde Stadt, es …«

»Alles ist gut hier, Mama. Alles! Jedenfalls für mich. Und du hast sogar einen Freund und …«

»Ich hab keinen Freund, der ist …«

»Doch, hast du. Du verdrehst nur ständig alles und machst Probleme, wo keine sind.«

»Du gehst jetzt in dein Zimmer.« Diesen Befehl hatte ich als Kind immer albern gefunden; ich war gern in meinem Zimmer gewesen, und ich wusste, Linnea auch. Trotzdem klang das angemessen ernsthaft und streng.

»Geh du doch in dein Zimmer.«

Ich starrte meine Tochter an. So viel dazu.

»Ja, mach ich«, sagte ich und stapfte nach oben.

»Und über dich und Frau Siebert ermittle ich auch noch!«, rief mir Linnea hinterher.

»In Ordnung«, sagte ich ruhig vom oberen Ende der Treppe aus. »Das kannst du mir ja dann ganz genau erzählen, was du da Tolles herausgefunden hast. Zu Hause, in München.« Ich machte die Tür hinter mir zu, hörte einen Moment später ihre Zimmertür knallen und sank aufs Bett.

So eine Scheiße, dachte ich. So eine blöde Scheiße.

KAPITEL 23

ICH SCHLIEF SO SCHLECHT in dieser Nacht wie lange nicht, träumte von Oma und Martha und dem Oggrock-König Vralunker auf einem Bärenfell und von Henning, der mich mit traurigen Kinderaugen ansah.

Im Morgengrauen stand ich auf und ging eine Runde laufen, atmete die dicke Morgenluft ein, kalte Nebeltröpfchen wie Eissplitter auf meinen Wangen, sah zu, wie der Himmel heller wurde. Ein Reh stand am Waldrand und blickte mich an; selbst dieses Tier wirkte vorwurfsvoll.

Der Wind pustete die restlichen Wolken weg und wurde wieder stärker, blies mein uraltes, selbstgebasteltes Namensschild von seinem Nagel an der Tür, und es zerschellte auf den Stufen vor Omas Haus.

»Tschüss, Eierschalen-Haus«, murmelte ich und wischte die Bruchstücke mit dem Fuß in eine Ecke.

Ich sagte das Vorstellungsgespräch in der Schule ab, ohne Begründung, einfach so, superkurzfristig.

»Na, dann kommt nach Hause«, sagte meine Freundin Ariane am Telefon, die kleine Kinder hatte und früh wach war, so dass ich sie gleich um sieben anrufen konnte. »Wenn es gar nicht mehr geht. Ihr seid hier immer willkommen. Müsst euch halt das Gästezimmer teilen. Aber wir haben bis nächste Woche Besuch, also vielleicht hältst du noch ein paar Tage aus.«

Beim Frühstück sprach ich mit Linni, die erleichtert war, dass sie noch zur Halloweenparty bleiben durfte (und mich ansonsten mit der Glut von tausend Sonnen hasste, wie sie sehr pathetisch verkündete), und in den Tagen darauf fast jede hausaufgabenfreie Sekunde mit Samira und ihren Freundinnen verbrachte, so dass ich sie kaum noch sah. Ich rief ihre Schule an, und die neue, alte in München, und hatte ein furchtbar schlechtes Gewissen. Sollte sie mich ruhig hassen.

Ich winkte Martha zu, während ich unsere Sachen in Umzugskartons packte, entschuldigend, ich wusste nicht wirklich, was ich fühlen sollte, aber es war Martha, immer noch die gute alte Martha Paplinski, und wenn Oma sie geliebt hatte, dann war es eben so gewesen.

»Wieso hast du denn nie was gesagt?«, grummelte ich in die Stille der Küche hinein, aber die Schatten in den Ecken blieben stumm und leer.

***

Britta rief an und fragte, warum ich nicht zum Vorstellungsgespräch erschienen war. Das Handy am Ohr betrachtete ich die Kastanien auf der Fensterbank, die mittlerweile schrumpelig geworden waren, die Bäuche der Männchen flacher, die Köpfe runzeliger. Ich erklärte ihr, dass ich abreisen müsste, ohne Begründung, als wäre ich eine Person aus dem 18. Jahrhundert, mit langem Kleid und weißer Haube in einer Pferdekutsche, die mit Tränen in den Augen und Taschentuch untröstlich aus dem Fenster winkt. Dann fegte ich die Kastanienmännchen mit einem Wisch in den Abfalleimer.

»Was?«, rief Britta in den Hörer, so dass ich das Handy ein Stückchen von meinem Ohr weghalten musste. »Wie bitte? Einfach so?«

»Ich wollte von Anfang an nicht hierherkommen«, sagte ich mit dem Mülleimer in der Hand. »Es war eine Schnapsidee. Und sowieso nur vorübergehend geplant. Je länger wir es herauszögern, desto schwieriger wird es für Linnea.«

»Aber …« Britta klang auf einmal ganz klein. »Ich dachte, es läuft gut hier.«

»Manches«, sagte ich.

»Henning?«

»Ich weiß nicht.«

»Wir?«

»Wir schon. Wir bleiben in Kontakt, ja? Wir sind doch Freundinnen …« Ich klang wie fünf Jahre alt. Ich hatte keine Ahnung, was ich noch sagen sollte. Ich fühlte mich uralt und winzig klein gleichzeitig.

»Hm«, machte Britta. »Dann betrinken wir uns bei Hennings Party auf deinen Abschied, ja? Und zwar ordentlich!«

Später fischte ich Opa Hermann aus dem Müll und stellte ihn ins Regal, wo er mich mit vorwurfsvoll geneigtem Kopf anblickte, weil sein Hut verlorengegangen war.

Henning rief nicht an, und ich konnte mich nicht überwinden, mich bei ihm zu melden. Was sollte ich sagen? War blöd von mir? Ich war genau die Dramaqueen, die Vicky in mir sieht? Du kannst überhaupt nichts dafür?

Also ließ ich es bleiben.

***

Britta und Nele waren der Meinung, dass man zu einer Halloween-Party nicht unverkleidet erscheinen durfte.

Der Inhalt des Kleiderschranks meiner Oma Hanne: Lange Kittelschürzen mit Blumenmuster, ihre Pelzmütze, Lockenwickler und weiße Baumwollnachthemden, süßliches Parfüm und Staub. Eine ihrer Schürzen, in die ich mich zwängte, war natürlich zu eng und zu lang, aber egal. In einem Schrank im Bad fand ich Lockenwickler; ich würde mir die Haare aufdrehen und als Oma Hanne gehen.

Britta und Nele, die ein paar Stunden später vorbeikamen, protestierten.

»Wir wollten dich zum Verkleidungsshopping abholen«, sagte Britta mit einem Strahlen, das ihrer gelben Mütze Konkurrenz machte.

»Ohne mich.«

»Aber was willst du anziehen?«, fragte Nele und hörte sich an wie Vicky vor zwanzig Jahren. Ich schob den Gedanken weg.

»Na, was meine Oma so hat«, sagte ich und deutete auf den geöffneten Kleiderschrank.

»Hm«, machte Britta wenig beeindruckt. »Lass uns doch wenigstens mal gucken. Ich dachte, du als alte Hexe machst bestimmt einen auf Samtkleider und Nerzstola …«

Ich seufzte, zog mir eine Jeans an und folgte ihnen aus dem Haus. Der Mittwochs-Wind hatte im Laufe der Woche zugenommen, blies noch immer Blumentöpfe von Fensterbrettern und wirbelte Herbstlaub durch die Gegend. Mit unseren Fahrrädern wurden wir fast davongeweht, die Luft preschte seitlich an uns heran, und man musste kräftig gegenlenken, um nicht von der Fahrbahn gedrückt zu werden. Durch meine Wollmütze pfiff es kalt und rauschend in meinen Ohren. In der Siedlung roch es nach verbrannten Blättern und Fallobst.

Im Second-Hand-Laden, in dem ich schon gewesen war, fanden wir schwarze Seidenstrumpfhosen, einen langen Umhang, einen Spitzenkimono und einen Samtturban.

»Ach, kommt schon«, sagte ich. »Wie alt sind wir?«

Aber Britta und Nele gingen voll auf in ihrer Rolle als Shopping-expertinnen, alberten zu zweit in der winzigen Umkleidekabine herum, kamen heraus und bewunderten sich gegenseitig in den auffälligen Klamotten.

Ich schlang mir lustlos eine Federboa um den Hals, setzte mich vor die Kabine, machte angemessen euphorisch »ah!« und »oh!«, wenn sie etwas besonders Hübsches trugen, und dachte mir, dass Linnea diesen kleinen Teenie-Ausflug geliebt hätte.

»Was für Hexen wollt ihr sein?«, fragte ich, als Britta in einem grellgrünen Hosenanzug und hohen Plateauschuhen aus der Kabine kam.

»Völlig egal, Hexen gab es immer«, sagte sie. »Sie sind ja nur ein Symbol für Frauenpower.«

»Ja, wie die blauen Perücken«, sagte Nele, deren Stimme im Laufe der Wochen lauter geworden war, nicht mehr so dünn klang. Ich fragte mich, ob das auch mit meiner Stimme passiert war, irgendwann zwischen siebzehn und neununddreißig.

»Genau, was soll das eigentlich?«, fragte ich.

»Das weißt du nicht?« Britta probierte ein Haarband auf, das sich genau wie der Hosenanzug mit ihren roten Haaren stach. »Dabei hat deine Oma das doch erfunden. Weil nämlich der Mann, Ex-Mann, von Ute, der meinte, wir wären doch eine Sekte, nein, ein Hexenclub. So hat er uns genannt. ›Gehst du wieder zu deinem Hexenclub?‹ Und Hanne meinte dann, das ist ’ne gute Idee und wir bräuchten ein Erkennungszeichen. Mehr Gruppenzugehörigkeit, sozusagen. Also hat sie das mit den Perücken angeleiert. Es war ein Witz, aber der ist ein bisschen ausgeufert, und jetzt erweisen wir so anderen die Ehre …«

»Das ist schön«, sagte ich und »ich hab so einiges nicht gewusst.«

»Was noch?«

»Von Martha und ihr?«

»Wie, echt? Die waren doch ein Herz und eine Seele.«

»Tja«, sagte ich. »Ich war wohl zu sehr mit meinem eigenen Drama beschäftigt.«

»Du immer und dein mysteriöses Drama«, sagte Britta mit gehobenen Augenbrauen.

»Ich glaub, ich geh doch einfach als Oma Hanne«, sagte ich. »Und dann hol ich mir noch ’ne blaue Perücke dazu und fertig. Als Hommage. An Oma und an Martha und an die beiden zusammen.«

Britta lachte. »Na, dann tu das. Ich werde als 20er-Jahre-Flapper-Girl gehen. Und du, Nelli?«

Nele entschied sich für Wahrsagerin, kaufte den Turban und ein paar Tücher. Als wir glockenbimmelnd den Laden verließen, stieß ich recht schwungvoll die Tür auf, drehte mich dabei noch zur Besitzerin um, winkte ein »Danke« und knallte frontal mit jemandem zusammen. Es roch nach Kaffee, heiße Brühe ergoss sich über meine Brust, ich atmete schnappend ein und Markus Siebert sagte: »Na, sieh einer an. Wenn das nicht Maria Zeitler ist.«

Etwas in mir erstarrte. Ich stand einfach nur da, der Kaffee sickerte warm durch meinen Pulli, der Wind zerrte an meinen Haaren.

»Mein armer Espresso.« Markus wischte mit dem Fuß durch die Kaffeepfütze am Boden.

»Hallo, Markus«, sagte ich und merkte, wie leise meine Stimme war, brüchig. In meinem Ohr fiepte ein hoher Ton, wie ein Sägeblatt. Ich räusperte mich.

»Vicky hat mir schon erzählt, dass du wieder im Lande bist«, sagte er und lächelte. Er lächelte. Nach all den Jahren stand er einfach da und lächelte und machte Smalltalk.

»Äh, ja«, sagte ich, noch immer mit dieser ungewöhnlichen Piepsstimme, die ich seit über zwanzig Jahren nicht von mir gehört hatte. Ich fühlte Britta und Nele hinter mir stehen, sehr nahe, wie eine verstärkende Rückwand, an die man sich drücken konnte, wenn man das Gefühl hatte, auf einmal nach hinten wegzukippen.

»Und, kommt ihr auch zur legendären Buchäcker-Party?«, fragte Markus und warf einen Blick in die Runde. »Ich wollte eben noch was zum Verkleiden einkaufen, man kann ja nicht immer als mörderischer Gärtner gehen.«

Er lachte, als wüsste ich genau, was er damit meinte, als wäre ich die letzten Jahre auch immer auf dieser Party gewesen und hätte ihn dort jedes Jahr mit einer in Himbeersaft getauchten Gartenschere gesehen.

Ich lachte nicht. Ich hatte vergessen, wie das ging.

Mein Herz schlug zu schnell, und ich spürte, dass ich schwitzte, obwohl der Wind mir ins Gesicht schlug und der Kaffeefleck auf meinem Pulli langsam kalt wurde.

»Sorry wegen …« Markus deutete auf meine Brust.

»Schon gut«, sagte ich. »Wir müssen jetzt mal. Tschüs, Markus.«

Und damit drehte ich mich um und ging, viel zu schnell, aber ich konnte mich nicht bremsen, ich wollte einfach weg, sehr schnell, sehr weit weg.

Jemand packte mich am Arm. »Süße, unsere Räder stehen da vorne«, sagte Britta in einem sehr sanften Tonfall.

»Ach ja!« Ich drehte um.

»Ein Ex?«, fragte Nele. Ich schüttelte den Kopf. Britta sah mich aus zu Schlitzen verengten Augen an.

»Sollen wir einen Kuchen essen gehen?«, fragte sie, als wir am Fahrradständer ankamen.

Meine weggebrochene Stimme wollte ich nicht hören, ich schüttelte wieder nur den Kopf, heftiger, nestelte am Schloss meines Fahrrads herum.

»Ich muss einfach heim«, krächzte ich.

»Martha hat bestimmt noch Honigmet«, sagte Britta, und ich sah ruckartig auf. »Ich will heim, Britta, okay?«

»Wir könnten ja auch bei dir …«

»Britta, bitte!« Ich riss den Fahrradlenker so heftig von der Straßenlaterne weg, dass ich fast zur Seite umfiel.

Ich strauchelte, rappelte mich wieder auf, meine Ohren rauschten, dann schob ich das Fahrrad energisch an Britta und Nele vorbei, stieg auf und fuhr davon, bevor sie noch etwas sagen konnten.

Natürlich hatte ich Gegenwind. Der Sturm peitschte mir ins Gesicht, ich kam kaum vorwärts. Ganze Zweige flogen an mir vorbei und die Luft schien zu tosen.

Barfuß, mit Loch in der Strumpfhose, ein Waschbär-Gesicht im H&M-Schaufenster.

Ich trat härter in die Pedale, bis meine Muskeln schmerzten, stemmte mich nach unten, um dem Wind weniger Angriffsfläche zu bieten.

Ich am Boden, neben meinem Rad, sehe ihm nach, wie er weggeht; das Telefon am Ohr winkt er kurz über eine Schulter.

Das war das letzte Mal, dass ich ihn gesehen habe. Er fuhr am nächsten Tag zurück in seine Studienstadt, und als ich Vicky erzählte, was passiert war, kündigte sie mir die Freundschaft. *Schlampe. Miststück.* Wieso war sie auf mich wütend?, fragte ich mich jetzt, während ich gegen den Sturm ankämpfte und den Schmerz in meinen Beinen dazu verwendete, weniger nachdenken zu müssen. Wieso nannte sie mich Schlampe und war nicht böse auf ihn?

Ich erreichte die Auffahrt, als es gerade anfing zu regnen. Der Wind peitschte die Tropfen seitlich gegen die Hauswand, aber vor der Tür stand Martha, sehr ruhig, mit einem Regenschirm, den sie jetzt unter dem Vordach zuklappte, um stattdessen ihre Kapuze über die Haare zu ziehen.

»Britta hat mich angerufen«, sagte sie, während ich das Fahrrad in den Hof fallen ließ und mich an ihr vorbeischob. Ich war mittlerweile völlig durchnässt, ein Platzregen, gefühlt schräg von unten, und ich hatte keine Lust auf gute Ratschläge von weisen alten Frauen.

»Ich muss ins Bett, unter die Dusche und dann ins Bett.«

»Maria …«

»Und nach der Party morgen sind wir hier weg. Ist besser so.«

»Was ist denn damals passiert, Maria?«, fragte Martha. »Was ist das denn, was dich so fertigmacht?«

»Nichts«, sagte ich. »Es ist überhaupt gar nichts.«

Ich wischte mir den nassen Pony aus der Stirn. Oben hörte ich das Dachbodenfenster klappern, das wie immer nicht richtig verschlossen war.

»Weißt du, deine Oma liebte Stürme«, sagte Martha, die immer noch keinen Zentimeter aus dem Türrahmen wich. »Sie meinte, manchmal braucht es die.«

Ich antwortete nicht.

»Sie hat gern Dinge in den Sturm geschrien«, fuhr Martha fort und sah aus, als sei sie eine ätherische Lichtgestalt, die vom Regen verschont blieb, in ihrer dunkelgrünen Wachsjacke mit der riesigen Kapuze, von der der Regen einfach abperlte, während er mir in Strömen übers Gesicht und in den Kragen lief, kalte Rinnsale an meinem Nacken. »Dinge, die der Sturm mitnehmen sollte.«

»Ach ja?« Ich hatte meine Oma nicht als so meschugge in Erinnerung, wollte jetzt aber nicht mit Martha streiten. Ich wollte meine Ruhe, und ich wollte eine trockene Decke und eine Wärmflasche.

»Ja!«, sagte Martha. »Schrei es in den Sturm, Maria, das hilft.«

»Esoterisches Kasperle-Theater«, murmelte ich, aber so leise, dass Martha es auch überhören konnte.

Ich hatte das Gefühl, dass ich überhaupt nicht würde schreien können, dass kein Ton, oder nur ein sehr kläglicher aus meinem Mund kommen würde, sollte ich es versuchen. Mädchen ohne Stimme, sagte mein Gehirn. *Schlampe.*

»Ich geh jetzt rein.« Ich schob Martha von meiner Tür weg, zog den Schlüssel aus meiner Handtasche und hantierte am Schloss herum.

»Möchtest du einen Tee?«, fragte Martha, aber ich schüttelte den Kopf, wollte sagen: »Es geht mir gut«, aber stattdessen überflutete mich plötzlich etwas anderes, etwas Altes, etwas Unkontrollierbares. Ich drehte mich zu Martha um, so ruckartig, dass sie erschrocken zurückwich.

»Wieso warst du damals nicht da?«, sagte ich, mit dieser kaputten Stimme. »Wieso fragst du jetzt nach Tee, zwanzig Jahre zu spät? Wo wart ihr damals, du und Oma, als ich euch gebraucht hätte?«

Martha sah mich an. »Kind, wir wussten doch nicht … Was ist denn …« Martha stotterte selten. Ich schnaubte.

»Ihr merkt doch sonst immer alles. Ihr nehmt sie alle auf, all die armen Frauen mit ihren bösen Männern. Aber eigentlich habt ihr keine Ahnung. Gar keine!«

»Maria, du hast nie …«

»Ach, geh weg, Martha«, sagte ich und schob sie grob aus dem Weg, sie fühlte sich weniger robust an als noch vor ein paar Augenblicken. »Geh nach Hause.«

Ich trat durch die Tür, warf sie hinter mir zu, direkt vor ihrer Nase, dass es knallte, schälte mich aus meinen Klamotten und stellte mich so lange unter die heiße Dusche, bis es mir besser ging, bis alte Erinnerungen abgewaschen waren wie der Dreck, den mir meine

Reifen um die Knöchel gespritzt hatten, bis Markus Siebert und die Halloween-Party von vor zwanzig Jahren nichts weiter waren als ein bisschen heißes, schmutziges Wasser, das an meinen Zehen vorbeifloss und im Abfluss verschwand.

Ich war neununddreißig Jahre alt. Ich stand in der Badewanne meiner Großmutter, in einem Haus, das jetzt mir gehörte. Das Wasser war warm. Da war ein kleiner Kratzer an der Armatur. Die Klopapierrolle war leer. Ein paar Flusen Haare schwammen im Abfluss. Ich war Hausbesitzerin. Ich war Mutter einer tollen Tochter. Ich funktionierte. Ich war kein Miststück. Ich war stark. Ich würde mich nicht von dieser einen kleinen Begegnung unterkriegen lassen. Und mir meine Stimme zurückholen.

Als ich das Wasser ausstellte, war meine Haut rot und weich vom Dampf, und ich hatte die Erinnerungen wieder weggesperrt, die Leiche versenkt.

Ich setzte mich in die Küche, aß ein Brot mit süßen sauren Gurken und sah mir einen albernen Film im Fernsehen an, in dem es um einen riesigen mutierten Hai ging, der ganze Küstenstädtchen fraß, bevor er schließlich auf brutalste Art und Weise und sehr befriedigend getötet wurde.

KAPITEL 24

LINNEA HATTE IN DER KISTE oben alte schwarze Spitzenkleider aus meiner Hexenzeit gefunden, die ihr alle zu kurz waren (sie war immerhin jetzt schon so groß wie ihre Uroma). Sie trug ein Samtoberteil und einen langen Rock, schminkte sich die Augen schwarz und ging als Hexe. Mein kleines Mädchen war auf einmal sehr erwachsen und sehr schön. »Du wirst furchtbar aussehen«, sagte sie zu mir und wies mit dem Kopf zu meiner Schürze und meinen Lockenwicklern, die schon parat lagen, und ich sagte: »Und du bist entzückend«, und das stimmte beides. Ihr rotes Haar leuchtete und ihre blasse Haut unter der Spitze war fast weiß. Genau wie ich mir als Kind eine Hexe vorgestellt hatte: wunderschön und ätherisch und nicht von dieser Welt. Samira ging als Goth-Hexe, ich schminkte ihr die Augen ebenfalls schwarz. Dann fuhr ich die beiden zur Schulturnhalle; es war sehr früh und sogar noch hell und sie waren aufgeregt, wie es nur dreizehnjährige Mädchen sein konnten.

Während sie in der Turnhalle verschwanden, wo sie sonst den Hausmeister verprügelten oder gegen Matten boxten, winkte ich ihnen nach, und saß dann im Auto. Konnte mich nicht aufraffen, zu fahren. Ich saß einfach nur da und wartete darauf, dass etwas geschah, dass ich reagieren musste – ein Vogel, der mir aufs Autodach kackte, oder ein verirrter Schüler, der nach dem Weg fragte oder anderweitig Hilfe brauchte. Aber nichts geschah. Teenager und solche, die es werden wollten, strömten an mir vorbei in die Turnhalle.

Jemand hatte die Tür mit künstlichen Spinnweben verhängt, wie eh und je.

Mir war schwindelig. Ich kurbelte das Fenster herunter, um frische Luft hereinzulassen. Es roch nach Popcorn und Herbstlaub und aus der Halle drang dumpf ein Harry-Styles-Song.

Dann klingelte mein Handy.

»Maria!«, rief Britta langgezogen. »Wir stehen hier vor deiner Tür! Mit Tequila und Honigmet.«

»Igitt.«

»Wir warten, beeil dich!«, flötete Britta ins Telefon und legte auf.

Vorglühen, wie früher, dachte ich. Teenager. Vielleicht musste sich alles wiederholen.

Ich fuhr durch das stürmische Wetter nach Hause, ließ mir den Fahrtwind um die Ohren sausen, sang ein bisschen Fleetwood Mac, bis mir die Stimme wegblieb.

»Wie geht's dir?«, fragte Britta, und ich behauptete: »Bestens! Wo ist der Schnaps?«

Also tranken wir. Auf Ex und auf Blutsschwesternschaft und auf einen tollen Abend. Nele und Britta hatten einen Heidenspaß beim Verkleiden, zogen sich oft um und zwangen mich, einen viel zu engen schwarzen Fummel auszuprobieren, den wir in der Kiste auf dem Dachboden fanden, und der glücklicherweise riss, als ich mich nach meiner Haarbürste bückte, die vom Regal gefallen war.

»Da habt ihr's«, sagte ich. »Ich geh als Oma, wie gehabt!« Ich zwängte mich aus dem Kleid, zog stattdessen mein Hannelore-Kostüm an, Britta drehte mir Lockenwickler in die Haare, Nele zeigte angewidert auf meine beige Wollstrumpfhose.

»Du siehst schrecklich aus«, sagte sie. »Bist du sicher, dass du so gehen willst?«

»Wozu verkleidet man sich denn?«, fragte ich und klemmte mir eine Nelkenzigarette in den Mundwinkel. »Doch nicht, um schön zu sein.«

»Hm, na ja«, machte Nele, die sehr hübsch als Wahrsagerin aussah. Stark geschminkt leuchteten ihre Augen fast grün.

Britta entschied sich kurzfristig dafür, doch noch als fotogene Leiche zu gehen, »so eine wie bei diesen Jugendstil-Typen, wo die immer so hübsch drapiert irgendwo rumliegen und malerisch tot sind«, und wir schminkten ihr Gesicht weiß, ihre Augen hohl, sie trug ein bodenlanges Kleid mit hohem Kragen und Spitze.

Keine fragte mich nach gestern. Das war gut, weil ich nicht wusste, was passiert wäre, hätte ich darüber reden müssen. Bootsmann bellte verwirrt unsere neuen Ichs an, vor allem mich, weil ich vermutlich sehr nach seinem früheren Frauchen roch, nach Omas Veilchenparfüm und den Lavendelsäckchen in ihrem Kleiderschrank. Ich sah ihr zwar nicht ähnlich, aber er wedelte trotzdem desorientiert mit dem Schwanz. Hundenasen, und so.

Um halb zehn zogen wir los, die Honigmetflasche in der Hand; der Tequila war mittlerweile leer, unsere Hände von Zitronensaft und Salz klebrig und meine Sicht mehr als verschwommen.

Wir fuhren mit dem Fahrrad zu Hennings Eltern, die noch genau da wohnten, wo sie immer gewohnt hatten: In einem umgebauten Bauernhaus samt Stadel ein Stück die Straße runter, mit selbstgebastelten Kunstwerken im Garten und mit buntstiftbemalten Holzdielen im Flur.

»Ihr habt nie erzählt, dass Henning in einem Bilderbuch aufgewachsen ist«, sagte Nele, während wir unsere Räder absperrten.

»Doch«, sagte ich. »Und sein Vater hat jeden Morgen Brote für alle geschmiert, die könnte man heute in jedem Hipster-Café für acht Euro das Stück verkaufen.«

»Uh«, machte Nele, deren Kleid sich in den Speichen verfangen hatte.

Aus dem Haus drang schon Stimmengewirr und peinliche Faschingsmusik, bevor irgendjemand brüllte: »Macht den Scheiß aus, es ist Halloween!«

Kerzen flackerten in den Fenstern, geschnitzte Kürbisse mit frechen Gesichtern zierten den Hof und die Stufen zur Haustür. *Villa Kürbisgrund.*

Wir klingelten und Hennings Bruder Marius öffnete.

»Hanutaaaa!«, rief er und auch seine Augen waren schon recht glasig. In seinem Kopf steckte eine blutige Axt. Im Hintergrund rannten ein paar Kinder im Zuckerkoma vorbei, kreischende kleine Prinzessinnen und Drachen und Piraten, und wir stolperten ins Haus.

»Du siehst fürchterlich aus«, sagte Marius, und ich drehte mich einmal um die eigene Achse.

»Danke, du auch«, sagte ich. »Schöne Axt. Wo ist die Bowle?«

Ich brauchte mehr Alkohol, wenn ich diesen Abend durchstehen wollte.

Die Lautstärke war bombastisch, wie das bei einer guten Party sein sollte, schreiende Kinder, grölende Betrunkene, lachende ältere Damen, die Poker spielten. Überall Luftschlangen und Girlanden mit Plastikkürbissen und künstliche Spinnweben, die sich in den Haaren verfingen und kleben blieben.

Im Getümmel nahm ich Leute wahr, die ich von früher kannte: Nachbarinnen meiner Oma, neben Marius auch Hennings mittleren Bruder Oliver, Freundinnen von Martha, Hennings Eltern, die wie immer sehr süß waren und gerade einen Discofox auf ihrem Wohnzimmerteppich tanzten. Markus oder Vicky sah ich nicht. Ich schenkte Britta, Nele und mir Kaffeetassen voll mit Bowle und dann standen wir da, in einer Ecke, und nippten an unserem Getränk.

»Auf dich!«, rief Britta. »Auf dich und deinen Abschied und dass du bald wiederkommst!«

Wir stießen an und ich spürte einen Kloß im Hals, einen dicken Klumpen. Ich umarmte erst Britta, dann Nele, sehr lange, und es hatte nichts mit dem Alkohol zu tun. Es tat so gut, diese neuen Freundinnen zu haben, die mich so mochten, wie ich war.

Ich sah Martha hereinkommen und mit Hennings Eltern reden. Sie trug einen extravaganten, goldenen Kopfschmuck und ein glitzerndes Paillettenkleid und sah, trotz ihrer immergleichen Wanderstiefel (»Es ist immerhin fast November, Kinder!«), völlig verändert und viel jünger aus. »Ich gehe als Martha Hari«, sagte sie, als Nele und Britta sie mit einem Johlen und Winken zu uns gelotst hatten. »Versteht ihr, *Martha* Hari …« Alle lachten, ich schenkte ihr Bowle in einen Becher.

»Du gibst eine gute Hannelore ab«, behauptete Martha, was kein bisschen stimmte.

»Ich bin zwar zwanzig Zentimeter zu klein und nicht dünn genug, aber na ja.«

»Du spiegelst ihren Geist wider«, sagte Britta, und Nele sagte: »Ihren Spirit!«

Martha zog eine Grimasse und wandte sich zum Gehen. Ich hielt sie am Arm fest.

»Tut mir leid wegen gestern«, schrie ich über die Musik hinweg in ihr Ohr. »Ich war blöd. Und ich bin natürlich auch sehr froh, dass ihr euch hattet, Oma und du.«

Sie lächelte, drückte einmal kurz meine Hand und verschwand im Getümmel. Offenbar war das genug. Offenbar war es okay so.

Wir tranken mehr Bowle, aber ich fühlte mich überraschend nüchtern, vom Fahrradfahrtwind, oder von der Nervosität, ich hatte keine Ahnung. Ein Teil von mir schien hier fehl am Platz, ich war nervös wegen Henning, und wegen Markus und Vicky, und all der Vergangenheit um mich herum. Ich trank schneller, ich wollte nicht nachdenken, ich wollte albern und betrunken sein, tanzen und nichts wahrnehmen außer meinem eigenen heißen Atem, den verschwitzten Körpern neben mir und dem Bass der Musik.

Ich spürte, dass mich jemand beobachtete, aber es war nur Britta, die mich erstaunlich nah von der Seite her anblickte.

»Was?«, fragte ich.

»Da ist Henning.« Sie deutete auf die gegenüberliegende Ecke im Wohnzimmer, wo auf einem Tisch eine Art DJ-Anlage aufgebaut war, hinter der Henning mit Kopfhörern stand und so tat, als wüsste er genau, was man mit all den Schaltern und Hebelchen zu tun hatte. Das hatte er damals schon immer gemacht: Die Musik ausgewählt und mit ernsthaftem Blick hinter dem DJ-Pult a.k.a. Couchtisch gestanden, niemanden sonst rangelassen und sich nur ab und zu vorgebeugt, um Musikwünsche entgegenzunehmen. Durch die Tanzenden drängte ich mich auf ihn zu, kam aber nicht weit.

»Maria!«, rief Hennings Mutter und fiel mir um den Hals, »du meine Güte, ich hab dich ja … wie lang nicht gesehen?« Sie lallte leicht und schwankte schwer. Ihr Mann hielt sie fest und drückte mich dann auch an sich. »Zwanzig Jahre«, murmelte ich. »Immer noch coole Party, Frau Buchäcker.«

»Du siehst aus wie damals«, sagte sie, was überhaupt nicht stimmte und in meinem Aufzug als Oma Hanne ein bisschen eine Beleidigung war.

Sie zwinkerten mir beide zu, Hennings Mom und Dad, und discofoxten sich dann wieder in die Menge hinein. Ich winkte Henners.

»Darf ich mir was wünschen?«, schrie ich ihm entgegen.

Er sah mich düster an und antwortete nicht, tat beschäftigt mit seinen Kopfhörern. Ich gestikulierte ihm, dass er sie runternehmen sollte und er setzte sie ab.

»Es tut mir leid!«, brüllte ich über die wummernden Boxen hinweg. »Ich war eine Idiotin!«

»Ja«, sagte er laut. »Warst du.«

»Ich bin irgendwie …« Ich fuchtelte mit den Händen neben meinem Kopf herum, um anzudeuten, dass da eine Sicherung kurzfristig durchgebrannt war. »Keine Ahnung.«

»Hm«, machte er, aber sein Gesicht wurde weicher. Etwas Warmes, das nichts mit der Bowle zu tun hatte, stieg in mir hoch.

»Darf ich mir was wünschen?«, fragte ich noch einmal.

»Ja, klar.« Henning trug ein schwarzes Lederhemd, das vorne aufgeknöpft war, seinen Hühnergott um den Hals, eine enge Lederhose, und hatte die Haare mit Pomade nach hinten gestrichen.

»Bist du der Witcher?«, fragte ich.

»Eine männliche Hexe.«

»Sexy.«

Er hob eine Augenbraue. »Und du? Deine Oma?«

Ich nickte und wünschte mir »Chemicals« von The Notwist, der alten Zeiten wegen, schüttete meine Bowle in einem Zug hinunter und tanzte einige Lieder lang herrlich beschwipst mit Nele und Britta im Wohnzimmer. Die große Altersspanne der Gäste zeigte sich in ihren Musikwünschen, es gab »The Whole of the Moon« und »Dancing with myself« und danach »Jailhouse Rock« und dann »Boys« von Lizzo, und als »Bad Guy« von Billie Eilish erklang, holte uns Britta Shots aus der Küche, die einer von Hennings Onkeln verteilte, rauchende kleine Stamperl mit einer beißenden, giftgrünen Flüssigkeit.

Der Alkohol wirkte, ich bekam nicht mehr viel mit.

Die Leute um mich herum verschwammen, wischten hinter sich selbst her, Schlieren in meinem Sichtfeld. Mir wurde übel, ich hielt mich an der Wand fest und stolperte nach draußen, in den Garten, wo sich eine kleine Rauchergruppe gebildet hatte, der ein anderer von Hennings Onkeln Schwänke aus seiner Jugend erzählte.

Ich lehnte meinen Rücken gegen die Mauer und wartete darauf, dass die Welt aufhörte, sich zu drehen, oder zumindest der Boden vor mir.

»Bist du okay?« Britta tauchte neben mir auf und ich versuchte ein Lächeln.

»Bin keinen Schnaps mehr gewohnt.«

Sie zündete eine Zigarette an, zog und pustete Nelkenrauch aus. »Magst du nicht mal sagen, was los ist?«

Ich nahm ihr die Zigarette ab. »Gar nichts.«

»Nee? Gut. Aber wenn doch, dann friss es nicht in dich rein, okay?«

Ich zuckte die Schultern und gab ihr die Zigarette zurück.

»Das ist nicht gut, das Reinfressen«, sagte sie.

»Sprichst du aus Erfahrung?« Ich fühlte mich müde, als hätte der Alkohol zu schnell nachgelassen, ich wollte wieder auf einen albernen, hohen Pegel kommen, aufgekratzt und wild, wie ein glücklich tanzender Teenager.

»Ja«, sagte Britta.

»Du?« Ich sah sie skeptisch an.

»Ja«, wiederholte sie.

Ich blies Rauch aus. »Ich würde gerne mal so richtig ausflippen«, sagte ich. »So eine richtige, tragische Show abliefern. Öffentlich schreien und heulen und rumkreischen.«

»Na, dann mach das doch.«

»Geht nicht. Zu viele verklemmte deutsche Gene, nehm ich an.«

»Pah. Mach doch deinem Hexen-Image alle Ehre. Sei kein Mäuschen. Sei dein ganzes dramatisches Ich.«

Ich stöhnte. »Sag nicht Mäuschen.«

»Wieso?«

»Früher haben sie mich ›Mädchen ohne Stimme‹ genannt.«

»Sie?«

»Leute aus der Schule.« Ich fröstelte, der Wind verwehte die Blätter im Garten. Regen, Dunkelheit, Matsch. Das war es doch, was der Herbst war. Eine Aneinanderreihung trostloser, dunkler Tage mit Mistwetter und kalten Zehen. Der goldene Oktober war mit dieser Nacht vorbei und im November gab es nichts außer Laternenzügen durch graue Nebelsuppe.

»Leute aus der Schule wissen selten Bescheid.«

Ich schnaubte Rauch aus. »Das stimmt. Und später hat Vicky gesagt, ich wäre eine Dramaqueen. Und ich war so verwirrt, alle denken irgendwas von mir und ich wusste gar nicht, wie ich wirklich war.«

»Heißt das nicht Pubertät?« Britta knuffte mich gegen den Oberarm.

»Vermutlich.« Weiter hinten im Garten sah ich plötzlich Vicky und Markus bei den Rosenbüschen stehen, sie überreichten zwei schlafende Kinder an eine ältere Frau, die vielleicht Vickys Mutter war, ich erkannte es im Dunkeln nicht wirklich.

»Oh Gott«, murmelte ich. »Bloß weg hier.«

»Was hast du nur mit den beiden?«, fragte Britta, die meinem Blick gefolgt war.

»Nichts.« Ich warf den Zigarettenstummel weg und trat etwas zu fest mit dem Fußballen darauf herum. »Er ist einfach ein Arschloch. Immer gewesen.« Ich nahm ihre Hand und zog sie hinter mir her in die Wärme des Hauses zurück. »Lass uns in der Küche tanzen.«

»Du versteckst dich?«

Ich zuckte die Schultern. »Nur kurz.«

»Maria, du kannst nicht immer wegrennen.«

»Ich renne nicht ›immer weg‹. Ich renne nur jetzt weg.«

Britta seufzte und ging mit mir in die Küche. Weg vom Lärm draußen. Ich schloss die Tür hinter uns. Auf der Anrichte standen Tupperschüsseln mit Salaten und Blechkuchen, und als ich den

Kühlschrank öffnete, fand ich noch mehrere kaltgestellte Bierflaschen und eine Schale Tiramisu. Das Kühlschranklicht fiel kalt auf den Fliesenboden.

»Ah«, machte ich. »Auf die Buchäckers ist Verlass.«

Ich holte das Tiramisu und zwei Bierflaschen aus dem Kühlfach, setzte mich auf die Anrichte, angelte nach einem Löffel. Wir aßen direkt aus der Schüssel. Es schmeckte herrlich, kalter Kaffee, weiches Biskuit, Mascarpone. Britta ließ die Bierflaschen ploppen und wir stießen an.

»Auf düstere Vergangenheiten und schweigende Frauen«, sagte sie.

»Darauf, dass es nichts zu sagen gibt«, sagte ich. »Und das beste Tiramisu, das ich in den letzten zehn Jahren gegessen habe.«

Sie verdrehte die Augen. »Und jetzt willst du den ganzen Abend hier drin verbringen?«

»Wieso nicht?« Ich sprang von der Anrichte, öffnete die Tür einen Spalt breit, und die Musik dröhnte zu uns herein. »Hier lässt es sich super tanzen.« Ich wirbelte einmal um die eigene Achse, die Arme über dem Kopf, meine Haare flogen durch die Luft.

Britta sagte: »Ich geh mal Nele suchen«, stellte das Tiramisu ab und verschwand. Ich drehte mich noch einmal im Kreis, merkte, dass mir davon leicht schlecht wurde, und schaute aus dem Fenster.

Halloween vor zwanzig Jahren, Markus, der mich heute noch immer verfolgte wie ein Monster aus einem Horrorfilm, Michael Myers und Jamie Lee Curtis, Kindheitstraumata. Linnea wäre entzückt gewesen, True Crime direkt vor ihren Augen.

Und niemand wusste etwas.

Niemandem hatte ich irgendetwas erzählt, nur Vicky, die mich daraufhin als Schlampe abgestempelt hatte, mich, ihre langjährige kleine Freundin ohne Stimme und mit Überbiss und Eulennase, die nur 1,58 groß war und deren liebstes Hobby es war, mit ihrem nerdigen besten Freund Fantasy-Geschichten zu zeichnen. Die Welt war damals verrückt geworden, völlig verrückt, und ich hatte keine Lust, dorthin zurückzukehren. Ich würde mich so lange verstecken wie nötig, einfach in der Küche bleiben und Bier trinken.

Ich wiegte mich zu der gedämpften Musik hin und her, die zu mir hereindrang, aß noch ein wenig Tiramisu und trank sowohl meines als auch Brittas Bier leer. Ich summte leise bei einem Lied mit; jetzt lief Bruce Springsteen, natürlich spielte Henning Bruce Springsteen, das waren seine Kindheitserinnerungen. Sogar auf einem Konzert war er mal mit seinem Vater gewesen. Ich kreiselte doch noch einmal ein bisschen herum.

In meinem Augenwinkel flog ein Schatten im Türrahmen vorbei, ich hörte so abrupt auf zu tanzen, dass ich fast hinfiel, ein Nachtaumeln, Physik, Fliehkräfte. Ich schob mir die verwirbelten Haare aus der Stirn.

»Hen«, sagte ich.

Henning stand an der Tür, warmes Licht hinter ihm, sein Gesicht im Dunkeln.

Er wusste noch gar nicht, dass ich wieder fahren wollte, dass wir am Montag weg wären, Linnea und ich, zurück in unserem alten Leben, zurück zu Hause. Ich würde es ihm sagen müssen, irgendwann.

Nicht jetzt.

»Hey«, sagte er und schloss die Tür hinter sich. Einen Moment lang sahen wir uns nur an. Ich hatte den Drang, wegzuschauen, aber ich tat es nicht. Seine Augen waren schön, das war mir früher nie aufgefallen. Sein Kreuz war so breit, dass er fast den Türrahmen ausfüllte, ich hatte den Eindruck, er musste sich ducken, damit er hindurch passte. Wann war er so groß geworden?

»Bist du noch sauer?«, fragte ich.

Er seufzte. »Ist doch alles vorbei jetzt.«

Ich küsste ihn auf die Wange.

»Britta sagt, ich soll dich holen kommen«, sagte er.

Ich tänzelte ein bisschen vor ihm herum. »Ich komme aber nicht mit.«

Er hob eine Augenbraue. »Nicht?«

»Nein. Ich bleibe hier und tanze. Keine fancy Party mit gruseliger Vergangenheit für mich.«

»Was?«

Ich war betrunken und zu ehrlich. Etwas in mir wollte ehrlich sein. Etwas wollte sagen: Wieso hast du dich damals auch von mir abgewandt? Wieso warst du nicht da, als ich dich gebraucht habe? Stattdessen öffnete ich mir ein neues Bier aus dem Kühlschrank und nahm mir noch einen Löffel Tiramisu.

»Okay«, sagte Henning und für einen kurzen Moment hatte ich Angst, er könnte sich umdrehen und einfach weggehen. Ich stellte mich breitbeinig hin, tat, als würde ich Gitarre spielen, und legte meine Bruce-Springsteen-Stimme auf. »Messages keep na-na-naaa-na«, sang ich. »Radio's on and I'm moving round my place …« Ich tat, als würde ich in ein Mikro singen.

»Nein, nein.« Henning grinste. »Du bist der schlechteste Springsteen-Imitator, den ich kenne.«

»Pah. Ich bin wirklich gut. Ich kann fast alle Lieder auswendig.« Ich ließ meine imaginäre Luftgitarre sinken.

»Von wegen«, sagte Henning. »Ich kann das beurteilen, mir wurden die von Kindheit an eingetrichtert. Ich glaube, ich bin sogar zu einem Lied vom Boss auf die Welt gekommen.«

Ich hievte mich zurück auf die Anrichte. »Du hättest ruhig mal mit mir tanzen können.«

»Ich tanze nie.«

»Das ist eine Behauptung. Das stimmt kein bisschen, und das weißt du ganz genau.«

»Na gut«, sagte Henning, nahm meine Hände und zog mich wieder von der Anrichte herunter. Wir bewegten uns ein wenig ungelenk in der kleinen Küche herum, während Bruce Springsteen von Feuern sang, und vom Tanzen im Dunkeln.

Als das Lied aus war, ließen wir uns gegen die Anrichte sinken.

»You can't start a fire without a spark«, sagte ich. »Wie wahr.«

Er hob eine Augenbraue. Der Funke war da, das spürte ich, das spürte auch Henning, ich konnte es in seinen Augen sehen, oder bildete es mir zumindest ein. Einen Moment lang war alles wie früher, Henners und ich in der dunklen Küche, ich mit baumelnden Beinen auf der Anrichte, den Kopf gegen eines der Hängeschränkchen gelehnt.

Aber das war anders: Mein Herz schien meinen Brustkorb kaputt machen zu wollen, und die Stille zwischen uns breitete sich aus. Wir sahen uns lange an, im Lärm der Party von draußen. Seine Fingerspitzen berührten meinen Hals, dann folgten seine Lippen. Ich legte den Kopf zurück und schloss die Augen, spürte seinen Atem auf meinem Gesicht und küsste ihn.

»Wir hätten das damals schon machen sollen«, flüsterte er.

»Ja? Ich weiß nicht.« Ich neigte mich nach hinten, er küsste die Kuhle oberhalb meines linken Schlüsselbeins. »Ich finde das jetzt gerade richtig.«

»Hm«, machte er langgezogen. Er stand nah vor mir, sein Atem auf meiner Haut, beugte den Kopf. Seine Lippen berührten meine Haut kaum, aber ich fühlte mich seltsam schwach und aufgeregt zugleich. Wir bewegten uns wie durch Wasser, küssten uns wieder, sehr langsam.

Dann stieß jemand die Tür auf und ein Schwall warmer Luft und Lärm drang in die Küche. Henning stob zurück, als hätten wir etwas Verbotenes gemacht, und auch ich zuckte so heftig nach hinten, dass ich mir den Kopf an einem der Oberschränkchen stieß.

»Autsch«, machte ich.

Vicky stand in der Tür und klatschte Beifall.

»Na, endlich«, sagte sie. »Warst du nicht damals schon unsterblich in sie verliebt, Henners?«

»Halt die Klappe«, murmelte Henning und seine Ohren leuchteten rot im schummrigen Küchenlampenlicht.

»Uh«, machte Vicky, die gemein wurde, wenn sie betrunken war, gemein oder anhänglich, ich konnte mich daran erinnern, »Vorsicht, Maria, ich glaube, man kann ihm immer noch ziemlich leicht das Herz brechen. In seinem Inneren ist er immer noch die taube Taube von damals.«

»Komm, hau ab, Vicky«, sagte ich. »Zick jemand anderen an.«

»Aber ich habe recht«, rief sie. »Ich bin eine Menschenkennerin!«

»Bist du nicht.« Ich rutschte von der Anrichte.

»Macht ihr hier private Küchenparty?«, fragte sie in einem völlig anderen Tonfall. »Wie früher? Ich vermisse früher, manchmal.«

Sie lallte, öffnete den Kühlschrank und zog zwei Bierflaschen heraus. »Wir waren doch eine Gang, wir drei.«

»Lange her«, sagte ich und fragte mich, wie man zweiundzwanzig Jahre lang zu einem ganz anderen Menschen werden konnte und nur durch ein paar alte Freunde und alte Orte wieder zu dem kleinen Mädchen mutierte, das man schon damals verabscheut hatte? Zu ängstlich, um etwas zu sagen. Schüchtern. *Turn me back into the pet I was when we met. I was happier then with no mindset.* Und albern, wir waren so albern gewesen. Wir dachten damals, wir wären sehr tiefsinnig, aber in Wahrheit waren wir nur selbstbezogen.

Alles war so wichtig, so groß gewesen. Und jetzt fühlte es sich auch so an, dabei musste ich mir selbst immer wieder sagen, dass nichts wichtig war, nichts groß. Wir waren eine Reihe von gestrandeten Enddreißigern, die es nicht geschafft hatten, richtig erwachsen zu werden, was immer das heißen mochte. Ich hatte ein Haus, wenn auch nur geerbt, und eine ziemlich gut geratene Tochter, Henning hatte so was wie eine Karriere und Vicky hatte den Ehemann und zwei nervige Kinder. Und trotzdem ging hier irgendetwas vor, irgendetwas, das niemandem guttat. Ich wünschte, ich hätte den Finger drauf legen und es hinter mir lassen können, mein Haus für viel Geld verkaufen und einfach weggehen, in eine andere Stadt, in ein anderes Land, wo einen niemand kannte, wo man einfach jemand ohne diese Vergangenheit sein konnte, jemand, den überhaupt gar nichts mit diesen Leuten verband, nichts, auch keine Liebe, kein Verlangen, kein gar nichts.

›Wegrennen‹, hatte Oma irgendwann zu mir gesagt, als ich noch wirklich jung war, und in einem Zusammenhang, an den ich mich nicht mehr erinnerte, ›wegrennen hilft dir nie. Weil du dich selbst ja immer mitnimmst.‹ Und ich hatte mit der Zunge geschnalzt oder die Augen gerollt und meine langen Haare nach hinten geworfen, jedenfalls eine blöde, arrogante Geste, die Teenagermädchen machen, aber insgeheim hatte ich gewusst, dass sie recht hatte. Es war eine simple Wahrheit, nicht mal besonders weise. Trotzdem war ich immer gerannt, mein Leben lang.

»Ich vermisse früher nicht«, sagte Henning. »Das ist doch nur Nostalgie, Vicky.«

»Nostalgie kommt von den griechischen Wörtern für Rückkehr und Schmerz«, lallte Vicky und versuchte vergeblich, ihre Bierflasche mit einem Messer aufzumachen. Ich nahm ihr beides ab, sagte: »Du verletzt dich noch«, öffnete die Flasche mit einer anderen Flasche und hielt sie ihr so schwungvoll hin, dass das Bier schäumte.

»Rückkehr und Schmerz«, sagte ich. »Na, das passt doch.«

»Ich weiß nicht, warum du ständig angepisst bist«, sagte Vicky und zeigte mit ihrer überschäumenden Bierflasche auf mich. »Du warst diejenige, die mir fast meinen Markus ausgespannt hat.«

Ich stieß etwas aus, was ein Lachen oder ein Schnauben sein konnte. Hennings Ohren glühten.

»Oder bist du immer noch sauer, weil es nicht geklappt hat?«, fragte Vicky mit einem zuckersüßen Lächeln.

Ich starrte sie an. »Das ist nicht dein Ernst, oder?«

Henning schaute von mir zu Vicky und wieder zurück. Ich dachte daran, dass er damals einfach nicht reagiert hatte, dass er mich nie gefragt hatte, was eigentlich passiert war, dass er einfach still und leise aus meinem Leben verschwunden war, ein Fleck auf einer Jacke, der langsam verblasst.

Vicky zuckte gespielt ahnungslos die Schultern. »Weiß ich ja nicht, was in deinem Kopf vorgeht, Maria. Hab ich schon vor zwanzig Jahren nicht kapiert.«

»Ich hab dir genau erzählt, was passiert ist«, sagte ich und merkte, dass meine Stimme wieder leiser und brüchig klang. Ich räusperte mich ein paarmal, aber der Kloß in meinem Hals ging nicht weg.

Bevor ich weiter darüber nachdenken konnte, hatte ich mich umgedreht und war aus der Küche gestürmt, ein bisschen wie in Trance, wie überrollt von diesem Damals, das hier überall lauerte. Rannte wieder, rannte weg.

DAMALS

Auf der Tanzfläche küsse ich Markus und Markus küsst mich. Die Lichter blinken, eine Diskokugel in rot und gelb und blau und pink, und es riecht nach süßlichem Trockeneis oder dieser Nebelmaschine, die jemand angeschleppt hat. Ich knutsche mit Markus Siebert und bin so betrunken, dass ich ihn nur kurz von mir wegdrücke und sage: »Aber …« Und da ist sein Mund schon wieder da, er schmeckt nach Orangensaft und Wodka, und er küsst gut, beinahe so, wie ich es vermutet habe, und in meinem Magen überschlagen sich die Schmetterlinge, ich bin hier auf der Tanzfläche mit Markus Siebert, und er küsst keine andere als mich. Ich muss lächeln und ich lächle immer noch, als Markus meine Hand nimmt und mich in Richtung Ausgang zieht. »Wohin willst du denn?«, rufe ich über die Musik, aber er grinst nur, sehr breit, und biegt ab in die Mädchenumkleide, kurz bevor wir draußen sind.

»Was …?«, lache ich, und hier drin ist es dunkel, er schiebt mich durch den kleinen Raum, vorbei an den Garderoben, an einer hängt noch ein rosa T-Shirt, bis nach hinten zu den WCs, hinein in eine Kabine. Er drückt mich gegen die kalte Toilettenwand und wir küssen uns wieder. Ich wäre lieber draußen auf der Tanzfläche, die Musik ist hier nur noch dumpf zu hören, und es riecht nach kalkigem Schulklo und ein bisschen nach Urin. Aber Markus ist hier, und Markus küsst mich und ist es nicht das, was ich wollte? Mit Markus knutschen? Vicky ist eh weg, denke ich, wir könnten auch rausgehen, da fummelt Markus an meiner Strumpfhose herum und mein Herz

macht ein paar komische Sprünge, die nichts mit ihm zu tun haben, sondern nur mit der Tatsache, dass er seine Hand in meiner Hose hat. Ich schiebe mich ein wenig weg von ihm, die Fliesen sind kalt an meinem Rücken und an meinem Hintern und ich sage: »Warte mal …«, aber Markus wartet nicht. »Nicht hier …«, sage ich und lache dabei, weil ich nicht will, dass der schöne Moment vorbei ist, und ich habe den Eindruck, wenn ich jetzt ernst bin, so ernst, wie ich am liebsten wäre, dann ist Markus weg, dann bin ich wieder allein auf der Tanzfläche, und dann wird er auch nicht mehr mit mir tanzen oder mich küssen oder mich sonst beachten. Markus zieht meine Strumpfhose herunter und ich sage es noch einmal, »Markus«, sage ich, »warte, nicht … nicht …« Aber Markus wartet wieder nicht und es ist ihm wohl auch egal, wo wir sind, und er küsst mich, und ich versuche noch einmal kurz, ihn wegzudrücken, aber er ist groß, und schwer, und sehr betrunken, und dann fühle ich mich seltsam körperlos, als würde das jemand anderem passieren, nicht mir.

KAPITEL 25

ICH TRANK SCHNELL hintereinander zwei Gläser Bowle und verwickelte Hennings Mutter in ein Gespräch über pubertäre Töchter und mein Dasein als Mutter, bis ich mir ein klein wenig erwachsener vorkam. Trotzdem hatte ich noch immer das Gefühl, als könnte jeden Augenblick die Vergangenheit wie eine weitere Welle über mich schwappen und alles kaputt machen, was ich mir jahrelang erarbeitet hatte. Die ganze erwachsene Fassade. Fassade, nichts weiter als Fassade. Das Alte, zu groß.

Mit Frau Buchäcker und ihren Freundinnen trank ich zwei Tequila auf Ex, die älteren Damen glucksten, und das dumpfe Gefühl in meinem Magen ließ etwas nach.

Ich fand Britta auf der Tanzfläche, schrie gegen die Musik an in ihr Ohr: »Ich sollte Linnea abholen!«

»Was?«

»Ich. Sollte. Linnea abholen!«

»Es ist noch nicht mal halb eins!«, brüllte Britta zurück. »Tanz ein bisschen und lass dein Kind seinen Spaß haben! Außerdem, hattest du nicht gesagt, sie schläft bei einer Freundin?«

Britta nahm meine Hände, und widerwillig ließ ich mich ein wenig zum Takt hin- und herwiegen.

Linnea war ganz allein auf dieser Schulparty. Und wer passte dort auf? Der im Selbstverteidigungskurs regelmäßig verprügelte Hausmeister?

Es kam ein gutes Lied, Henning hatte wohl eine Playlist angeschaltet, ich schloss die Augen und drehte mich lange und langsam im Kreis, die Arme in der Luft. Als ich sie wieder öffnete, sah ich es: Markus tanzte mit Nele. Eng, und er lachte, als wäre seine Frau gar nicht da. Er trug eine Art Kettenhemd, oder Ritterrüstung, Strumpfhosen und hohe Stiefel. Es sah komplett bescheuert aus. Wut strömte in mir hoch. Warum ahnte dieser Mann überhaupt nicht, was er tat? Ich wühlte mich durch das Menschengedränge und zog Nele von ihm weg, mein Gehirn fühlte sich weich und wattig an, und als wüsste ich ganz genau, was ich sagen musste.

»Nicht der«, sagte ich zu ihr. »Der ist ein Arschloch.«

»Maria!«, rief Markus und versuchte, mich aufzuhalten. »Immer noch die kleine Spielverderberin?«

Nele giggelte und sagte: »He …«, versuchte, sich von mir loszumachen.

»Ach, komm, Maria …« Markus breitete seine Arme aus.

Ich drehte mich zu ihm um und funkelte ihn an.

»Lass mich einfach in Ruhe«, fauchte ich. Vielleicht lag es am Alkohol, aber ich hatte keine Angst vor ihm, nicht jetzt, nicht hier. »Und sie auch.«

Er zog mich zu sich her.

»Das letzte Mal, als ich dich gesehen habe, warst du aber nicht so abgeneigt …«, raunte er in mein Ohr, sein Atem warm und feucht. Ich riss mich los. *Die kaputte Strumpfhose, meine verschmierte Wimperntusche, Schlangenlinien auf dem Fahrrad, Vicky ruft an.* Ich schwankte, mir war schwindelig, hielt mich an Markus' Arm fest, obwohl es das Letzte war, das ich halten wollte.

»Lass ihn los!«, rief Vicky, die auf einmal im Getümmel auftauchte, und stieß mich weg. »Du machst mir nicht wieder alles kaputt!«

Ich strauchelte, starrte sie an. Nele hielt jetzt meine Hand, sagte etwas, was ich nicht verstand, Britta stand hinter mir, hatte meine Schultern gepackt.

»Süße«, sagte sie. »Lass uns gehen, ja?«

Ich schüttelte den Kopf. »Vicky«, sagte ich leise, aber laut genug, um die Musik zu übertönen. »Ich hab dir nie irgendwas kaputt gemacht.«

»Du hattest Sex mit meinem Mann«, schrie Vicky. Ihre Augen waren glasig. Morgen würden wir alles auf die viel zu starke Bowle von Hennings Vater schieben. Aber im Moment fühlte es sich an, als würde es gar kein Morgen geben. Mir war wahnsinnig schlecht.

»Du hattest Sex mit ihm, als wir schon zusammen waren.«

Ich holte Luft und straffte die Schultern. »Vicky«, sagte ich. »Vicky, hör mir zu …«

»Nein, nichts Vicky!«, schrie sie. »Du kommst hierher und denkst, es ist alles gut und verjährt und alle mögen dich, aber niemand mag dich hier, Maria, niemand will dich hier haben, du hast …«

»Vicky!«, brüllte ich und ein paar Umstehende hörten auf zu tanzen und sahen uns an. »Ich will keinen Sex mit deinem scheiß Mann haben. Das will ich jetzt nicht und das wollte ich auch damals nicht. Ich wollte das nie. Nie! Hast du das verstanden? Ich wollte das nie!«

Nele drückte meine Hand fester und ich spürte auch Brittas Hände an meinem Rücken. Sie verstanden. Sie verstanden jetzt.

Meine Stimme brach. »Er ist derjenige, auf den du wütend sein solltest«, sagte ich heiser. »Er ist derjenige, auf den ich seit zwanzig Jahren wütend bin.« Vor dem ich verdammte Angst hatte. Albträume.

»Maria, jetzt hör aber auf«, sagte Markus und sah sich um. Die Musik war laut, aber einige Umstehende beäugten die Szene misstrauisch.

»Nein, du hörst auf!«, schrie ich ihn an. »Du hörst auf! Niemand von euch hat mir geglaubt, damals. Niemand von euch hat sich darum geschert, wie es mir ging.«

Henning war hinter Markus und Vicky aufgetaucht und starrte uns alle drei an. Ich blinzelte. Du auch nicht, dachte ich. Du auch nicht.

»Maria, das ist zwanzig Jahre her«, sagte Markus und versuchte, mir beruhigend einen Arm auf die Schulter zu legen. »Glaubst du nicht, du verbiegst dir da gerade deine Erinnerung?«

Ich riss mich los.

»Nein!«, brüllte ich. »Du verbiegst sie. Du verbiegst sie seit Jahren!«

Und da lachte Markus. Er lachte laut und dröhnend und so entwaffnend, dass sich die meisten wieder ihrem Getanze zuwandten. Blickte in die Runde, ließ einen Zeigefinger neben seiner Schläfe kreisen, sagte: »Klarer Fall von zu viel Bowle, hm, Mariechen?«

»Die heilige Jungfrau Maria, wie eh und je«, sagte Vicky, nicht besonders laut, aber ich hörte es trotzdem, trotz Musik und Lärm und Stimmengewirr.

Ich merkte, wie mir alles hochkam. Ich hielt mir eine Hand vor den Mund, drehte mich um und lief Richtung Ausgang, schaffte es nicht ganz bis nach draußen, erbrach mich in meine Handfläche und kotzte dann den Rest neben den Regenbogenfußvorleger vor der Haustür.

»Maria!«, rief Britta hinter mir.

»Maria!«, rief Henning.

Ich wischte mir die Hände an Omas beigen Wollhosen ab.

»Alles okay?«, fragte Henning.

»Nein«, sagte ich und spuckte noch einmal nach.

»Ach, mitten vor die Tür, Hanuta!«, schimpfte einer von Hennings Brüdern. »Muss das sein?«

»Sorry«, murmelte ich und ging einfach weg in Richtung der Fahrräder. Ich fror in der dünnen Kittelschürze; meine Jacke war abhandengekommen.

»Maria!«, hörte ich Henning hinter mir herrufen. »Jetzt bleib doch mal stehen.«

Ich drehte mich nicht um, schüttelte nur den Kopf, fand unsere Fahrräder und nestelte am Schloss herum, ein Zahlenschloss, Omas Geburtstag, leicht zu merken. Mir war immer noch schlecht.

»Was war das denn eben?«, fragte Henning, und ich blickte auf.

»Nichts!«

»Jetzt beruhig dich doch mal, Maria!«

»Ich bin ruhig.« Das war eine Lüge, aber äußerlich wirkte ich häufig entspannter als ich war. Meine Hände zitterten. Am liebsten hätte ich gebrüllt. Ich wollte mich gar nicht beruhigen.

»Ich bin ruhig«, wiederholte ich ein wenig lauter und schärfer.

Er hob beschwichtigend die Hände, zuckte ein wenig vor mir zurück. Plötzlich wollte ich ihn nicht mehr sehen, ertrug es nicht, dass er hier war.

»Was hab ich denn gemacht?«, fragte Henning.

»Gar nichts!«, schrie ich. »Du hast gar nichts gemacht, das ist es ja!«

»Äh …« Er rang die Hände.

»Du warst doch damals genauso wenig für mich da, wie alle anderen!«, rief ich. »Alle meine Freunde waren gegen mich.« Ich schniefte. »Und ich konnte gar nichts dafür.«

»Ich war nicht gegen dich. Ich war nur … Das war schlimm für mich, dass du mit Markus … Ich meine, ich war damals wirklich, also, ich mochte dich echt, und es war eh schon schwer, immer nur dein bester Freund zu sein und …«

»Scheiße«, sagte ich und trat gegen einen leuchtenden Kürbis von Frau Buchäcker. Die Kerze darin flackerte. »Es geht nicht immer nur um dich, Henning.«

»Nein, aber …«

»Ich hab nicht mit Markus … ich meine, technisch gesehen …«

Laut fluchend trat ich noch einmal gegen den Kürbis, der rein gar nichts dafür konnte, mitten in seine zahnlose Fratze. Es war alles so kaputt, so unendlich beschissen und kaputt. Der Kürbis zersprang, das Licht erlosch, es tat mir sofort leid.

»Da hast du deine Dramaqueen, Vicky!«, brüllte ich in Richtung Haus. Hochgekochte Wut, auf einmal wieder da. Jemand klatschte Beifall, einige Leute lachten, alle, wirklich alle schauten zu uns herüber. Ich wollte nur noch woanders sein.

»Ich versteh gar nichts mehr«, sagte Henning.

»Wie gut, dass wir morgen wieder weg sind«, sagte ich. »Hier klebt die Vergangenheit wie Hundescheiße an einem Schuh.«

»Wie, weg? Morgen?«

»Wir ziehen zurück nach München.« Ich klang jetzt kalt, viel kälter, als ich mich fühlte. Ich bemerkte, dass Britta und Nele aus dem Haus gekommen waren und zwischen den Gaffern herumstanden.

Henning machte ein ungläubiges Geräusch, das fast wie ein Lachen klang. »Oh, danke, dass du mich darüber informierst.«

»Mach ich ja grade.«

»Okay«, sagte er nur. »Okay.« Dann drehte er sich um und ging.

Britta und Nele kamen jetzt zu mir, und sie schoben die anderen Leute ein bisschen von mir weg, sagten etwas, das ich nicht verstand, aber die Menschentraube verflüchtigte sich.

»Da hast du's«, sagte ich matt zu Britta. »Jetzt bin ich wirklich mal ausgeflippt.«

»Gut für dich.« Sie reichte mir meine Jacke, die sie über dem Arm getragen hatte.

Ich schlüpfte hinein, verfehlte den Ärmel, zweimal, ließ es bleiben und hängte sie mir um wie ein Cape. Ich war leer und kaputt.

»Und er hat …«, wollte Nele fragen, und ich sah, dass Britta ihr einen warnenden Blick zuwarf.

»Er wirkt so nett«, sagte Nele stattdessen zögerlich.

»Tja«, sagte ich. Die Wut flackerte wieder hoch; Markus, der einfach da stand und lachte, mich auslachte, seinen Zeigefinger kreisen ließ, als wäre ich die Verrückte in dieser Geschichte. *Du gibst ihm die Schuld für etwas, was du jetzt bereust,* hatte Vicky gesagt. Ich ballte die Fäuste; ich wollte noch irgendetwas kaputt machen.

»Ich sollte mich richtig verrückt aufführen«, sagte ich, mehr zu mir selbst. »Wenn er schon meint, dass ich spinne.«

Britta beäugte mich skeptisch, als könnte ich jeden Moment einen hysterischen Anfall erleiden.

»Können wir Rad fahren?«, sagte ich. »Einfach fahren? Ich brauche Bewegung.«

Britta nickte. »Klar.«

»Ihr müsst nicht mitkommen«, sagte ich schnell, aber sie winkte ab.

»Natürlich kommen wir mit.«

»Wartet mal«, sagte Nele und spurtete los in Richtung Haus. »Ich hol noch was!«

Britta nahm meinen Arm.

»Jetzt ist es raus«, sagte sie. »Kein Weglaufen mehr.«

Ich schüttelte den Kopf. »Kein Weglaufen mehr. Aber was bringt's? Sie denken immer noch alle, ich lüge. Der nette Doktor Siebert, weißte? Natürlich ist er niemand, der so etwas tun würde. Niemals. Warum auch? Und ich bin nur eine spinnerte Alte, die zwanzig Jahre lang ihren Mund nicht aufgekriegt hat …«

Nele kam mit zwei 10er-Packungen Eiern aus dem Haus gerannt, und grinste breit.

»Es ist Halloween«, sagte sie. »Da bewirft man Häuser mit Eiern!«

Sie wirkte, als wäre das alles ein großer Spaß. Ich packte den Fahrradlenker, stieg auf. Ich wollte keine Eier werfen, ich wollte mich bewegen, irgendetwas wegstrampeln, und wenn es nur meine Pedale waren. Aber ich nickte.

»In Ordnung. Wir machen das jetzt. Soll er seine Verrückte haben, wenn er sie haben will.«

Wir fuhren zur Neubausiedlung, Schlangenlinien, flauer Magen.

Das Licht der Straßenlaternen spiegelte sich malerisch in Pfützen auf den Gehsteigen; das Kopfsteinpflaster glänzte. Die reinste Idylle. Der Gegenwind peitschte in unsere Gesichter, meine Ohren waren eisig, ich wünschte mir Oma Hannes alte Fellkappe. Meine Muskeln brannten, ich fuhr schnell, im höchsten Gang, stemmte mich gegen den Lenker. Aber der Wind machte mich auch ein bisschen nüchterner, kalt wie er war, wehte mir den Alkohol aus dem Kopf.

Markus lacht. Verschmiertes Make-Up, barfuß, kalte Füße vom nassen Nachhauseweg. Ein kreisender Zeigefinger neben seiner Schläfe.

Ich brüllte meine Wut in die Nacht. Britta stimmte ein, Nele jaulte mit. Wir schrien gegen den Wind an, gegen das Pflaster und die Pfützen, gegen die gepeitschten Wolken, schrien, bis meine Stimme brach und ich nur noch krächzen konnte und sich ein Anwohner aus einem der Fenster beugte und: »Seid ihr bekloppt?!« brüllte.

Wir erreichten das kleine Reihenhaus mit dem Trampolin im Garten, ich hatte mir die Hausnummer eingeprägt, ohne dass ich das wollte, eine 64. Siebert, stand an der Klingel am Gartentor, und ein Tretroller lag auf den Stufen vor der Haustür.

»Eier, Eier, Eier«, sang Nele und stieg ab, kramte in ihrem Rucksack. Ich fand es albern, aber ich sagte nichts, stand nur da und starrte auf das Haus und den Tretroller und das Trampolin und dachte an die schlafenden Mädchen in ihren Zimmern, die keine Ahnung hatten, was für ein Drecksack ihr Vater war.

Er hatte selbst keine Ahnung, das war das Schlimmste. Er hielt mich für die Hysterische, er hielt sich für einen guten Menschen.

Er wusste ja nicht mal, was er getan hatte, und wenn, fand er es nicht schlimm. Immerhin hatte ich nicht geschrien, ich hatte keine Verletzungen gehabt, wenigstens keine körperlichen, äußerlichen, ich war nicht zur Polizei gegangen, ich hatte jahrelang selbst nicht gewusst, was mit mir los war. Was das war, was da passiert war. Ich hatte gedacht, ich hätte eben besser kommunizieren müssen, ich hätte besser sagen müssen, was Sache war, dass das nicht in Ordnung war, für mich, ich war mir sicher gewesen, es war meine Schuld, nicht seine. Zu kurzes Kleid, zu sexy, zu viel geknutscht vorher, zu verknallt.

Aber die Zeiten änderten sich, waren jetzt schon anders. Ich blinkerte Tränen weg, die in meinen Augen standen, straffte die Schultern.

Nele warf ein Ei gegen die Hauswand. »Wuhuuu!«, rief sie.

»Scht!«, zischte Britta und Nele hielt sich übertrieben erschrocken die Hand vor den Mund.

»Sorry«, flüsterte sie.

Das Schreien hatte gut getan, aber zurückgeblieben war nur ein fahler Rest der Wut von vorhin und irgendetwas anderes wie Traurigkeit oder eine Leere, etwas, das ich nicht zuordnen konnte, jedenfalls noch nicht, nicht hier, nicht mit einem Paket Bio-Eiern unter dem Arm und zwei wild geschminkten Hexen-Schrägstrich-Wahrsagerinnen an meiner Seite. Und mein Hals brannte.

Trotzdem öffnete ich das Eierpaket, das Nele mir gegeben hatte, wog ein Ei in der Hand und warf, den beiden zuliebe, weil sie mir doch etwas Gutes tun wollten, Nele und Britta, meine zwei neuen Freundinnen.

Mein erster Wurf zerplatzte auf dem Gehweg durch den Vorgarten.

»Scheiße«, sagte ich. »Ich bin so schlecht im Werfen.« Ein weiteres Ei zersprang auf dem Rasen.

»Näher ran«, sagte Britta, nahm sich selbst ein Ei, schleuderte es gegen die Hauswand.

»Wuhuuu …!«, rief Nele wieder und Britta gestikulierte: »Leise!«

Ich ging näher zum Haus, durch das Gartentor, vorbei am Trampolin, warf ein weiteres Ei, es zerschlug an einer Fensterscheibe und der Eischmodder troff an der Scheibe entlang. Ich schleuderte gleich noch drei Eier hinterher, schneller jetzt, machte im Kopf einen albernen »Bäm, bäm, bäm«-Sound dazu. Mir war immer noch schlecht und schwindelig und kurz hatte ich Angst, ich würde mich direkt neben Markus' und Vickys Briefkasten übergeben. Beim Werfen dachte ich an das Eierschalen-Haus meiner Oma, an mein Haus, an das auf den Stufen zerschellte Namensschild, und wie leicht Eier zerbrachen. Wir sollten es umbenennen, dachte ich, es braucht einen anderen Namen. Wenn alles so einfach wäre.

Wir hatten gerade die zweite Packung Eier angebrochen, als mein Telefon klingelte.

Ich taumelte zurück in den Schutz des Gartenzauns, warf noch schnell zwei Eier auf einmal, die ich schon in den Händen hatte, und die wieder nicht weit kamen, und kramte dann nach meinem Handy. Zog es aus der Tasche. Linnea. Oh Gott.

»Hallo?«

»Äh, hallo«, sagte ein leises Stimmchen. »Können Sie Linnea abholen kommen? Samira und sie haben was Komisches ge… getrunken, glaub ich, jedenfalls geht es ihr nicht gut …«

KAPITEL 26

WIESO MÜSSEN WIR laufen?«, quengelte Linnea, als ich endlich auf dem Fahrrad beim Haus ihrer Freundin angekommen war. »Wieso hast du kein Auto dabei?«

»Du kannst auf dem Gepäckträger mitfahren, wenn du nicht runterfällst«, sagte ich und stützte sie, während sie hinter mir hertaumelte. »Gott, Linni, was habt ihr getrunken? Du bist dreizehn Jahre alt! Dreizehn!«

»Du bist doch selbst besoffen«, sagte Linnea mit einem finsteren, klischeehaft pubertären Blick.

»Ich bin auch etwas älter als du.«

»Außerdem haben wir nichts getrunken.«

Ich hob eine Augenbraue und versuchte, gleichzeitig meine Tochter zu halten und mein Fahrrad. Langsam wankten wir durch den Sturm auf der Straße dahin. »Ihr habt nichts getrunken? Habt ihr was geraucht?«

»Pilze gegessen.«

»Scheiße, Linnea, was?!«

»Die waren aus dem Hexenladen in der Stadt, die Frau meinte, die erweitern das Bewusstsein …«

»Die verkauft Magic Mushrooms an kleine Kinder?«

»Ich sehe älter aus, als ich bin«, sagte Linnea. Das stimmte, war aber kein Trost.

»Außerdem haben alle«, fügte sie trotzig hinzu.

»Das ist keine Ausrede! Himmel! Linni. Wie lange geht das

schon? In deinem Alter hab ich nicht mal gewusst, dass es so was wie Pilze überhaupt gibt.«

»Mir ist so schlecht«, wimmerte Linnea.

»Das ist deine eigene Schuld.«

Sie fing an zu heulen, blieb stehen, ihre Schultern bebten, dann übergab sie sich, ohne sich vorzubeugen, direkt auf die Samtbluse.

»Ach, Kind …« Ich zog ein Taschentuch aus meiner Handtasche und putzte ihr die Kotze ab.

»Eklig«, jammerte sie. »Das ist so eklig. Ich bin so eklig.«

Mir war flau im Magen, aber meine eigene Betrunkenheit war weg. Es fühlte sich an wie aus einem anderen Leben, das Eierwerfen, das Ausflippen, die Party. Jetzt war ich wieder Maria, die funktionierte. Ich schob Linnea vorwärts, die weiter herumnölte, »alle anderen Mütter haben ihre Kinder mit dem Auto abgeholt.«

»Tja«, sagte ich. »Pech. Außerdem tut dir die frische Luft gut. Stell dir vor, du hättest ins Auto gekotzt. Das hättest du alles putzen müssen.«

Sie heulte lauter. Ich bemerkte, dass sie eine Plastiktüte gegen ihren Bauch drückte.

»Was hast du denn da?«

Sie blieb stehen und sah mich mit glasigen Augen an.

»Den Hamster«, sagte sie.

»Was?«

»Marlenes Hamster.«

»Marlenes Hamster?«

»Ja.« Ihre Augen füllten sich wieder mit Tränen. »Wir wollten ja gar nicht, dass er stirbt!«, rief sie laut und ließ die Tüte sinken. »Es war nur ein Unfall!«

Ich verstand gar nichts mehr. Ich nahm Linnea die Plastiktüte ab und schaute hinein. Darin lag ein kleines, pelziges Etwas, lose in ein paar Tempo-Taschentücher gewickelt.

»Igitt!«, rief ich und machte schnell die Tüte wieder zu. »Wieso trägst du einen toten Hamster mit dir herum?«

»Wir wollten nur Marlene ein bisschen erschrecken, weil sie eine blöde Kuh ist. Uns wehren, weißt du.« Sie schniefte und sah mich an, als erwarte sie jetzt ein Lob von mir.

»Wie bitte?«

»Wir haben aus Versehen Marlenes Hamster getötet.«

»Mit was?«

»Mit Tollkirschen.«

»Was? Woher hattet ihr bitte Tollkirschen?«

Sie schluchzte. »Auch aus dem Laden. Und das wird jetzt alles zu uns zurückkommen! Dreifache Wiederkehr! Aber du hast doch gesagt, man muss sich wehren. Britta hat gesagt …«

»Ja, aber doch nicht, indem ihr Hamster tötet! Und wieso hast du den bitte mitgenommen?«

»Ich wollte ihn begraben und ihr dann einen neuen kaufen, die sehen doch alle gleich aus.«

»Oho, super Plan«, sagte ich. »Und Marlene bemerkt nicht, dass ihr Hamster kurz verschwunden ist und morgen wieder putzmunter in seinem Laufrad? Oder wie? Simsalabim?«

Sie zuckte die Schultern.

»Und war Marlene nicht das Mädchen, von dem ich dich gerade abgeholt habe? Wieso übernachtet ihr bei jemandem, den ihr gar nicht mögt?«

»Na, das war ja der Plan«, sagte sie und klang so sehr nach einer verschreckten Dreizehnjährigen, dass ich fast vergaß, dass ich hier mit einer vollgedröhnten Hamstermörderin die Straße entlanggging.

Ich blies Luft in meine Backen. »Na, das ist ja ganz schön hinterfotzig von euch.«

»Ja, schon«, sagte sie kleinlaut.

Wir gingen langsam weiter, sie presste die Plastiktüte gegen ihre

Brust. Blätter wirbelten uns entgegen. Ich hielt Linnis Hand fest, als sei sie wieder vier.

»Also, ich kaufe dir keinen Hamster, Linnea, das kannst du vergessen. Den kannst du schön selber kaufen, das hast du dir selbst eingebrockt.«

»Ich hab Geld«, sagte sie trotzig.

»Von deinem geheimen Job?«

»Ja.«

»Und das verrätst du mir auch nicht, was du da Geheimnisvolles machst?«

»Ich babysitte.«

»Ach so.« Ich war fast erleichtert. Irgendwie hatte ich sie schon vor mir gesehen, wie sie in dem Goth-Magic-Store im Ort die halluzinogenen Pilze sortierte oder Sexspielzeug verpackte.

Mittlerweile waren wir in Omas Straße angekommen; die Kastanie in Marthas Hof streckte sich uns unheilvoll entgegen. Ich legte den Kopf in den Nacken und blickte in den wolkenverpeitschten Himmel. Der Mond kam hinter einem Wolkenfetzen hervor, voll und rund und mit einem blutroten Hof. Ich schob Linnea zum Eierschalen-Haus hin, vorbei an der roten Plastikschaukel, die wohl seit zwanzig Jahren jeden Sturm überdauert hatte, das robuste Ding. Im fahlen Vollmondlicht fiel mir auf, dass das Haus jetzt bewohnter aussah als noch vor ein paar Wochen, der Garten nicht so säuberlich gerecht wie zu Omas Zeiten, aber doch auf eine Art aufgeräumt, Gummistiefel vor dem Eingang, und an den Fenstern konnte man trotz Dunkelheit unsere neuen, bunten Vorhänge erahnen. Ich stellte das Fahrrad ab und schob Linnea zur Haustür.

»Du babysittest also. Und wieso sagst du das nicht? Das ist doch gut, so ein Babysitterjob.«

Sie schwieg. Ich kramte nach meinem Schlüssel.

»Linni?«

Meine Tochter kaute auf ihrer Unterlippe. Drinnen war es gleich viel wärmer, ohne den Herbstwind. Bootsmann schlief neben der Tür, als hätte er zu lange auf uns gewartet und sei darüber erschöpft eingepennt.

Linnea wischte sich über die Nase. »Weil ich bei Frau Siebert babysitte.«

»Was?«

»Ja, na ja, sie hatte in der Schule einen Aushang und ich mag sie, aber ich weiß, dass du sie nicht magst, also hab ich halt nichts gesagt.«

»Du babysittest bei den Sieberts?«

»Ja-ha«, sagte sie, als wäre ich begriffsstutzig. Vielleicht war ich das. »Außerdem dachte ich, ich finde was wegen der Nemesis-Sache heraus.« Sie grinste schief.

»Du hörst zu viele True-Crime-Podcasts«, sagte ich düster und bugsierte sie am Treppenlift vorbei nach oben.

Ich ließ sie einfach, wie sie war, ins Bett fallen, mit Make-up und ihrem unbequemen Hexenoutfit, sie schlief fast augenblicklich ein. Dann schälte ich mich aus der Kittelschürze und der schmuddeligen Wollhose und legte mich ebenfalls hin.

Aber ich konnte nicht schlafen. Wir mussten hier wieder weg. Wir konnten nicht bleiben, nicht an diesem Ort, wo Linni den Pilzen verfiel und Markus' blonde Bullerbü-Kinder hütete und mich noch immer alle für hysterisch hielten, weil ich einfach nur die Wahrheit sagte.

Meine Wahrheit. Etwas, das ich über zwanzig Jahre lang verdrängt hatte. Ich könnte es weiter verdrängen. Ich musste nicht zurück, ich musste nicht hier sein, wo es mir schlecht ging, ich konnte überall auf der Welt sein, wo ich hinwollte.

Ich wälzte mich eine Weile hin und her, stand dann wieder auf, ging eine Runde laufen, nahm Bootsmann mit, der müde und verwirrt war und viel langsamer als ich. Der Nebel kroch kalt und abweisend in jede meiner Poren. Auf einer Anhöhe pustete mir der Wind den Kopf frei und ich stand keuchend in meinem Hoodie und meinen Leggins da. Während ich auf den Hund wartete, tippte ich eine Nachricht an Lars, dass wir heimkommen würden, dass ich Linnea für ein paar Tage bei ihm vorbeibringen würde, damit wir Ariane nicht zu sehr auf die Nerven fielen. Ich schrieb keine Erklärung.

Dann ging ich zurück zum Haus, den struppigen Bootsmann-Körper neben mir, warm und direkt an meiner Seite, wie immer.

»Es wird alles gut«, sagte ich zu ihm. »Es wird alles gut, Bootsmann.«

Zu Hause zog ich warme Klamotten an, saß teetrinkend in der Küche und betrachtete den verschrumpelten Opa Hermann auf der Fensterbank und meine eigene, bleiche Visage in der spiegelnden Fensterscheibe. Irgendwann ging die Sonne auf und tauchte Omas Hof mit der Schaukel in ein milchig-blaues Licht. Marthas Haus auf der anderen Straßenseite mit seinen Dornen und Hagebutten. Ihr Kamin rauchte. Ich seufzte und stand auf, setzte mich ans Bett meiner schlafenden Tochter und strich ihr übers Haar. Wir mussten fahren.

»Linni«, sagte ich leise in ihr Ohr. »Wach auf.«

Sie blickte mich schlaftrunken an, aus müden, schweren Augen, make-up-verquollen. »Hm?«, machte sie.

»Wir fahren. Gleich heute. Ari weiß schon Bescheid, oder du gehst zu deinem Vater, der soll sich auch endlich mal wieder kümmern, und dann lassen wir das hier alles hinter uns, das ist doch lächerlich …«

»Nein!«, rief sie, setzte sich auf, plötzlich hellwach.

»Ich will nicht weg. Ich nehm auch keine Pilze mehr! Und das mit dem Hamster war auch nur ein Unfall! Ehrlich!«

Der Hamster, der noch in seiner Plastiktüte bei uns in der Küche lag. Den würden wir entsorgen müssen.

Ich schüttelte den Kopf. »Nee«, sagte ich. »Wir müssen zurück in unser echtes Leben, Linnea. Wir können nicht so tun, als wäre hier alles toll und normal und super, wenn es das nicht ist.«

»Aber es ist toll und super!«, rief sie. »Und normal ist langweilig!« Ihre Augen füllten sich mit Tränen und dann warf sie sich zurück in die Kissen und brüllte dumpf hinein: »Nie denkst du mal an mich! Du denkst immer nur an dich, dich, dich!«

»Ich hab das entschieden.« Ich stand von ihrem Bett auf, ließ sie heulen und machte die Tür hinter mir zu.

DAMALS

Allein – zwischen tanzenden, lachenden Menschen, die auf- und abhüpfen und Spaß haben, so viel Spaß.

Ich finde meine Freunde nicht mehr, ich finde auch Markus nicht mehr. Etwas brennt und ich merke, dass ich mir so heftig am Fingernagel herumgeknibbelt habe, dass die Nagelhaut eingerissen ist. Es ist niemand da, dem ich erzählen könnte, was gerade geschehen ist. Ich habe Durst, aber mir ist schlecht. Ich gehe aufs Klo und trinke aus dem verkalkten Wasserhahn, dann übergebe ich mich ins Waschbecken. Jemand hinter mir sagt: »Iiih«, dann bin ich wieder draußen, die Musik erscheint mir lauter als zuvor, die Lichter greller. Neonfarben, Flackerlicht, Stroboskop. Ich suche nach Vicky oder nach Henning, aber sie sind irgendwo in der Schule verschwunden. Ich bin mir nicht sicher, ob ich nach Markus suchen soll. Eigentlich will ich einfach weg von Markus.

Aber Markus findet mich. Am Fahrradständer, als ich gerade mein Schloss öffne, und ich lasse den Schlüssel fallen. »Scheiße«, murmele ich und taste auf dem dunklen Betonboden herum.

»Vicky ist unauffindbar«, sagt er, als wäre überhaupt nichts passiert. Ich stöbere immer noch nach dem Schlüssel. Er sagt irgendetwas von wegen »Platz zum Übernachten« und ich frage nicht, warum er nicht einfach zu sich nach Hause geht, seine Eltern werden doch wohl noch hier wohnen. Wieso er nicht einfach bei Vicky klingelt, die sicher schon daheim in ihrem Bett liegt. Er zeigt mir eine SMS von ihr, die gereizt klingt, meine Sicht verschwimmt.

»Kann ich bei dir übernachten?«
Nein, denke ich und sage: »Klar.« Locker, leicht, als wäre alles in Ordnung, als wäre ich in Ordnung, als wären wir in Ordnung.
Wir fahren auf meinem Rad los, oder besser, Markus fährt, lenkt, ich sitze auf dem Gepäckträger und halte mich an ihm fest.
Er ist furchtbar betrunken, ich habe keine Ahnung, wie ich ihn in mein Zimmer schleusen soll, ohne dass meine Oma etwas merkt. Kurz überlege ich, zu meinen Eltern zu fahren. Meine Mutter ist auf Gran Canaria, fällt mir ein, um ihre Beinahe-Scheidung angemessen zu feiern, aber mein Vater ist zu Hause, die Option also noch schlechter als meine Oma. Wieso kann ich nicht nein sagen? Wieso bin ich hier? Ich funktioniere, wir fahren Schlangenlinien. Irgendwann klingelt sein Handy und bei dem Versuch, es aus seiner Hosentasche zu ziehen, kippen wir um. »Wups«, macht er und dann höre ich Vickys Stimme aus dem Hörer: »Wo zum Teufel bist du?« »Schatz!«, ruft er, während ich mich vom Boden aufrappele, während mein Knie sich komisch anfühlt, aufgeschürft ist, brennt. »Du bist ja wach. Kann ich zu dir kommen?«
Vicky sagt etwas, was ich nicht verstehe, und Markus macht ein »Bla-Bla-Bla«-Zeichen mit der Hand, beugt sich herunter und küsst mich auf die Wange. Ich sitze noch immer am Boden. Das Hinterrad ist verbogen, fällt mir auf, vielleicht war das schon vorher so.
Ich sehe ihm nach, wie er davongeht, er telefoniert mit Vicky, er winkt über die Schulter.
Ich hebe mein Fahrrad auf und merke, dass ich nicht mehr fahren kann. Ich schiebe es, ich schwanke, meine Strumpfhose hat jetzt nicht mehr nur noch ein Loch, sondern eine riesige Laufmasche, das halbe Bein ist zerrissen. Mein Knie ist schmutzig. Im Schaufenster eines H&Ms sehe ich eine verwaschene Silhouette, ein durchsichtiges Gespenst. Mein Make-up ist vom Heulen verwischt, ansonsten merkt man nichts. Ich sehe einfach aus wie jemand, die sehr betrunken von

einer Party nach Hause stolpert. Ich übergebe mich in einen Mülleimer an einer Straßenecke, höre ein paar Typen lachen und abfällige Bemerkungen machen. Ich ziehe meine Schuhe aus, weil sie zu eng sind, die kleinen Zehen haben sicher Blasen, und an der Ferse riffelt etwas. Mit eiskalten, nassen Strumpfhosenfüßen laufe ich durch die Altstadt, den Hügel hinauf zur Siedlung. Ich versuche, nicht mehr zu weinen, aber es geht nicht. Leise rinnen die stillen Tränen über mein Gesicht, ich fühle sie am Kinn, wo sie hängen, bevor sie schließlich in meinen Kragen tropfen.

Leer und kaputt und schuldig.

Bei Martha brennt noch Licht, und für einen Moment überlege ich, zu klingeln. Mir eine heiße Schokolade machen zu lassen oder einen Apfelkuchen zu essen. Aber ich habe keine heiße Schokolade und auch keinen Apfelkuchen verdient. Ich bin nichts weiter als dumm und betrunken und selbst schuld.

KAPITEL 27

DER WIND TOSTE noch immer, pfiff ums Haus, durch die Straßen, rüttelte an allen Fensterläden und kurzfristigen Entscheidungen. Blätter stoben durch die Luft und der Himmel sah aus, als würde es jeden Moment anfangen zu regnen. Ich klemmte mir mein Kopfkissen kräftiger unter den Arm, bevor es mir aus der Hand rutschte.

Martha kam über den Hof, mit wehender Jacke und einer roten Lesebrille in die Stirn geschoben, die ich noch nie an ihr gesehen hatte.

»Du willst also wieder weglaufen?«

»Ja«, sagte ich und schulterte den Karton, den ich trug, ein bisschen höher. »Wenn du es so nennen willst.« Das Kissen fiel mir nun doch aus dem Arm und landete auf dem schmutzigen Boden. »Scheiße«, fluchte ich.

Linnea war im Haus und bockte, sie rührte keinen Finger, saß nur auf ihrem Bett und schrieb mit ihren neuen Freundinnen.

Martha verschränkte die Arme. »Jetzt hör mal auf, Maria. Ich will dir mal was sagen.«

»Ja, sag. Ich muss hier weiterpacken.«

Martha hob das Kissen auf und klopfte es an ihren Knien ab.

»Ich mach uns einen Tee«, sagte sie. »Das dauert länger.«

»Martha, ich hab nicht die Zeit …«

»Du hast alle Zeit der Welt, Maria. Und jetzt komm. Es gibt Scones mit Sahne.« Sie warf das Kissen auf die Rückbank des Autos, nahm mir den Karton ab, stellte ihn daneben und schlug mit Nachdruck die Autotür zu.

Ich widersprach nicht, seufzte nur. Martha widersprach man nicht.

Bei Herbstwetter wirkte Marthas Haus wie immer einladend, als schiene ein warmes Licht nur für die Hütte. Drinnen duftete es herrlich nach frischem Gebäck, und die Katze flitzte mir durch die Beine, als wir durch die Tür traten, hinaus ins Freie.

»Setz dich«, sagte Martha, und ich ließ mich aufs blaue Cord-Sofa sinken. Sie reichte mir einen Teller mit einem Scone und einem Klecks Sahne.

»Weißt du, wer noch immer weggerannt ist?« Martha rollte den grünen Gymnastikball an den Tisch und setzte sich darauf.

»Nein«, sagte ich mürrisch und aß einen blanken Löffel Sahne.

»Deine Oma.«

»Meine Oma? Weggerannt?«, fragte ich mit vollem Mund. »Vor was denn? Dass sie bi war? Das ist was völlig anderes.«

Ich konnte mir das nicht vorstellen, meine standhafte, große Oma Hanne mit ihren Anpack-Händen und ihren Fellstiefeln. Die rannte nicht weg. Vor gar nichts.

»Doch«, sagte Martha, als hätte sie meine Gedanken gelesen. »Ihr ganzes Leben lang. Und zwar nicht nur vor der Wahrheit mit mir.«

Ich sah Martha fragend an, wartete. Das warme Gebäckstück dampfte auf meinem Teller, die Sahne schmolz. Ich steckte mir ein Stück in den Mund, es schmeckte köstlich, nach Martha und Oma, und, trotz allem, nach Zuhausesein.

»Vicky war bei mir«, sagte Martha und federte auf dem Ball. Hoch, runter, hoch, runter.

»Hä? Wann?«

»Gestern.«

Ich starrte sie an. »Was?«

»Ja. ›Hat sie dir was erzählt, Martha? Hat sie mit dir geredet?‹ Sie war unsicher, sie macht sich Sorgen um dich.«

»Um mich?«

»Ja. Ich glaube, sie ist nach der Party mit ihm heim, konnte nicht schlafen und ist dann hergekommen. Wollte wissen, ob du damals etwas erzählt hast. Ob ich irgendetwas wüsste. Aber sie wollte nicht damit rausrücken, was passiert ist. Und du hast ja nie …«

»Ich hab nie was gesagt.«

»Und ich glaube, jetzt verstehe ich das«, sagte Martha.

»Du weißt doch gar nicht, was …«

»Britta hat mich gestern Abend auch noch angerufen. Nachts. Aufgeweckt hat sie mich. Ich dachte schon, jemand ist gestorben. Die ist eine Gute, die Britta.«

Ich antwortete nicht. Ich dachte an die erwachsene Vicky auf diesem Cord-Sofa und an die Vicky von früher, mit den gefärbten Haaren und den Schlaghosen.

»Wir hätten damals mehr nachfragen sollen, deine Oma und ich«, sagte Martha. »Es tut mir leid, Maria.«

Ich sagte wieder nichts. Ich wusste nicht, was ich sagen sollte. Es war über zwanzig Jahre her. Ein Kloß bildete sich in meinem Hals und ich schluckte ein paarmal trocken.

»Ich erzähl dir jetzt mal eine Geschichte«, sagte Martha, die auf dem Gymnastikball auf und ab hopste, als sei sie nervös.

»Ich kenne deine Oma ja schon sehr lange«, fing sie an. »Ich hab sie damals drüben in der Fabrik kennengelernt, wir haben da Sachen abgetippt für die Chefs. Sie war so schön und so groß, mit ihren leuchtenden Haaren und ihrer weißen Haut, sie sah aus wie ein Filmstar. Ich war sofort in sie verliebt. Na ja, es war mehr eine Schwärmerei. Und ein bisschen Neid war wohl auch dabei – sie bekam viel mehr Aufmerksamkeit als ich. Von allen. Wir haben immer zusammen geraucht, am Hintereingang, vom ersten Tag an. Sie hat für mich gestempelt, wenn ich mal zu spät kam, weil der Zug Verspätung hatte. Wir haben unsere Pausenbrote geteilt. Für sie war es einfach eine Freundschaft, für mich war es … Na ja. Schwierig. Aber viel geredet haben wir, ich dachte, wir verstehen uns blind.«

Martha seufzte.

»Irgendwann hat sie mit einem der Vorarbeiter angebandelt. Das war so ein hübscher Kerl, den alle Mädels in der Fabrik toll fanden. Dunkle Haare, helle Augen, breites Kreuz. Heiner, hieß der. Damals war das nicht so ein bekloppter Name wie heute. Jedenfalls war klar, dass Heiner mit Hanne was anfing, weil sie einfach die Schönste von uns allen war.« Martha blickte aus dem Fenster, wirkte ein wenig abwesend, als sähe sie dort die Vergangenheit zwischen den Rosenranken hängen. »Er flirtete dauernd hinter ihr her, pfiff, lud sie ein, sie lehnte erst ab, aber ich musste mir jeden Tag anhören, dass sie nicht schlafen konnte, weil sie ständig an ihn dachte.«

Ich leckte mir ein wenig Sahne aus dem Mundwinkel. Ich konnte mir meine Oma so gar nicht vorstellen; es war, als spräche Martha von einem ganz anderen Menschen. Ich dachte an die beigen Wollhosen und Lockenwickler und Kittelschürzen, an die absolute Standhaftigkeit meiner Großmutter. Ihre Fellstiefel.

»Schau nicht so skeptisch, Maria«, sagte Martha. »Wir waren alle mal jung. Du bist jetzt auch nicht mehr, wer du mit fünfzehn warst … Jedenfalls: Irgendwann gab sie nach. Sie gingen ins Kino und so, ich wollte das gar nicht so genau wissen. Ich war neidisch auf deine Oma, weil sie begehrt wurde, und ich war eifersüchtig auf Heiner, weil er mit deiner Oma knutschen durfte. Es war sehr verwirrend für mich. Ich hab mich also mehr mit den anderen Mädels aus der Firma getroffen, weil ich keine Lust hatte, mir ständig was von diesem Typen und den tollen Verabredungen anzuhören.« Martha atmete tief ein, wandte sich ihrem Gebäck zu, tupfte ein paar

Krümel mit dem Zeigefinger von ihrem Teller. »Das ging so in etwa drei Wochen. Und dann stand sie eines Nachts vor meiner Tür, mit ganz zerzausten Haaren und verwischtem Lippenstift. Der Henkel ihrer Handtasche war zerrissen, das weiß ich noch. Sie hatte sich den Bändel um die Hand gewickelt. Ganz weiß waren ihre Finger schon.«

Meine Strumpfhosen-Füße auf Asphalt, meine zitternden Hände. Ich schluckte. Martha wippte noch immer auf dem Ball auf und ab.

»Und ich hab gesagt, ›komm rein, was ist passiert‹, ich dachte, sie ist überfallen worden oder so was, aber sie sagte: Heiner. Und sie weinte und erzählte eine verworrene Geschichte, die ich erst zusammensetzen musste, sagte was von seinem Auto und dem See und dass sie Wein getrunken hätten und alles sehr schön gewesen war, bis er dann mehr gewollt hatte.«

»Und sie nicht?«, fragte ich.

Martha biss sich auf die Lippe. »Und sie nicht. Sie hätte gelacht und gesagt, ›doch nicht in deinem Auto, Heiner‹, aber er hätte nicht aufgehört. Sie hat gesagt: ›Da könnten doch Leute kommen‹, aber er hat nicht aufgehört. Sie hat gesagt: ›Wir verschieben das besser noch‹, aber er hat nicht aufgehört. Also hat sie eben mitgemacht. Und ich hab das damals nicht verstanden. Ich dachte, Vergewaltigungen finden in düsteren Ecken statt, mit Leuten, die man nicht kennt, die dich aus dem Hinterhalt angreifen und auf den Boden drücken. Nicht mit deinem Freund auf einem Rendezvous, wo ihr vorher noch nett Wein getrunken und die Sterne beobachtet habt. Ich hab nicht verstanden, dass das nicht in Ordnung war. Ich hab nicht kapiert, dass es ihr gutes Recht war, nein zu sagen, dass das, was sie gesagt hat, ein Nein war.«

Etwas Scone zerkrümelte zwischen meinen Fingern und fiel auf den Teller.

»Ich hab das nicht verstanden, Maria. Ich hab gesagt: ›Aber du wolltest das doch. Du hast es doch drauf ankommen lassen. Du magst ihn doch!‹ Und ich war sauer auf sie, dass sie all das hatte – den netten Kerl, die Verabredungen, die Küsserei, und sich trotzdem beschwerte. Ich dachte, es ist ihr einfach peinlich. Deshalb hab ich gesagt, ›so was macht man nicht, und das weißt du, und deshalb genierst du dich jetzt!‹ Und da hat sie aufgehört zu weinen, hat sich die Tränen aus dem Gesicht gewischt und ist gegangen. Ich hab sie fünfzehn Jahre nicht gesehen.«

Ich putzte mir die Nase. *Vicky, die sagt: ›Das hast du dir ganz allein selbst zuzuschreiben. Du wolltest das doch. Miststück.‹*

»Und dann?«, fragte ich und meine Stimme klang kühl.

»Hanne hat gekündigt, ist weg aus der Stadt. Als sie wieder da war, hatte sie deinen Opa schon geheiratet, und es gab zwei Kinder und sie war … ja, anders als früher. Nicht mehr so strahlend, nicht mehr ganz.«

Ich schnaubte. »Das klingt ziemlich melodramatisch, Martha.«

»So hat sich das damals für mich angefühlt. Ich hatte fünfzehn Jahre Zeit, darüber nachzudenken, und es tat mir sofort leid, als sie weg war. Ich hab mich so geschämt, Maria. Ich hab sie nicht ernst genommen und dabei war ich ihre beste Freundin.«

»Nicht so gut, wie du dachtest.«

»Nein. Gar nicht.«

»Aber ihr wart dann zusammen«, sagte ich. »Ihr wart ein Paar, nachdem Opa tot war. Wie konnte sie dir das verzeihen?«

Martha zuckte die Schultern. »Erst haben wir uns langsam angenähert. Wir hatten ja trotz allem einen Draht, deine Oma und ich. Und ich hab mich entschuldigt. Ich hab gesagt, ich hätte ihr glauben müssen. Hätte mich anders verhalten sollen. Ich hab mir damals geschworen, dass ich nie wieder einer Frau nicht glauben werde.«

»Habt ihr deshalb den Club gegründet?«

»Club, na ja.« Martha lachte. »Es waren halt immer alle bei mir.

Die einzige Alleinstehende und so. Und als dann Britta kam, vor vier Jahren, da war die grade mal neunzehn oder so, völlig verschüchtert, das arme Ding, da hab ich dann ein paar mehr Betten in der Scheune oben aufgestellt. Sie hat immer gemeint, es ist doch alles halb so wild, und wollte gleich wieder heim. Dabei hat der Typ sie völlig manipuliert. So ein richtiger Gaslighter war das. Ich bin so aufgebracht gewesen. Hab gesagt: ›Du bleibst jetzt hier. Und wenn du noch mehr Frauen kennst, die mal rausmüssen, sag ihnen Bescheid!‹ Und mittlerweile sind wir fast ein kleines Netzwerk.« Sie wirkte stolz. »Es sollte ein Ort sein, an dem man sprechen kann. An dem man sich wohl und frei fühlt und wo man nicht verurteilt wird für Dinge, die einem zugestoßen sind. Ein sicherer Raum.«

Ich schaute auf meinen Teller. Die Sahne war zerlaufen und Brösel klebten in einer Lache aus Weiß.

»Und dann war einfach alles wieder gut? Was ist aus Heiner geworden?«

Martha zuckte die Schultern. »Er hat weiter in der Fabrik gearbeitet. Hat geheiratet. Ich hatte dann einen anderen Job und hab ihn nicht mehr gesehen. Alle mochten ihn, er war ja ein ›netter Kerl‹.« Sie malte Anführungszeichen in die Luft. »Ich glaube, ihm war nicht wirklich bewusst, was er deiner Oma angetan hat.«

»Hast du es ihm nicht gesagt? Ihr seid doch sonst immer so … lautstark.« Ich klang bitter, ich merkte es selbst.

Sie schüttelte den Kopf. »Es waren andere Zeiten«, sagte sie. »Einmal hab ich versucht, mit ihm zu reden, aber er wusste nicht mal, wer ich war. Ich hab mich nicht getraut.«

Martha, die sich nicht traute. Das war etwas Neues.

»Und Oma? Wieso hast du gesagt, sie ist weggelaufen? Ihr Leben lang?«

»Weil sie nie wieder ein Wort darüber verloren hat. Hat alles verdrängt. Kiste auf, alles rein, Kiste zu, versenken. Hat mir verboten,

Heiner auch nur zu erwähnen, nachdem ich mich entschuldigt hatte. ›Es ist vorbei, Martha, das liegt hinter mir, ich bin drüber weg.‹ Aber ich hatte den Eindruck, es war immer da. So funktioniert das nämlich nicht, Maria.«

Ich schniefte. »Bei Oma scheint es funktioniert zu haben. Sie war wieder hier, in der Stadt, sie hatte ein gutes Leben, oder? Sie war ein fröhlicher Mensch, ich kenne sie nur als starke Frau.«

»Das war sie, sicher«, sagte Martha. »Zufrieden war sie mit ihrem Leben. Und dein Opa, das war ja auch ein Guter. Aber manchmal war da so eine Traurigkeit, als hätte sie das nicht losgelassen.«

»Das sagst du jetzt. Das ist deine Interpretation.«

»Mag sein. Aber, Maria, ich erzähl dir das, weil deine Kiste gerade wieder nach oben treibt. So leicht lassen sich diese Scheißdinger nämlich nicht versenken. Die kommen immer wieder hoch.«

Ich kratzte mit der Gabel auf dem Teller herum, schob ein paar Krümel von links nach rechts, schrieb meinen Namen mit der Sahne. Und dann fing ich an zu weinen.

Martha roch nach Holzofenfeuer und Erde und ich presste meine Nase in ihren dicken Strickpullover. Von irgendwoher hatte ich ein Taschentuch, Marthas Schulter war trotzdem völlig nass und von Rotz verschmiert. Sie tätschelte meinen Rücken und war einfach da.

»Es war nicht deine Schuld«, sagte sie. »Es war nicht deine Schuld.«

»Doch«, sagte ich, mit Schluckauf und unter schwerem Schnaufen, »ich hab immer das Gefühl, ich darf mich nicht schlecht fühlen, deshalb, weil ich es doch angeblich wollte.«

»Wer sagt das?«

»Vicky hat das gesagt.«

Ich ließ sie los und schob mich von ihr weg. »Wieso hat … wieso … wieso habt ihr es nicht gemerkt, ihr seid doch sonst so, so … Ihr wart nicht da. Du warst nicht da.« Ich schluckte und hickste. Martha nahm mich wieder in den Arm.

»Es tut mir leid«, sagte sie, »es tut mir leid, dass wir dich nicht gesehen haben. Wir hätten da sein sollen. Aber es ist jetzt vorbei. Du bist in Sicherheit.«

Ich schnäuzte mich und zerfledderte dann das Taschentuch zwischen meinen Fingern.

»Ich hab immer alles runtergeschluckt«, sagte ich. »Ich glaube, er denkt, es war einfach betrunkenes Rumgemache auf einer Party, mehr nicht. Ich hab nie gesagt, dass … dass er … Ich hab es weggelacht, Martha. Ich hab ihm gegenüber so getan, als wäre es okay. Wie soll ich mir da denn selbst in die Augen schauen?«

»Du hast getan, was du tun musstest, um da heil rauszukommen. Auch psychisch.« Martha sah mich ernst an.

»Vicky war da ja ganz frisch mit Markus zusammen«, sagte ich. »Wir fanden den beide gut, aber Vicky war irgendwie … selbstbewusster als ich, weißt du? Sie hat es drauf angelegt und das hat gewirkt. Und dann war diese Halloween-Party in der Schule. Ich war wahnsinnig betrunken.« Ich schniefte. Martha hielt mir sofort ein neues Taschentuch hin.

»Na ja, und dann war da plötzlich Markus und hat mit mir geflirtet. Weißt du, Martha, alles ging von ihm aus. Ich war … ich war halt schon ewig in ihn verknallt.«

Martha drückte meine Hand. »Und dann?«

»Ich weiß nicht, wo Vicky war, wahrscheinlich kotzen. So was kam damals vor, wir haben manchmal ein bisschen übertrieben, ich meine, wir waren siebzehn …«

Es klopfte an der Tür und ich schreckte hoch. Martha stand auf und öffnete. Linnea kam herein.

»Mama?« Meine Tochter stand in der Tür, mit eingefallenen

Schultern. Starrte mich an, meine verheulten Augen. Sie wirkte verwirrt und sehr, sehr jung.

»Mama, es ist was mit Bootsmann«, sagte sie.

Ich rotzte in mein Taschentuch. »Was?«

»Es ist was mit Bootsmann«, wiederholte sie. »Kommst du?«

DAMALS

Den ganzen nächsten Tag bleibe ich im Bett. Es ist der erste November, und es fühlt sich alles anders an. In der Früh hat es angefangen zu regnen, ich weiß das, weil ich nicht geschlafen habe. Ich liege nur da, zusammengerollt wie ein kleines Päckchen unter meiner Bettdecke, in denselben ungemütlichen Klamotten, in derselben zerrissenen Strumpfhose. Meine Oma ist mit Martha unterwegs, also bin ich allein. Wenn ich mir übers Gesicht wische, was ich ab und zu tue, denn mir quillt Rotz aus der Nase, und mir laufen Tränen über die Wangen, ob ich will, oder nicht, dann sind meine Hände schwarz von Wimperntusche, die doch eigentlich wasserfest sein sollte, wie mir blödsinnigerweise einfällt.

Als es schon fast wieder dunkel wird, verbiete ich mir das Weinen. Meine Augen sind trocken und jucken, als ich mir im Bad das Gesicht mit kaltem Wasser wasche.

Dann rufe ich Vicky an.

Wir treffen uns in Marthas Scheune. Noch vor zwei Jahren haben wir hier Teller zerdeppert, wenn wir wütend waren. Schlechte Noten, fiese Lehrer, mobbende Mitschüler. Wie belanglos mir jetzt alles vorkommt. Banal. Albern. Kindisch.

»Wie siehst du denn aus?«, fragt Vicky, die zwar etwas verkatert wirkt, aber immer noch so, wie Vicky eben wirkt: Adrett und ordentlich. Sie trägt einen gelben Kapuzenpulli, der ihr zu groß ist und der vermutlich Markus gehört.

Alles sprudelt aus mir heraus. Zu schnell, zu unzusammenhängend.

Und ich fange wieder an zu weinen, weil ich nicht anders kann. Weil ich mich schäme und weil ich nicht weiß, wie das passieren konnte, und weil es so weh tut, dass mir so etwas passiert ist. So etwas. Ich kann das Wort nicht sagen, und Vicky starrt mich an und sagt es auch nicht.

»Das stimmt nicht«, sagt sie stattdessen. »Markus ist doch kein … Ich meine, der würde doch nicht …« Sie sieht blass aus und ich weiß nicht, ob sie es vorher schon war. Sie schüttelt langsam den Kopf.

»Nee, Maria. Du wolltest das doch schon die ganze Zeit.«

»Vicky …« Ich ziehe mir meinen Jackenärmel über die Hände. »Ich wollte nicht …«

»Doch, du hast es nicht ertragen, dass ich einmal einen netten Freund hab, vor dir, und …« Sie schüttelt den Kopf. »Das warst du. Das hast du dir ganz allein selbst zuzuschreiben.«

Ich schniefe, Rotz klebt schmierig an meiner Hand. »Aber er hat doch …«

»Nee, nee«, sagt Vicky, »mach ihn nicht für was verantwortlich, was du jetzt bereust.«

Ich starre sie an und weiß nicht, was ich sagen soll.

»Das hätte ich ja nicht von dir gedacht«, sagt Vicky. »Dass du so ein Miststück bist.«

»Ich wollte nicht …«

»Boah, Maria, und jetzt machst du wieder dein ganz persönliches Drama draus, oder? Weil dir dein Leben sonst zu langweilig vorkommt.«

»Nein, es ist nur …«

»Und du schaffst es nicht mal, dich bei mir zu entschuldigen, oder?«

»Aber …« Ich stocke. Ich will mich nicht für etwas entschuldigen, was mir zugestoßen ist.

»Er ist derjenige, der …«, fange ich an, aber sie unterbricht mich. »Du bist echt das Letzte, Maria«, sagt sie und lässt mich einfach stehen.

KAPITEL 28

WIR GINGEN RÜBER, Martha, Linnea und ich, und fanden Bootsmann in der überheizten Küche, mit geschlossenen Augen neben der Küchenbank, unter der er so gerne zu unseren Füßen gedöst hatte. Er lag auf der Seite und atmete nicht.

»Oh nein. Nein, bitte nicht.« Ich kniete mich neben den hässlichen Hund, legte eine Handfläche auf seinen massigen, jetzt so stillen Körper. Tätschelte seinen Rücken und wünschte mir, er würde wieder anfangen zu atmen, einmal tief und behaglich aufseufzen, wie er es oft getan hatte. Er war noch warm, aber rührte sich nicht. Normalerweise hätte er jetzt mit seinem Schwanz gewedelt, hätte mich aus seinen treudoofen braunen Augen angesehen, fast wie ein Lächeln.

»Hey«, sagte ich. »Hey, alter Junge.«

»Er wacht einfach nicht mehr auf.« Linnea fing an zu schniefen. Mir rannen selbst Rotz und Tränen über das Gesicht, noch von vorhin oder ganz frisch, ich wusste es selbst nicht.

Einen Moment lang saß ich neben Bootsmann auf dem Boden, schob die Beine in einen Schneidersitz und streichelte sein borstiges Fell. Ich schloss die Augen.

»Das war bestimmt, weil ich den Hamster …«, sagte Linnea.

»Unsinn«, unterbrach Martha sie sanft, und ich spürte eine Hand auf meiner Schulter. »Er war alt. Und er hat bestimmt nicht gelitten.«

»Er war ja gerade noch wach«, sagte Linnea. »Gerade eben war er doch noch … Und jetzt … und jetzt …«

Ich stand auf, drückte Linnea an mich und holte dann Bootsmanns liebste Kuscheldecke, in die ich ihn einhüllte. Alles fühlte sich fremd und unwirklich an, aber ich war sehr, sehr klar.

»Wir müssen ihn ordentlich begraben«, sagte ich. »Unter Omas Lieblingsbaum? Bei dir?«

Martha nickte.

Ich ging hinaus zum Auto und fing an, unsere Sachen wieder ins Haus zu räumen. Es hatte alles Zeit. Es war nicht wichtig, dass wirweggingen. Es war wichtig, jetzt hier zu sein, den Hund zu begraben, Ruhe zu bewahren.

Martha kochte uns eine scharfe Linsensuppe, die wir brav auslöffelten, und dann wollte sie hinten bei der Eiche schon mal Laub rechen, während Linnea und ich auf ihrer blauen Couch saßen, uns Decken über die Knie zogen und über Bootsmann redeten, der noch immer zugedeckt in der Küche von Oma Hanne lag, wo er am allerliebsten gewesen war.

»Er war so traurig das ganze letzte Jahr, immerzu Heimweh, weißt du noch?«, sagte ich. »Er hat ständig nur gejault.«

Es fühlte sich an wie aus einer anderen Zeit.

»Und du wolltest ihn wieder nach München verfrachten«, sagte Linnea. »Genau wie mich.«

»Nein«, sagte ich. »Nein, ich verfrachte niemanden.«

Linnea schluchzte. »Wieso willst du denn nicht hierbleiben?«

»Es ist, weil … Es ist nur … weil …« Ich stockte.

Das Kind wischte sich mit dem Handrücken über die Nase. »Hast du deshalb vorhin bei Martha geweint, weil du unbedingt zurückwillst? Bist du hier wirklich so unglücklich?«

Ich schüttelte den Kopf, breitete die Arme aus.

»Es ist alles gut, meine Kürbnisnase«, sagte ich und zog sie an mich. »Es ist … ich bin nur, das ist nur …« Ich fing wieder an zu heulen, schaffte es auch nicht vor Linnea, ruhig zu bleiben.

»Wenn es dir hier so schlecht geht, dann fahren wir eben«, sagte meine Tochter plötzlich schicksalsergeben. »Wir fahren zurück nach München, wir … also ich wohne bei Papa, ich ruf ihn gleich an, das ist okay, Mama, du musst nicht weinen.«

Kinder sollten ihre Eltern nicht trösten müssen, dachte ich.

Und dann fiel mir auf, dass ich ihn gewinnen ließ. Markus. Ich ließ ihn gewinnen, schon wieder.

»Ich bin nur durcheinander, Linni«, sagte ich. »Irgendwie ist alles so durcheinander.«

»Ein Durcheinander räumt man auf und dann ist es weg«, sagte mein altkluges Kind und reichte mir eine Box mit Taschentüchern, die neben dem Sofa stand. Den musste sie von meiner Mutter haben, so einen Satz.

»Okay«, sagte ich. »Okay. Es hat alles überhaupt nichts mit dir zu tun, mein Schatz.«

»Aber es betrifft mich.«

»Ich weiß, und das tut mir leid. Ich … Das wird schon wieder.«

Und ich wusste, dass das stimmte. Ich stand auf. »Jetzt begraben wir erst mal Bootsmann«, sagte ich. »Der hat eine schöne Beerdigung verdient. Und später schauen wir noch einen Film, und im Gefrierschrank haben wir noch Eis. Okay?«

Ich küsste sie auf die Wange. »Und jetzt los, draußen sind Schaufeln.«

Trotz des kalten Wetters war der Boden matschig und weich und kein bisschen gefroren. Die Dahlien blühten noch immer, »bis zum ersten Frost«, sagte Martha. Dahlien, Astern und Herbstanemonen, rosa und weiße und lila Flecken in einem Meer aus immergrünen Heidekräutern im Hexenhaus-Garten.

Martha hatte drüben unter der alten Eiche schon einen Platz ausgewählt und wir wechselten uns mit Schaufeln ab.

Oma hätte es gefallen, dass wir Bootsmann hier begruben, unter ihrem Lieblingsbaum, wo sie im Sommer zuvor auch einfach eingeschlafen war, genau wie ihr alter Hund es jetzt getan hatte. Die Grube war tief, und ich schwitzte in meinen zu großen Gummistiefeln. Ich legte ihm ein paar Pansen ins Grab, seine schmuddelige Hundedecke und seinen Kauknochen und Linnea weinte und weinte. Martha legte ihr einen Arm um die Schulter und zog ein großes Stofftaschentuch aus ihrer Jackentasche.

Als das Grab verschlossen war, rannte Linnea zurück ins Haus, holte ein paar ihrer Acrylmarker und beschrieb ein altes Holzbrett aus der Scheune: *Bootsmann, bester Bettvorleger, guter Freund.*

»Was fällt euch noch ein?«, fragte sie und ich sagte liebevoll: »Schnarchnase!«, und Martha: »Pansen-Liebhaber« und Linnea malte alles fein säuberlich auf das Brett und steckte es auf den Grabhügel.

Martha sagte: »Ruhe in Frieden, du wunderbares, zotteliges, altes Vieh.«

Neben dem Grab von Bootsmann hoben wir eine kleinere Grube aus und legten den unglücklichen Hamster, Linneas Mordopfer, hinein.

»Willst du dem auch noch einen Grabstein machen?«, fragte ich. »Und wir räumen hier auf? Ist eh schweinekalt.«

Meine Tochter nickte, nahm ihre Marker und einen großen Kieselstein aus dem Garten und verschwand drüben im Haus. Ich hob die Schaufeln auf, Martha harkte ein bisschen lose Erde auf den Grabhügel.

»Und jetzt?«, fragte sie. »Packst du weiter?«

Ich schüttelte den Kopf. »Machen wir einen Spaziergang zu Bootsmanns Ehren?«

Wir gingen den Feldweg entlang, ich blickte hinüber zur Neubausiedlung mit den adretten kleinen Reihenhäusern. Martha folgte meinem Blick.

»Sprich es aus«, sagte sie. »Er hat dir das angetan.«

»Er hat … er hat …« Aber ich konnte es nicht sagen. Nicht dieses Wort. Ich schüttelte den Kopf.

»Das war eine Vergewaltigung, Maria«, sagte Martha ruhig. »So nennt man das, wenn man nicht einvernehmlichen Sex hat. Ob du nun ›Nein!‹ brüllst oder eben nur etwas leisere Formen von Nein benutzt.«

Ich kaute auf der Innenseite meiner Wangen herum, biss so fest zu, dass ich anfing zu bluten. Es schmeckte nach Eisen und Metall, hart, unnachgiebig. Meine Füße in den Gummistiefeln waren kalt, und es wurde beinahe schon wieder dunkel.

»Vicky war so wütend. Sie sollte es niemandem sagen, aber am nächsten Tag wussten es alle. Nilam und die halbe Schule. Und auf einmal war ich diejenige, die es auf der Schultoilette mit älteren Studenten macht.«

Martha schüttelte den Kopf, mehr nicht. Ich atmete einmal tief durch, es war ein wackeliger, langer Atemzug, als hätte ich lange die Luft angehalten, zweiundzwanzig Jahre lang vielleicht.

»Deshalb bist du dann mit deinem Vater nach München, oder? Ich hab mich immer gefragt, wieso du nicht hiergeblieben bist.«

Als im Sommer darauf die Scheidung meiner Eltern endlich durch war und sie mich vor die Wahl stellten, ob ich lieber mit Mama im Ort wohnen bleiben wollte oder mit Papa nach München ziehen, wählte ich München. Die Chance, die sich mir bot, sozusagen.

»Ich wollte nie wieder zurückkommen.«

»Und jetzt bist du hier.«

»Jetzt bin ich hier und schau mich an. Ich bin ein Häufchen Elend.«

»Denk an den Phönix«, sagte Martha.

»Der aus der Asche?«

»Genau der.« Wir waren am Waldrand angekommen, durch die Blätter konnte ich bereits die Einsiedler-Bude erkennen. Martha blieb stehen und sah mich an, nahm meine Arme. »Du hast es mir erzählt, also hast du jetzt jemanden, die dich ernst nimmt, die auf deiner Seite ist. Also nimm dich auch selbst ernst. Du darfst da hinschauen, die Gefühle dürfen da sein.«

Sie ließ mich los und ich atmete wieder, atmete tief die neblige Luft und den erdigen Geruch ein.

»Und klar ist das ein Prozess, Liebes. Das geht nicht ›schwups, und geheilt‹.« Martha schnipste mit dem Finger. »Leider. Aber es hilft, es immer wieder dort zu verorten, wo es hingehört: in die Vergangenheit.«

Es fing an zu nieseln und die Regentropfen waren kühl auf meinem Gesicht, das ich dem Himmel entgegenstreckte. Als ich es wieder senkte, sah ich drüben an der Einsiedler-Bude einen großen Mann im olivgrünen Parka und einen Hund mit weißen Tennissocken-Beinen.

Martha drehte um. »Ich hab jetzt keine Lust mehr, durch den Regen zu latschen. Komm doch am Montag in die Gruppe! Wir schreiben unsere Abschiedsbriefe. Da muss keiner was laut sagen, das ist ein hübsches kleines Lagerfeuer draußen im Wald. Ein bisschen feiern! Das Leben ist nämlich ziemlich feiernswert, Maria, trotz allem.«

»Wenn du das sagst.«

»Das sag ich. Wir lassen uns nicht unterkriegen. Von nichts und niemandem.«

»Ihr seid ja süß«, sagte ich matt.

»Das auch, aber vor allem stark.« Martha winkte. »Und kauf dir 'ne blaue Perücke«, rief sie über ihre Schulter.

Ich ging weiter auf die kleine Hütte im Wald zu, setzte meine Kapuze auf. Socke kam schwanzwedelnd herbei und schnüffelte an meinen Beinen und Henning hob schüchtern eine Hand.

»Hi«, sagte ich.

»Hör zu, es tut mir leid«, sagte er ohne eine Begrüßung. »Es tut mir leid, dass ich dir damals nicht zugehört habe. Ich war so verliebt in dich und du hast mich nicht gesehen, nicht so, und dann das mit Markus – ich war einfach nur verletzt. Ich wollte mich schützen, irgendwie. Ich war sechzehn, meine Güte. Nicht, dass das eine Entschuldigung wäre, aber …«

Ich kraulte Socke am Kopf. »Bootsmann ist gestorben.«

»Was?« Henning sah mich bestürzt an.

»Wir haben ihn eben begraben. Er war alt.« Meine Handflächen waren feucht.

»Oh, das tut mir leid«, sagte Henning. »Ich meine, mein Beileid.«

Ich lächelte und nahm seinen Arm. »Komm, Henners. Lass uns noch eine Runde mit Socke drehen, auf seinen alten Freund.«

Henning lächelte unsicher. »Okay.«

»Wir müssen nämlich mal reden«, sagte ich.

KAPITEL 29

GEHT'S DIR GUT, Mama?«

Linnea saß in der Küche und bemalte immer noch ausführlich und detailreich den Hamster-Grabstein, vermutlich wegen ihres schlechten Gewissens. Am Laptop liefen nebenbei alte Folgen von »Charmed«.

»Mir geht's gut«, sagte ich fest und merkte, dass das stimmte. Ich setzte mich zu ihr auf die Bank, und biss in ein kaltes Stück Fertigpizza von vor zwei Tagen.

Ich fühlte mich matt und kaputt und aufgedreht zugleich, ein beschwingtes Gefühl, ein bisschen entrückt von dieser Welt. Ich schielte zur Zimmerecke, als könnte meine Oma dort den Daumen in die Höhe recken, stolz mit dem Kinn nicken, »gut gemacht, Kleine«. Aber da stand nur unsere Stehlampe mit dem bunten Schirm.

»Keine Geister mehr«, murmelte ich, und Linnea sagte: »Was?«, und ich sagte: »Wenn jemand eine Hexe ist, dann ist es Martha. Vielleicht kann sie wirklich zaubern.«

Linnea sah mich von der Seite an. »Bist du jetzt verrückt geworden, oder so?«

»Nein, wieso?«

»Geister, Zaubern, …«

»Tja, du weißt doch, deine Mutter spinnt.«

»Hab ich ja immer gesagt.«

Ich setzte mich ein bisschen anders hin, damit ich sie besser anschauen konnte. »Du weißt doch, dass ich nicht wollte, dass du bei den Sieberts arbeitest, oder?«

»Die Nemesis-Sache …«

»Na ja, die Nemesis war nicht Vicky. Frau Siebert. Die Nemesis war eher ihr Mann.«

»Ich weiß schon, der ist ein ziemlicher Idiot«, sagte meine Tochter und auf der Stelle war ich unglaublich stolz auf sie. »Er hat so ’ne komische Art, so pseudo-fröhlich, ich glaube, der ist einfach unzufrieden mit sich und seinem Leben.«

»Ja?«

»Total. Creepy. Außerdem nennt er mich immer Geodreieck.«

»Geodreieck?«

»Ja, wegen Linea-l und Geodreieck.«

»Arschloch.« Ich drückte sie an mich. »Mit dem hatte ich mal ein nicht so schönes Erlebnis«, sagte ich. »Und ich bin lange weggelaufen. Ich hab ihn gewinnen lassen, aber nicht mehr.«

»Kryptisch«, sagte Linnea, wandte sich aber wieder ihrem Hamster-Memorial zu. »Will ich mehr wissen?«

»Irgendwann kann ich es dir erzählen, wenn du magst.«

»Bleiben wir jetzt doch hier?«

Ich nickte. »Wir bleiben hier.«

Sie strahlte, und dann umarmte sie mich, mein großes Kind, und ich strich ihr über den Kopf, als wäre sie noch ganz, ganz klein.

Als sie sich von mir löste, fragte sie: »Rufst du Henning an?«

»Ich hab ihn eben schon getroffen.«

»Gut«, sagte Linnea. »Den mag ich übrigens. Falls du das nicht wusstest.«

»Ihr habt uns einen Liebestrank gebraut, Linni. Natürlich weiß ich das.«

»Ja, aber aussprechen hilft, oder? Hab ich von Britta gelernt.«

»Und die von Martha, glaub ich.«

Linnea nickte. Ich musste Ari Bescheid sagen, fiel mir ein, und der Schule, dass jetzt doch alles beim Alten blieb, beim neuen Alten. Später. Ich nahm mir eine Wolldecke, kuschelte mich hinein und zog den Laptop zu uns her.

»Ich liebe ›Charmed‹! Was ist da gerade passiert?«

»Diese drei Freundinnen kämpfen gegen grüne Glibbermonster.«

»Was?! Da weiß ich ja mehr als du! Das sind Hexenschwestern und die müssen natürlich das Böse bekämpfen.«

»Woher weißt du das so genau? Ist das nicht alter Quatsch, den du nicht guckst?«

»Hab ich früher immer. Mit Henners.«

»Aha. In eurer Hexenphase?«

»Ganz genau. Und jetzt, scht, ich krieg sonst nichts mit.«

DAMALS

Die Anzeigentafeln am Hauptbahnhof zeigen den 31. Oktober an, 14 Uhr 23. Ich stehe dick eingepackt an einem der Bahnsteige und winke meiner Oma, als sie aus dem Zug steigt. Sie hat zwanzig Minuten Verspätung und meine Finger sind kaltgefroren; ich puste Wärme hinein.

»Huhu!«, ruft sie und umarmt mich mit all ihrem Oma-Duft nach Lavendelsäckchen und Veilchenparfüm. Eine ganze Wolke davon hüllt mich ein. Oma macht einen Witz von wegen ›eine alte Frau ist kein D-Zug‹ und wir schlendern untergehakt zur U-Bahn. Die Rollen ihres Köfferchens klappern über den Asphalt, und ich bin froh, dass sie da ist. So unendlich froh. Meine neuen Bekannten aus der Abschlussklasse gehen zu irgendeiner Location in der Stadt, feiern Halloween und den Beginn der Herbstferien, glühen bei irgendwem vor, aber ich habe keine Lust auf Partys, nicht heute.

»Martha schickt Kekse«, sagt Oma, als wir endlich zu Hause angekommen und mit dem Aufzug in den dritten Stock gefahren sind. »Schoko-Cookies mit Ingwer, magst du doch?«

Mag ich. Ich koche Kakao und wir sitzen in der Küche und tunken die Kekse in unsere Tassen. Oma fragt nach meiner neuen Schule und den Führerscheinstunden und ob meine Freundinnen nett sind. Und nicht nach Henning und Vicky.

Wir machen Pläne für die kommende Woche: Museumsbesuche und Konditoreien mit tollen Törtchen und die nette kleine Buchhandlung, die ich ihr zeigen will.

»Wir brauchen ein Herbstfeuer«, sagt Oma, als es draußen schon dunkel wird und die Lichter im Nachbarhaus nach und nach angeknipst werden, die Fenster gegenüber leuchtende Vierecke in der Dunkelheit.
»Wie soll das gehen?« Ich deute auf unseren Balkon, auf dem zwei Kisten Bier stehen und ein paar Plastikstühle, wenig einladend. Aber Oma scheucht mich einfach in den Park, zwei U-Bahn-Stationen weiter, wo wir Äste und Zweige sammeln, die wir daheim in eine Grillschale stapeln und anzünden. Und so sitzen wir auf dem Balkon, bestellen Pizza und essen sie mit Wölkchen vor dem Gesicht in unsere Jacken gemummelt. Das winzige Feuer vor uns auf dem Tisch flackert.
»Schau mal, was ich in der Küchenbank gefunden habe«, sagt Oma und zieht ein Blatt Papier aus ihrer Handtasche. Es ist eine halbfertige Zeichnung zu einer von Hennings Geschichten. »Muss da reingerutscht sein.«
Auf der Rückseite des Papiers stehen gekritzelte Sätze von Henners, Ideen, wie es mit Vralunker weitergehen wird. Ich schlucke ein trockenes Stück Pizzarand hinunter, murmele ein »Danke« und stecke den Zettel weg.
»Ist ja nicht so meins, die Großstadt.« Mit dem Mund voller Pizza lässt Oma den Blick über die Straße und die Nachbarhäuser schweifen. Ich habe das Gefühl, ich müsste etwas erklären, setze an, öffne den Mund und schließe ihn dann doch wieder.
Oma sagt: »Aber manchmal muss man eben raus.« Sie nickt langsam, als hätte ich doch etwas erklärt, und ich kuschle mich an sie, lege den Kopf auf ihre Schulter und schaue in den Feuerschein, der warm vor uns knistert.
Am späten Abend, als Oma auf der Couch im Wohnzimmer schnarcht, setze ich mich an meinen Schreibtisch und hole das Bild hervor. Mein Bleistift ist spitz und lange nicht benutzt, und ich male,

bis meine Hände schmutzig sind und ich kaum noch die Augen offen halten kann. Ich verschwinde in der Geschichte und dem Bild, es ist schön, mal wieder zu zeichnen. Als mein Bleistift stumpf ist, betrachte ich die Zeichnung lange. Sie ist anders als meine sonstigen Bilder, dunkler, düsterer, viele Schraffierungen, viel grau. Vralunker sieht gefährlicher aus als gewöhnlich, und er hat eine Monsterfratze.
Ich seufze, falte das Papier zusammen, denke kurz an das Tischfeuer auf dem Balkon, das noch vor sich hinglüht, stecke das Bild aber schließlich in ein dickes Fantasybuch und stelle es ins Regal zurück.

KAPITEL 30

AM MONTAG GING ICH sehr nervös zur Frauengruppe und schrieb einen Brief, wie alle anderen. Ich adressierte ihn an Vicky, nicht an Markus. Ich hatte das Gefühl, Markus war es nicht wert, dass ich ihm schrieb. Es war, wie Martha gesagt hatte: Er hatte lange genug so viel Macht über mich und mein Leben gehabt. Er hatte lange genug gewonnen. Nicht mehr.

»Lasst den Schmerz zu«, sagte Martha. »Und die Gefühle. Erkennt an, was damals scheiße war, dass es scheiße war. Das ist okay. Weint, wenn ihr wollt. Ihr habt diese emotionale Verletzung, aber ihr seid nicht diese Verletzung. Okay? Ihr seid viel mehr als das, das Ereignis ist nur eins von vielen, die euch ausmachen. Es bestimmt euch nicht.«

Das Wetter war noch immer herbstlich wild, Nebelschwaden am Morgen, Wolkenfetzen am Mittag, verwehte Blätter, kalte Luft, ein Regenschauer am Abend. In Marthas Wohnküche dampfte die Luft, stickig von so vielen anwesenden Menschen, jemand öffnete das Fenster und ließ den Sturm herein, der prompt ein paar Vasen umwehte und Chaos verursachte. Britta, Nele und ich saßen in einer Ecke des Zimmers, wir hatten Bücher auf den Knien, die als Schreibunterlage dienten, und alte Werbekulis in der Hand, die Enden zerkaut von vielen nachdenkenden Frauen, die Abschiedsbriefe an frühere Leben geschrieben hatten. Die Katze hatte sich in meinem Schoß zusammengerollt und machte keinerlei Anstalten, zu verschwinden, eine pelzige, kleine Wärmflasche, die leise schnurrte, wenn ich ihr über den Rücken strich.

Vicky, schrieb ich, *glaub mir, oder glaub mir nicht, aber ich weiß, was passiert ist. Ich weiß es und ich lasse mir nichts anderes mehr einreden.*

Draußen war es schon dunkel, als wir uns alle in Stiefel und dicke Jacken packten, Mützen und Schals anlegten und loszogen in den Wald, eine lärmende Gruppe von jungen und alten Frauen, die mit Weinflaschen und den Taschen voller Briefe über die matschigen Felder marschierten.

Die meisten hatten Perücken auf oder hatten sich die Haare zur Feier des Tages mit blauer Haarkreide getönt. Nele hatte sich beim Friseur einen kinnlangen, knallblauen Bob färben lassen und sah völlig verändert aus. Brittas natürlicher Rotton biss sich mit den künstlichen Strähnen, die sie in die langen Haare geflochten hatte. Ich trug Oma Hannes Fellmütze und knibbelte an einer Ecke des Briefes herum.

»An wen hast du geschrieben?«, fragte mich Nele, die wohl nichts vom Briefgeheimnis hielt.

»An eine alte Freundin.«

»Und worum ging's?«

»Um ein Arschloch.«

Äste knackten um uns, Taschenlampenfinger und Fackelschein leuchteten um uns herum, aber das Lachen der anderen nahm der Szene den Gruselfaktor.

»Über wen sprecht ihr?«, fragte eine Frau, die an ihrem blauen Zopf zupfte, neugierig waren die hier ja alle gar nicht.

»Markus Siebert«, sagte Nele einfach so.

Britta hakte sich bei mir unter. »Der ist es doch gar nicht wert, über ihn zu sprechen.«

»Da sagst du was.«

Und eine andere, die neben ihr ging, sagte: »Oh Gott, hör mir auf mit Siebert. Das ist dieser Doktor, oder? Der hat sich mal an meine Schwester rangemacht, und als sie nicht wollte, hat er sie übelst beschimpft. Und später hat er alles darauf geschoben, dass er ›halt besoffen‹ war. Himmel! Was ein armseliger kleiner Wicht.«

Es tat gut, das zu hören.

Durch ein besonders dichtes Gestrüpp kämpften wir uns hinaus auf eine Lichtung, auf der ein Berg Holz und Reisig aufgeschlichtet war. Martha verteilte heißen Tee und Punsch aus Thermoskannen; Britta kniete sich auf den nassen Boden und stopfte ein paar brennende Anzünder unter die Äste und Zweige, und kurz darauf loderte das Feuer. Jemand fing an zu tanzen und zu singen, von irgendwoher kam nun Musik, kaum erträgliche Mittelaltermusik mit Fideln und Schalmeien.

»Och nö!«, rief eine der jüngeren Frauen, trat vor und pfefferte einen ganzen Stapel Briefe in die Flammen. »So, fertig. Dieses Gedudel halte ich heute wirklich nicht aus!« Sie nahm sich ihre blaue Perücke vom Kopf und weg war sie. Ich musste lachen. Martha reichte mir eine Emaille-Tasse mit Punsch, der nach Kräutern und Orangensaft schmeckte und nach etwas Herbem, Bitterem.

»Los, los!«, rief Britta, packte Nele an einer und mich an der anderen Hand und zerrte uns zum Feuer. »Auf drei!«

Sie holten ihre Briefe aus den Taschen, Britta zerknüllte ihren noch, »eins, zwei – drei!«, dann warfen sie sie hinein, fliegendes Papier, knisternde Flammen, Funken stoben in die windige Nacht. Klirrend stießen sie ihre Punsch-Becher gegen meinen und riefen: »Auf das Leben, das wir loslassen, und das neue, das kommt!«

»Wir sind nicht dieses eine Ereignis«, sagte ich. »Wir sind viel mehr als der Schmerz.«

»Überlebende!«, rief Nele.

»Auf arme Würstchen, die arme Würstchen bleiben!« Ich trank einen großen Schluck.

In meiner Jackentasche umklammerte ich den von meinen Händen feuchten Brief, zog ihn hervor, kniete mich hin und legte ihn vorsichtig zwischen ein paar Zweige am Rand des Feuers. Er kokelte ein wenig an. Ich dachte an Vicky in ihrem Reihenhaus in ihrer perfekten Lebenslüge, und an ihre niedlichen Kinder, und auf einmal tat sie mir leid. Sie war zu Martha gekommen, um nachzufragen, um mehr herauszufinden über mich, über damals, über alles. Mit einer schnellen Bewegung zog ich den Brief wieder aus dem Feuer, klopfte ihn aus und steckte ihn zurück in meine Tasche.

Britta und Nele waren Arm in Arm zum Feuer gegangen, hielten Händchen, tanzten zur Musik auf der Lichtung herum. Einige der Frauen hatten sich untergehakt und wirbelten in einer Art Sirtaki um die Flammen.

Martha trat neben mich und drückte meinen Arm.

»Ein echter Hexenzirkel«, sagte ich. »Oder?«

Sie lächelte. »Deiner Oma hat das immer am besten gefallen. Sie hat sich auf diesen Baumstumpf da drüben gesetzt und einfach zugesehen, als würde ihr das schon reichen, um glücklich zu sein. Andere zufrieden zu sehen. Vor allem die, denen es noch vor kurzem nicht so gut ging.«

Ich lächelte und schaute zu dem Baumstumpf hinüber.

»Du hast deinen Brief aus dem Feuer geholt.« Martha deutete in Richtung meiner Jackentasche.

»Manche Briefe muss man abschicken«, sagte ich.

Sie nickte langsam.

»Und, bleibt ihr jetzt hier?«, fragte sie.

Ich schaute ins Feuer, zu den tanzenden Frauen, zu Nele und Britta, die mit viel »Dü-dü-düüü« bei dem mittelalterlichen Lied mitsangen und sagte: »München war ein super Fluchtpunkt, das war gut da. Aber hier ist auch ziemlich vieles gut. Und Linnea ist so glücklich. Also …« Ich zuckte die Schultern.

»Ich kann dir ein paar Handwerker besorgen«, sagte Martha. »Ihr müsst unbedingt das Dach decken lassen und die Fenster neu abdichten, das Haus ist ja die reinste Klimakatastrophe, das hab ich Hannelore schon immer gesagt. Und die Rohre halten auch nicht mehr lange, aber der Hartmut, das ist einer aus dem Chor, der macht dir einen guten Preis …«

Und sie sprach weiter von handfesten, realen Dingen, die auf mich zukamen, einem echten Leben, das ich anpacken konnte, ohne dass hinter jeder Ecke die Geister und Ghule mit ihren langen Armen lauerten.

»Ist gut«, sagte ich. »Gib mir mal seine Nummer.«

»Und dann rufst du bitte Henning an und sprichst dich mit ihm aus, der …«

»Martha«, sagte ich. »Ich bin neununddreißig Jahre alt. Außerdem haben wir schon geredet. Zumindest ein bisschen.« Ein Anfang. Es war ein Anfang gewesen. Ein ganz neuer.

Sie drückte wieder meinen Arm und gemeinsam schauten wir ins Feuer, und tranken Punsch, bis Britta und Nele kamen und uns zwangen, mit ihnen einen Walzer zu tanzen, einfach so, weil sie gerade Lust dazu hatten, einen Walzer zu tanzen. Danach sprach Britta mit der Frau, die für die Musik zuständig war, und es kamen ganz andere Klänge aus den Boxen, eine ätherische Frauenstimme sang *and I walked off you, and I walked off an old me,* und ich ließ mich von Britta und Nele zum Feuer ziehen, tanzte mit erhobenen Armen und geschlossenen Augen, bis meine Beine müde und schwer waren und ich alles weggetanzt hatte, was noch da gewesen war, von diesem einen, einzigen Ereignis, das so lange so einen großen Teil meines Lebens bestimmt hatte.

Auf dem Heimweg fing es an zu regnen, es gab viel Gekreische und Gerenne, meine Füße waren kalt und feucht vom Waldboden. Wir kämpften uns durchs Gehölz zurück, rannten Hand in Hand über die Felder, Nele, Britta und ich, und als wir endlich bei Marthas Hütte und meinem Haus angekommen waren, schüttete es bereits in Strömen, eisige, kleine Nagelsplitter um uns herum. Nele und Britta hopsten in eine Pfütze, noch immer aufgekratzt und punschbetrunken. Der Wind heulte um die Häuser, sang sein Lied, und Martha, die hinter uns herkam, stieß mich an.

»Schrei es in den Regen«, sagte sie. »Schrei es in den Sturm, der nimmt es mit.«

Und das tat ich dann, laut und kreischend, und ohne Rücksicht darauf, wen ich aufwecken könnte, schrie so laut ich konnte gegen den Wind und den Regen an, bis ich heiser war.

Meine Stimme brach nicht. Sie war voll und ganz da.

LEER UND ERWARTUNGSVOLL

DER ANRUF KAM vier Wochen später, am Mittwoch nach dem ersten Advent, während Hartmut, der Handwerker, gerade dabei war, das Bad im Erdgeschoss zu renovieren.

Das Haus war mittlerweile unser Haus, gemütlich, wir hatten die alten Möbel verkauft, auch die aus Omas Schlafzimmer, Martha hatte einen Hofflohmarkt veranstaltet, der ganze Frauenclub half mit, und jetzt war der Handwerker da und reparierte erste, kaputte Dinge.

Ich saß in der Küche und bereitete mich auf den Unterricht vor, las mich in Lehrpläne ein, suchte Materialien zusammen, bestellte mir Kunstbücher, die ich verwenden konnte, stopfte mir Stöpsel in die Ohren, um Hartmuts Gehämmere nicht zu hören. Linnea war mit Samira bei Martha, wieder einmal. Sie bereiteten ein Reinigungsritual vor, das alle bösen Geister der Vergangenheit austreiben sollte, »also auch noch mal energetisch, nachdem wir das ganz praktisch schon geschafft haben«.

Linnea hatte furchtbare Angst gehabt, dass der Hamstermord dreifach auf sie zurückfallen würde, und war deshalb seit Wochen ständig bei Martha, um mehr über die Hexenkunst zu lernen und wie man Unheil von sich abwendete. Ihrer Freundin, oder Feindin, oder *frenemy*, hatte sie einen neuen Hamster gekauft (und nicht heimlich einen untergejubelt, das hätte gar nicht funktioniert, da das Fehlen des alten pelzigen Haustiers natürlich aufgefallen war), und mit reuigem Blick und einer gemurmelten Entschuldigung übergeben. Ich hatte hinter ihr gestanden und streng ihre Schulter gedrückt, aber ihr den Rücken gestärkt. Martha versicherte ihr, dass sie es bestimmt wiedergutgemacht hatte und die geistige Welt sicher anerkannte, dass es ein tragischer Unfall gewesen war.

Linnea beichtete Britta, dass dies nicht die einzige böse Tat gewesen sei, die sie begangen hatten. Nachdem ich ihr von Markus erzählt hatte, hatten Samira und meine Tochter einen Trank gebraut (›Trank‹, du meine Güte!), den sie Markus in einer Weinflasche vor die Tür stellten, »von einer unbekannten Verehrerin«.

»Anscheinend ist er zwei Tage lang nicht vom Klo gekommen«, sagte Britta, als sie mir lachend davon erzählte.

»Woher weißt du so was immer?«, fragte ich, und sie zuckte die Achseln.

»Ich weiß alles. Sekretärinnen-Tratsch.«

»Gott, erst der Hamster und jetzt das.« Ich verdrehte die Augen. »Soll ich sie irgendwie bestrafen?«

»Ich darf dir das gar nicht erzählen«, sagte Britta. »Musste ihr mein super Riesenehrenwort geben.«

»Na gut, dann hab ich das eben nicht gehört«, sagte ich, und kochte Linnea am Abend eine große Schüssel Vanillepudding mit warmen Kirschen, presste sie fest an mich und küsste ihre Stirn, bis sie sagte: »Mama, lass mich los, du erdrückst mich!«

Wir schrubbten unser Haus, sowohl mit Wischmopp und Besen, als auch energetisch; es musste mit Salz und Salbei ausgekehrt, gelüftet werden. Außerdem malten Linnea und ich gemeinsam ein neues Schild für den Eingang, schrieben einfach unsere Namen bunt auf ein großes Holzbrett: *Hier wohnen Maria und Linnea Zeitler,* und nagelten es über die Haustür. Die Fassade, die würden wir auch noch streichen müssen. Es war Zeit für etwas Neues, möglichst weniger zerbrechlich als Eierschalen.

Linni war der Meinung, auch wir sollten uns reinigen, mischte mir ständig neue Salz-Lavendel-Bäder an, badete selbst stundenlang und weichte sich völlig ein, bis sie das Gefühl hatte, mit dem Dampf über der Badewanne verflogen auch ihre Missetaten der Vergangenheit.

An der Hausreinigung werkelten die Mädchen schon seit ein paar Tagen herum, ich war nur einmal dabei gewesen, hatte mit ihnen dicke, weiße Kerzen bei der gruseligen Gothic-Store-Frau im Ort gekauft (der ich im Übrigen meine Meinung gesagt hatte, wie sie bitteschön kleinen Mädchen Magic Mushrooms verkaufen konnte, und dass ich sie verklagen würde, wenn das noch einmal vorkäme) und war mit ihnen im Wald Blätter, Wurzeln und Zweige sammeln gewesen, aber ansonsten hatte ich zu viel zu tun, um mich groß einzubringen. Sie schafften das alleine, und Martha war immerhin eine großartige Hexenmeisterin und Lehrerin für ängstliche Mädchen. Wobei Linnea gar nicht mehr ängstlich war. Sie wurde jetzt eher der Typ »aufmüpfiger Teenager«, hatte seit Wochen nicht in meinem Bett geschlafen, nicht seit Bootsmanns Beerdigung. Manchmal vermisste ich das, ihren warmen Körper tief atmend neben meinem. Dafür schlief Henning jetzt manchmal bei mir, der auch tief atmete und auch sehr warm war. Und ich schlief besser, jedenfalls meistens.

Während ich Unterrichtsmaterial sortierte, Ordner beschriftete, Zettel abheftete, grölte ich laut bei irgendeinem Musical-Soundtrack mit und hörte das Klingeln des Handys erst spät, fand es endlich unter einem Stapel Tonpapier.

»Hallo?«, sagte ich etwas atemlos in den Hörer und stellte gleichzeitig die Musik ab.

Linneas Rektorin, die jetzt nicht nur Linneas Rektorin, sondern auch meine Chefin war, rief an, um zu fragen, ob ich nicht als Einstieg gleich ein Gemeinschaftsprojekt mit verschiedenen Jahrgangsstufen machen wollte.

»Wir hatten den Einfall, die Wand an der alten Turnhalle zu verschönern«, sagte sie. »Da, wo bis vor kurzem die Mülleimer standen. Das ist ein richtiger Schandfleck.«

»Äh, ja?«

»Wir haben Spraydosen und Wandfarben und Sie bräuchten eigentlich nur noch ein Thema, Frau Zeitler, und dann können Sie sich austoben mit Ihren Schülerinnen und Schülern.«

»Gern«, sagte ich.

»Frau Siebert hatte die Idee, so eine Art *Awareness*-Projekt daraus zu machen«, sagte die Rektorin. »Also, Sie wissen schon, Bewusstsein schaffen für Missstände. Sie hat vorgeschlagen, in Richtung sexuelle Belästigung zu gehen, *Empowerment*! Die jungen Mädchen stärken, bli bla blub …«

»Bli bla blub …«, wiederholte ich.

»Na ja, wenn Ihnen das Thema zu schwer ist, dann …«

»Nein, nein«, sagte ich. »Das ist eine gute Idee von … Frau Siebert.«

»Ach, äh, Pozzi, meine ich natürlich.«

»Was?«

»Frau Pozzi ist just in diesem Moment aus meinem Büro raus: Sie nimmt wieder ihren alten Namen an.«

»Oh«, sagte ich und mein Herz klopfte. »Oh.«

Zur Projektwoche lud ich die Frauengruppe ein, die mit den älteren Mädchen Konzepte erstellte, was sie gerne malen würden. Britta machte mit den jüngeren Übungen aus ihrem Wendo-Kurs, Martha brachte Apfelkuchen und massenweise Tee in Thermoskannen. Henning wollte später mit einem Fotografen-Kollegen vorbeikommen und die Mädchen für einen großen Artikel in der Lokalzeitung interviewen.

Es war ein kalter Dezembermorgen, als wir alle aufgeregt vor der kahlen Wand standen. Wir hatten sie geschrubbt und gewienert, damit die Farbe gut halten würde, der Hausmeister hatte die Mülleimer weggebracht, ich hatte selbst zusammen mit einigen Kollegen alles grundiert. Jetzt strahlte die Wand uns weiß und leer und erwartungsvoll an.

Der Kunst-LK zeichnete in einer Ecke mit Bleistift vor, die Jüngsten machten schon Handabdrücke mit Fingerfarbe.

Ich schüttelte eine Spraydose.

»Also, los!«, rief ich. »Also, los!«

DANKE

Ein herzliches Dankeschön an alle bei Fischer für ihr Vertrauen und ihr Engagement, vor allem an meine Lektorin Carla Grosch und meinen Redakteur Volker Jarck. Außerdem danke ich wie immer auch meinem Agenten Werner Löcher-Lawrence.

Und natürlich danke an meine zwei liebsten Ablenkungen, die kleine und die große: Joscha und Ju.

Möchten Sie mehr von Kristina Pfister lesen?
Hier geht es weiter
mit einer Leseprobe aus ihrem letzten Roman

EIN UNENDLICH KURZER SOMMER

GUSTAV BEOBACHTETE die junge Frau, die über seinen Campingplatz strich, als sei sie nach vierzehn Tagen bereits hier zu Hause. Sie hatte so eine Art, Dinge zu erledigen, selbstverständlich und schnell. Sie war nicht so zerbrechlich, wie sie aussah, aber sie ging immer ein bisschen gebückt, als würde sie ein Gewicht mit sich herumschleppen.

Er hatte keine Ahnung, was ihn geritten hatte, sie einfach einzusammeln. Mitleid? Ein neu entwickelter Retterkomplex für Frauen mit traurigen Augen und blassem Teint? Mit anpacken, hatte er gesagt, dabei hatte er bei sich gedacht, dass sie nicht aussah wie jemand, die anpacken konnte. Ein Schneewittchen mit bemalten Armen, die Ärmel über die Hände gezogen. Aber was wusste er schon?

Tatsächlich packte sie mit an. Von Anfang an. Stand um halb sieben beim Toilettenhäuschen und hatte nichts dagegen, den ganzen Tag schweigend Fliesen zu schrubben und Spinnweben wegzusaugen. Schweigend, das fand er gut.

Aber trotzdem war sie da. Fragte, ob sie seine Küche benutzen dürfte. Briet Eier, von denen er eines abbekam. Nach Wochen, in denen er sich manchmal nur von Müsli mit Wasser ernährt hatte, weil nicht mal Milch im Haus war, geschweige denn irgendetwas anderes. Das war nett, aber seltsam, und er hatte es sich selbst eingebrockt.

Er fing an, sich an sie zu gewöhnen. Daran, dass sie mit in die

Stadt fuhr, um einzukaufen, und dann irgendwie seinen Kühlschrank füllte, anstatt nur Reiswaffeln und löslichen Kaffee für sich selbst zu kaufen.

Auf einmal war sein Klo geputzt, und eine Duftkerze (eine Duftkerze!) brannte neben seinem Waschbecken. Auf einmal stand ein Strauß Blumen auf seinem Couchtisch. Und überall lagen Süßigkeiten herum, Gummischlangen, von anno 1993, die sie angeblich vergaß. Dem Haltbarkeitsdatum zufolge waren sie sicherlich aus der Kneipe, Reste, die nicht mal Gabriele, die Kneipenpächterin, noch essen mochte, aber Lale unermüdlich in sich hineinschob.

Und dann, eines Abends, sagte sie: »Gustav, ich lad dich heute mal zum Essen ein. Wegen … du weißt schon. Wegen allem. Dass ich hier sein darf, und so.«

Und er war überrumpelt, so wie sie ihn ständig überrumpelte (Duftkerzen und Gummischlangen), und er murmelte etwas von wegen: »Keine Ursache«, und sagte nicht nein. Und wieder war es nett, ungewöhnlich, aber nett. Sie brachte einen fetttriefenden Nachtisch mit, eine sahnige Mischung aus Tiramisu und Bananenpudding mit Löffelbiskuit und Kakao. Er würgte mühsam den Berg, den sie ihm davon auflud, hinunter und fror die Reste ein.

»Morgen wieder?«, fragte sie, als sie ging, und er nickte nur und fragte sich, ob sie nicht allein sein wollte oder er.

Sobald sie gegangen war, zog er den Kostenvoranschlag für die Sanierung der Toiletten hervor, aus dem letzten Jahr und viel zu teuer. Vielleicht konnte er es jetzt mit Lales Hilfe selbst machen: Ein paar Türen streichen, ein paar Klodeckel anschrauben, das sollten sie doch schaffen. Aber … lohnte sich das überhaupt noch?

Gustav merkte, wie seine Hände zitterten. Er rief Monika an, vielleicht nur, um seine Hände zu beschäftigen. Zeit für seine tägliche Dosis Immunabwehr. Oder den üblichen Anschiss, warum er immer noch hier war.

Warum, warum.

Morgen wieder, dachte er.

***

Seit zwanzig Minuten suchte Lale ihre SIM-Karte.

Ihr Handy war jetzt ein Wecker, mehr nicht, sechs Uhr dreißig vom ersten Tag an. Gustav trödelte nicht, und er arbeitete viel, das hatte sie gemerkt. Sie musste dann sofort raus in den taufrischen Morgen. Barfuß in Badelatschen über den feuchten Gehweg hinüber zum Toilettenhäuschen joggen, sich das Gesicht mit eisigem Wasser bespritzen, ihre Lieblingstoilette ganz hinten benutzen (die am wenigsten schäbig aussah, die sie eigenhändig mit Desinfektionsspray besprüht hatte und an deren Tür sie ein Poster von van Gogh aus Gustavs Haus gehängt hatte, weil es schöner war, beim Pinkeln auf Sonnenblumen zu schauen als auf eine beschmierte Klowand), Zähne putzen, ausspucken, zurückspurten, in ihre Latzhose springen, und los zu Gustav, zur Arbeit.

Aber jetzt war es sechs Uhr vierundfünfzig, und sie hatte doch nur kurz nachsehen wollen, schnell die Karte zurückstecken, und die immer gleichen zwölf neuen Anrufe abhören und dreiunddreißig Nachrichten auf verschiedensten Kanälen lesen. *Du bist doch sonst nicht so. Ich weiß, du hast eine schwere Zeit, aber bitte komm nach Hause. Ich mache mir Sorgen!*

Eine drahtlose Verbindung zu ihrem alten Leben, auch wenn Lale nur knapp antwortete. Oder gar nicht.

Trotzdem, die verdammte SIM-Karte war nicht im Rucksack und nicht in der Reisetasche und auch nicht in einem der Schränkchen im Wohnwagen. Sie fluchte, viel zu laut an diesem Morgen, wo nur Vögel zwitscherten und Nebel vom See heraufzog, wühlte in ihren Laken, tastete in einem Spalt unter der Bettkoje. Nichts.

»Scheiße«, sagte Lale, und dann noch einmal, lauter: »Scheiße!« Sie ballte die Fäuste.

Sie musste sich beruhigen, einen Kaffee trinken, oder wenigstens irgendetwas Warmes.

Noch vor zwei Wochen hatte sie gar keinen Kaffee gemocht. Hier brauchte sie das Zeug, um einigermaßen wach zu werden. Es war einfach viel zu früh. Noch bis vor zwei Wochen war sie auch nie um diese Uhrzeit aufgestanden, schon gar nicht am Wochenende. Nicht mal unter der Woche, wenn sie um acht im Büro sein musste. Bis kurz vor knapp schlafen, eine Tasse grünen Tee und in der U-Bahn eine Scheibe Toast. Am Schreibtisch viel gegähnt und sich hinter ihrer Bildschirmbrille versteckt, bis sie gegen halb elf einigermaßen wach war.

Sie goss sich eine widerliche Instantbrühe mit lauwarmem Wasser aus dem Wasserkocher in ihrem Wohnwagen auf. Das Licht über dem Feld war milchig und grau, die Sonne würde heute nicht wirklich hinter der dicken Wolkendecke hervorkommen, aber die Luft war frisch und feucht und schmeckte nach Sommer. Es war noch kühl, ihre Hände heiß an ihrer Kaffeetasse. Sie nahm einen tiefen Atemzug, spürte, wie sich die Rippen dehnten.

Eigentlich mochte sie es hier. Sie mochte diesen wirklich hübschen Fleck am Arsch der Welt, so wunderbar und abgelegen, dass sie tatsächlich geblieben war. Sie mochte die Abendessen mit Gustav, mochte es, Nachtische für ihn zu machen, die sie dann meistens selbst aß: Panna Cotta, Käsekuchen aus Keksen und Quark, Crème brûlée, Schokopudding mit Sahne. Sie hatte herausgefunden, dass sie es sogar mochte, früh wach zu sein (auch wenn sie den Kaffee wirklich nötig hatte). Sie mochte die Ruhe. Sie mochte, dass sie irgendwie genau hier gelandet war.

Weiter weg hörte man das Knattern eines Traktors.

Und dann fiel es ihr ein, sie schob eine Hand in die Hosentasche ihrer Latzhose, und da war sie, die SIM-Karte, winzig zwischen ihren Fingern. Sie hatte sie neulich eingesetzt und dann rausgenommen und vergessen. Lales Hände zitterten. Vierzehn neue Nachrichten, ein paar Anrufe auf der Mailbox. Sie sollte ihn anrufen, ihm sagen, wo sie war, was sie machte.

Du würdest es hier hassen. Die schäbigen Klos, die milchigen Spiegel, die absolute Abwesenheit von hippen Menschen. Du und deine blöden weißen Turnschuhe zu Anzughosen und Bomberjacken, deinem akkuraten Haarschnitt und der albernen Schiebermütze mit Fischgratmuster.

Sie tippte Matthias' Nummer in ihr Telefon, es klingelte. Na, du?, würde sie sagen, ganz locker, als rufe sie nur mal eben an, wie man eben so anruft.

Es war kurz nach sieben, natürlich schlief er noch. Sie legte auf, stopfte das Telefon in ihre Hosentasche, setzte sich auf die Stufen in der geöffneten Tür des Wohnwagens und zerrupfte Löwenzahn, den sie gestern mit Gustav ausgestochen hatte. Am Feldrand gleich hinter dem Zaun saß ein Kaninchen. Es mümmelte sie furchtlos an.

»Na, du?«, sagte sie. Es sah nicht aus, als gehörte es hierher, es war viel zu auffällig, viel zu hübsch und viel zu flauschig. Weiß-braun gescheckt, mit einem dunklen Fleck zwischen den braunen Augen. Als sie klein war, hatte sie so eines gehabt. Ihr Bruder hatte es *Vlad, der Pfähler* genannt, wegen eines Vorfalls mit Lales Unterlippe (die Narbe hatte sie immer noch).

»Killerkaninchen …«, murmelte Lale und hielt ein paar Löwenzahnblätter in seine Richtung.

Das Kaninchen spitzte die Ohren, blickte sich um und verschwand im Feld. Sie hätte am liebsten dasselbe getan. Verschwinden. Als hätte sie damit nicht genug Erfahrung in letzter Zeit.

Lale nippte an ihrem Kaffee, holte ihr Handy raus, schrieb: *Es geht mir gut, bitte gib mir Zeit.*

Dabei wusste sie nicht mal, ob es das war, was sie brauchte. Zeit. Und ob *gut* der Wahrheit nahekam.

Sie schaltete das Telefon aus und verstaute es im Wohnwagen.

Die Zeit hatte nichts geheilt, gar nichts. Deshalb war sie gegangen. Und hier angekommen, wo alles anders war und sie arbeitete, körperlich arbeitete, um nicht nachdenken zu müssen. Weder über Matthias, der selten alles verstand, noch über … das, was sie selbst kaum begreifen konnte, immer noch nicht, und das sich nicht ausreißen ließ wie Unkraut.

Nicht denken, nicht fühlen, nur ihre Hände, die Schwielen bekommen hatten in diesen zwei Wochen, und Arbeitshandschuhe und Gummistiefel.

Gustav hatte ein Faible für irische Volksmusik, so dass auf den Toiletten ständig Fideln und Flöten um die Wette dudelten und man meinte, gleich würde die gesamte Truppe von *Lord of the Dance* aus einer der Kabinen brechen und zwischen den siffigen Waschbecken herumhopsen. Selbst um sieben Uhr morgens. Und obwohl außer diesen paar Anglern, die am See saßen und stundenlang aufs Wasser starrten, Gustav und ihr niemand auf dem Campingplatz war.

Lale fidelte »Star of the County Down« entgegen, als sie die grüne Schwingtür aufstieß wie ein Cowboy im Saloon.

Ein verlassenes Schwalbennest in einer Ecke unter dem Dach. Spinnwebenflusen. Mückenleichen in den grellen Neonröhrenlampen. Braune Fliesen mit Rissen, abblätternde Wandfarbe. Rote Toilettentüren, schwarze Toilettensitze. Angegraute Waschbecken und zerkratzte Spiegel.

Und jeden Tag: Reparaturen mit Gustav. Verstopfte Rohre, vom Winter aufgefrorene Leitungen, tropfende Wasserhähne. Heute: Dichtungen.

Gustav war bereits da und inspizierte eine weiße Silikonspritze, die in einem Eimer neben den Waschbecken stand. Er hob sie an, als er Lale sah. Sie tat, als würde er ein unsichtbares Monster über ihrem Kopf abschießen.

»Who you're gonna call?!«, rief sie.

Gustav schenkte ihr eines seiner seltenen Lächeln. Ein kurzes Nach-oben-Kräuseln der Mundwinkel, mehr nicht.

Er sah aus, als hätte er zwei linke Hände. Ein schlaksiger Mann mit einer hohen Stirn und tiefen Geheimratsecken in seinem grau-blonden, dünnen Haar, das er nach hinten kämmte wie ein pensionierter Geschichtsprofessor. Cordjacketts und ausgebeulte Stoffhosen und Norwegerpullover, dieser Mann besaß nichts als Norwegerpullover. Tatsächlich hatte Gustav unterrichtet, Französisch und Deutsch, und das überall auf der Welt, soweit sie das aus ihm herausbekommen hatte. Nur kein Beamter sein, nur nicht fest angestellt. Nur kein langweiliges, bürgerliches Leben, auch wenn seine Outfits genau danach aussahen.

Und jetzt war er hier in diesem 300-Seelen-Kaff. Vielleicht war ja ein geerbtes Haus inklusive Campingplatz Welt genug.

Sie arbeiteten schweigend. Lale summte eine der irischen Melodien mit, während sie in den spröden Dichtungen stocherte. Mit Gustav – das wusste sie, obwohl sie erst seit zwei Wochen hier war – konnte man sich sehr gut unterhalten, wenn er Lust dazu hatte. Wenn sie beide Lust dazu hatten. Das war das Schöne an Gustav: Man musste nichts. Man konnte auch einfach schweigend und summend nebeneinander herarbeiten und den ganzen Vormittag kein Wort wechseln. Und wenn man wollte, sprach man über schlechte Filme, über die er sich dann furchtbar aufregte, über das Wetter infolge des Klimawandels, über das er sich dann furchtbar aufregte, über die Ansichten des Ortsvorstands, über die er sich dann furchtbar aufregte.

Gustav war gut im Aufregen. Lale war gut darin, ihn zu besänftigen.

»Oh, darling dear, you look so queer…«, sang sie, während sie mit einer Hand altes, graues Silikon aus den Fugen kratzte.

»Scheiße, ich kann es nicht mehr hören«, grummelte Gustav.

»Nicht? Ich dachte, bei dir ist jeder Tag ein Tag für irische Volksmusik.« Lale grinste.

Gustav brummte. Von weitem hörte man Traktoren dröhnen und aufgeregtes Rufen.

»Die verlegen heute das WLAN«, sagte Gustav.

»Hä?«

»Breitband-WLAN für das ganze Dorf. Ganz wichtig. Rainer wollte direkt durch meinen Platz. Aber wenn die auch nur einen Kratzer in meinen Campingplatz pflügen, können die mich kennenlernen.«

Lale wusste nicht, ob sie sich davon abschrecken lassen würden, aber Gustav konnte schon recht einschüchternd sein. Er hatte diese Art brummelige Strenge, wie sie vielleicht nur Lehrer im Ruhestand ausstrahlten.

Ihr Messer schabte über die Fugen. Die Geigen fidelten. Rufe von draußen, nicht für sie bestimmt.

»Niemand hier braucht Breitband-WLAN«, sagte Gustav. »Gäste kommen nicht her, um im Internet zu surfen.«

»Glaubst du«, sagte Lale. »Jeder will doch Anschluss an die weite Welt und so.«

Man konnte zum Beispiel seinem sehr verständnisvollen Chef eine Mail schreiben, dass man vier Wochen unbezahlten Urlaub nahm, aus persönlichen Gründen. Man konnte Freunden Bescheid geben, dass man eine Weile »offline« war und ihre besorgten Nachrichten ignorieren.

Gib mir Zeit, such mich nicht.

»Ha, hier ist auch mit Breitband ungefähr so viel weite Welt wie …« Gustav schien kein Vergleich einzufallen. »Äh … wie in einer Handtasche. Und nicht mal einer großen.«

Lale zerrte an einem besonders hartnäckigen Stück Dichtung und stocherte mit einem Messer nach. »Oh, ich habe manchmal richtig viel Welt in meiner Handtasche«, sagte sie. »Die sammelt sich da drin an, Eintrittskarten, Taschentücher von einer Erkältung letzten Winter, ein halbes Kit Kat von 2015, Kassenzettel …«

Eine geteilte Rechnung von IKEA über ein Sofa und diese hässlichen Regale, die Matthias unbedingt haben wollte, Sand aus einem Marokkourlaub, ein Handy mit fünfzehn unbeantworteten Anrufen, ein Bahnticket. Ein Bild von Matthias und ihr, ein schlecht ausgeleuchtetes Selfie, das sie mit der Polaroidkamera ihres Bruders gemacht hatte. Ihr vorgeschobener Schmollmund, sein breites Grinsen, sein dämlicher Undercut und seine fast grünen Augen. Der blöde Schnauzer, den er damals gehabt hatte. »Du Hipster«, hatte sie ihn genannt und ihn auf die Wange geküsst für ein zweites Polaroid, das er bekommen hatte.

Lale schluckte und vertrieb die Erinnerung aus ihrem Gedächtnis, indem sie sich auf ein besonders hartnäckiges Stück Silikon konzentrierte.

»Wack fall the daddy-o, wack fall the daddy-o, there's whiskey in the jar«, sang die Band, und Lale sagte: »Was in aller Welt soll das eigentlich heißen?«

»Ich habe keinen blassen Schimmer«, sagte Gustav.

* * *

In der Mittagspause saß Gustav auf einem Stuhl vor den Toiletten und fühlte sich kaputt. Mürbe Knochen, dachte er. Die Sonne war durch die Wolken gekommen, und das grelle Licht machte ihm Kopfschmerzen. Etwas tat ihm immer weh, so sehr er auch versuchte, es zu ignorieren. Er war alt, wieso musste man ihn ständig daran erinnern? Er wusste es doch auch so.

Er beobachtete das rege Treiben unten am Feld. Das halbe Dorf war da. Sogar Bauer Gehrich. Und die ganze Nachbarsfamilie: Rainer, Monika und Florian. Flo half seiner Mutter, Thermoskannen auf einen Klapptisch zu stellen, und Tupperdosen voller Schnittchen für alle. Monika mit ihrem wippenden Pferdeschwanz und ihren pinken Laufschuhen und ihrem überschwänglichen Versorgungsdrang. Rainer, der Ortsvorstand, mit rotem Gesicht und oranger Warnweste, tat wichtig. Alle standen um einen Bulldog mit Pfluganhänger herum und schienen zu diskutieren.

»Sie sind zu nah am Platz«, murmelte Gustav Lale zu. »Viel zu nah.«

Lale, die den Pulli sonst immer weit über die Finger gezogen hatte, schob ihren Ärmel zurück. Diese Arme, vom Handgelenk bis zur Schulter über und über voll mit einem Getümmel aus kleinen schwarzen Tieren. Ein Delfin, eine Katze, die einen Vogel fing, ein Elefant in zarten Linien, ein Gepard, der nur aus einem einzigen Strich gezeichnet zu sein schien. Außerdem gab es welche, die mehr nach Trollen oder Fabelwesen aussahen als nach echten Tieren.

Gustav verstand nicht, wieso eine junge Frau Anfang dreißig ihre Zeit damit verbrachte, auf einem Campingplatz im Nirgendwo kaputte Silikondichtungen zu reparieren. Sie schwieg beharrlich dazu, und er hatte den Eindruck, irgendwann hatten sie eine stillschweigende Übereinkunft getroffen, dass das ein Thema war, über das sie nicht sprachen. Wahrscheinlich, dachte er, wird ihr Wohnwagen eines Morgens leer sein, einfach so.

»Oh«, machte sie und deutete zu der Menschenmenge am Feldrand.

Der Traktor sprang ratternd wieder an, und Gustav sagte: »Was in aller …?«, und dann machte das Ding auch schon einen Satz und rumpelte direkt durch den Zaun. Gustavs Zaun. Mitten in den Campingplatz hinein. Es knirschte, Monika kreischte, jemand brüllte etwas.

»Halt!«, schrie Gustav, stand von seinem Plastikstuhl auf und hastete, so schnell er konnte, hinunter zum Traktor. Heiliger Strohsack. Sein Zaun. Gustav versuchte, schneller zu gehen, aber sein Rücken machte nicht wirklich mit.

»Hey!«, brüllte er. »Hey!«

Rainer brüllte auch. Der Traktor rumpelte noch ein Stück nach vorne und blieb dann stehen. Eine ganze Mannschaft von Dorfbewohnern tummelte sich direkt an dem kleinen Tor im Zaun, das jetzt nicht mehr nötig war, weil der restliche Zaun rechts davon, bis zum nächsten Pfeiler, völlig eingedrückt war. Der Traktor stand schon im Campingplatz. Hintendran hatte der Pflug eine Schneise bis fast an den Zaun heran gegraben. Nur noch Dreckklumpen dort, wo der Feldweg gewesen war.

»Um Himmels willen!«, rief Gustav und fand, dass dieser Ausruf kein bisschen ausdrückte, was er empfand. »Himmelarsch«, fügte er deshalb noch hinzu.

»Ups«, sagte Flo, der aus unerfindlichen Gründen den Traktor fuhr, und kletterte mühsam vom Fahrersitz.

»Ups?«, polterte Gustav. »Ups?! Du hast noch nicht mal einen Führerschein!«

»Gustav…«, setzte Rainer an, aber Gustav spürte, wie sein Kiefer sich verspannte. Er fühlte sich wie ein Comicmännchen, dem gleich Dampf aus den Ohren blasen würde.

»Ihr verschwindet jetzt augenblicklich von meinem Grundstück, und zwar alle miteinander!«

Seine Hände zitterten. Das schnelle Laufen über den Platz hatte ihn angestrengt, seine Lunge schmerzte. Er fühlte seine Wut wie eine

Welle über sich rauschen, eine Welle, die verebbte und ihn schwach zurückließ.

»Ach, dieses Malheur kann ja auch zu was gut sein …«, sagte Rainer und legte seinen feisten roten Kopf schief, als würde ein Hundeblick bei Gustav irgendetwas nützen. Aus den Augenwinkeln sah er Lale vom Klohäuschen herunterrennen, wehendes, fast schwarzes Haar und weißer Schutzanzug.

»Der Tempomat war eingestellt, und ich hab nur das Fahrpedal … also, ich hab's kaum berührt, aber … das ging einfach zack, durch den Zaun«, sagte Flo.

Gustav versuchte wirklich, nicht allzu sichtbar mit den Zähnen zu knirschen. Er mochte den Jungen ja, er mochte auch Monika, Flos Mutter, die jetzt herbeigeeilt kam und ihren Sohn an sich drückte, als müsste sie ihn vor ihm beschützen.

»Er hat es ja nicht mit Absicht gemacht, Gustav«, sagte Monika und strich Flo übers Haar, der zu seinem Vater schielte und zu den Leuten, die an den kläglichen Resten des Zauns standen, und sich unbehaglich aus den Armen seiner Mutter wand.

»Ach nein?«

Gustav musterte Rainer, der so tat, als wäre er furchtbar zerknirscht, aber so wirkte, als würde er sich jeden Moment die Hände reiben. Wie ein Rumpelstilzchen, dessen Plan aufgegangen war. Sofort flackerte die Wut in Gustav wieder auf. Er zwinkerte ein paarmal, um neblige Schlieren, die vor seinen Augen aufgetaucht waren, zu vertreiben. Verdammter Kreislauf.

Rainer räusperte sich und sagte: »Aber jetzt, wo der Zaun schon kaputt ist, könnten wir doch …«

»Gar nichts könnt ihr!«, brüllte Gustav. »Ihr könnt abhauen, das könnt ihr. Und den Zaun bezahlt ihr mir auch!«

Rainer kletterte auf den Traktorsitz, murmelte was von einer neuen Kabelrolle, die sie nun besorgen mussten, und Gustav sagte:

»Nicht mein Problem.« Ihm wurde wieder leicht schwindelig. Er spürte eine kühle Hand auf seinem Unterarm. Lale. Er funkelte sie an. Er wollte jetzt nicht bemitleidet werden. »Hört auf, hier Kurven zu fahren, ihr Idioten! Ihr macht den ganzen Platz platt!« Er wedelte mit ausgebreiteten Armen vor dem Traktor herum. »Nicht dahin! Nicht an mir vorbei!« Er sah, dass Lales Mundwinkel zuckten, und schnauzte: »Was?«

»Kennst du die Szene aus Herr der Ringe, wo Gandalf den Balrog …«

»Nein!«, rief Gustav, der sich mittlerweile über alle ärgerte, über jeden hier, und auch über Lale, die von nichts eine Ahnung hatte und ihn nicht ernst nahm.

»Jetzt hau ab da«, rief Rainer vom Trecker herunter, »wir fahren dich noch um!«

»Haut ihr ab!«, brüllte Gustav.

Zu viele Leute, viel zu viele Leute. Gustav wollte nichts als seine Ruhe. Er drehte sich um und ging, ging einfach weg. Sollten sie machen, was sie wollen, sollten sie den Platz zerstören, sollten sie alles niedertrampeln, es war egal. Er würde so oder so nicht mehr viel davon mitkriegen.

Am Abend saß er auf der Terrasse hinter dem Haus und spielte Solitär. Er hatte nach der Aufregung am Vormittag zwei Schmerztabletten genommen, die ihn müde machten, müde und benebelt.

»Wie viele Schmerztabletten kann man nehmen, bevor es gefährlich wird?«, hatte er den Arzt gefragt, der sie ihm verschrieben hatte.

Die Antwort war: drei. Drei Stück. Das war gar nichts. Meistens brachte eine so wenig, dass er nach spätestens einer halben Stunde die zweite einwarf und die dritte schon gegen Mittag. Das hieß, er musste den gesamten Nachmittag und Abend damit auskommen. Dieses Mal hatte er am Mittag zwei genommen, also insgesamt vier, und hatte den Nachmittag damit verbracht, auf dem weichen, grünen Samtsofa seiner Tante vor sich hinzudösen. Er schlief nachts schlecht und quälte sich auf der weichen Matratze, hörte das Haus knarzen und seinen Körper gleich mit. Aufwachen war besonders schwer. Es war, als hätte sein Körper gar keine Lust mehr, wach zu sein. Alles tat weh, alles knackte und klapperte und rasselte. Seine Knochen, seine Lunge, alles ein einziges altes Chaos. Ein langsamer Verfall. Im Grunde war er baufällig und marode.

Er legte eine weitere Karte ab und schaute hinüber zu den Kaninchenställen. Jemand hatte im Lauf des Nachmittags Salatblätter und Karotten hineingelegt, und das Wasser sah auch frisch aus. Florian vermutlich. Bevor er beschlossen hatte, den Zaun kaputtzufahren. Aber der Zaun war nur ein weiterer Schaden, den es zu beheben galt, etwas, das Gustav einen Sinn im Leben gab, wenn er ehrlich war. Das war jetzt sein Lebensinhalt: nicht nachdenken und Dinge reparieren. Und davon gab es einige. Sobald der Campingplatz einigermaßen auf Vordermann gebracht war, würde er sich dem Haus widmen. Vielleicht konnte er auch Lale darauf ansetzen. Sie hatte mehrmals betont, dass das Haus schön war. Oder: schön sein könnte. Die alten Tapeten rausreißen, die Wände neu streichen, schlicht, weiß. Den Schimmel in den Griff bekommen. Die morsche Stufe auf der Treppe ersetzen. Die alten Möbel raus, die Dielen abschleifen. Der Teppichboden auf der Treppe nach oben und im ersten Stock: weg. Vielleicht neue Fenster und ein paar Wände durchbrechen, größere Zimmer. Sie hatte ihm einen Plan auf ein altes Stück Zeitung gemalt, hingekritzelt mit Kuli.

»Ich habe einen Blick für so was«, hatte sie ungewohnt selbstbewusst verkündet, und er hatte sie daran erinnert, dass es erst mal nicht um Schönheitsmakel ging, sondern um ganz profunde, grundlegende Dinge: ein tropfender Wasserhahn hier, eine pochende Heizung, die entlüftet werden musste, dort. Undichte Rohre. Im Keller war es feucht, und ein ekelhafter, gelblicher Schimmelpilz kroch vom Boden herauf auf alles, was dort stand.

Aber kein Wunder, dass sie das Haus verschönern wollte. Sie hatte so etwas an sich. Etwas, das nach Veränderung schrie. Niemand passte weniger an diesen Ort als Lale. Allein dieser Name, Lale.

»Es ist türkisch oder persisch oder so«, hatte sie achselzuckend gesagt, als er sie danach gefragt hatte, als hätte sie keine Lust auf Erklärungen.

Man wusste doch, was sein Name bedeutete, oder? Gustav war ein schwedischer Vorname und bedeutete der Gote oder der Stab. Ziemlich prosaisch. Und trotzdem wusste er das. Er hatte ihren Namen gegoogelt, viel poetischer: Tulpe.

Er hörte Schritte. Es klopfte an der Terrassentür, und er blickte auf. Lale lächelte, einen Schüssel in der Hand. Das war noch so etwas: Sie aßen zusammen. Nicht immer, aber immer öfter, und er merkte, dass er sich darauf freute. Er konnte es Lale nicht verübeln, dass sie versuchte, ihn zu füttern (denn das machte sie, oder?), er war schrecklich dünn geworden. Am Morgen trank er Tee und aß ein Stück Knäckebrot, mehr brachte er so früh nicht herunter. Mehr brachte er überhaupt nicht herunter. Er merkte es an seinen Klamotten: Den Gürtel musste er enger machen, seine Hemden schlackerten an den Armen, und selbst seine Pullis hingen an ihm wie weite, wollene Säcke. In ein paar Wochen würde er aussehen wie ein Skelett mit ein bisschen fahler Haut außen herum.

Früher hatte er es geliebt zu kochen, früher, als er noch Appetit hatte. In jedem Land, in dem er gewesen war, hatte er dazugelernt. Sämige Currys und Dal aus Indien, Pad Thai mit viel Öl kurz in einem Wok geschwenkt in Thailand, eine echte Puttanesca aus Apulien, eine Lamm-Tajine mit Datteln aus Marokko. Jetzt kochte er manchmal für Lale, oder mit Lale, aber meistens war sie es, die sich den Bauch vollschlug, er stocherte nur im Essen und sah ihr dabei zu.

Jetzt stand Gustav mühsam auf und sagte: »Ich dachte, du kommst morgen.«

»Ein außerplanmäßiges Essen«, sagte sie. »Ich dachte, nach dem Chaos heute Morgen kannst du was Gescheites vertragen.« Sie hob die Schüssel und zeigte ihm den Inhalt: Hefeteig.

»Pizza?«, fragte er.

Sie nickte.

»Der Ofen geht doch nicht richtig«, sagte er und schob sich ins Haus. Es war ein trüber Tag, und die Lampe im Wohnzimmer machte kaum hell.

»Wird schon«, sagte sie und kam hinter ihm her.

Sie sprachen nicht viel, jedenfalls nicht heute. Manchmal über die Arbeiten auf dem Campingplatz, die getan werden mussten. Oder über das Haus. Manchmal fragte sie nach seinen Reisen, nach den Fotos an der Wand, die er über den Fernseher geklebt hatte: Kambodscha, Nigeria, Neuseeland, all die Länder, all die Bilder von Landschaften, nur Landschaften, keine Leute, niemand war lange genug geblieben, um es wert zu sein, ihn an eine Wand zu hängen. Manchmal legte sie eine seiner Platten auf, blies den Staub von den Hüllen und setzte vorsichtig die Nadel auf die Scheibe, lauschte mit geschlossenen Augen dem Kratzen und Rauschen, bis das Lied losging.

Einmal sahen sie zusammen einen Film, den sie aus seiner DVD-Sammlung gezogen hatte, *The Big Lebowski*, »damit kann man nichts falsch machen«. Er spielte dabei Solitär und warf vom Tisch aus ab und zu einen Blick auf den Fernseher und die hübsche, junge Frau, die da in ihrer Latzhose auf seinem Sofa saß und lachte und trotzdem so traurig aussah.

Sie erzählte ihm nichts aus ihrem Leben, und er fragte nicht.

Die Pizza war gerade fertig, als Florian an der Terrassentür klopfte.

»Was will der denn hier?« Gustav runzelte die Stirn.

»Hallo«, sagte Flo. »Meine Mama schickt Kekse, als Entschuldigung.«

»Deine Mama muss sich nicht bei mir entschuldigen«, sagte Gustav, während Lale Flo die Tupperdose abnahm, öffnete und »hmm« machte.

»Trotzdem nett«, sagte sie und lächelte dem Jungen zu.

Gustav war müde. Er hatte keine Lust, gegen irgendetwas anzukämpfen. »Gut. Dann nehme ich die Entschuldigung an, und du kannst dich wieder vom Acker machen, Kleiner.« Er wedelte auffordernd in Richtung Tür. »Du weißt ja, wo's rausgeht.«

»Warte mal«, sagte Lale, als Flo sich umdrehte.

»Ja?«

»Du vermisst nicht zufällig ein Kaninchen?«

»Nö«, sagte Flo.

»Da ist eins im Feld«, sagte sie. »Es sieht aus wie ein weggelaufenes.«

»Nicht von mir.« Der Junge schielte auf das dampfende Pizzablech, das Lale hereintrug.

»Die Frage ist ja, wovor es weggelaufen ist«, sagte Gustav, während er beobachtete, wie Lale die Pizza in Stücke schnitt. »Also, warum es nicht mehr im Rudel sein wollte.«

Sie warf ihm einen unergründlichen Blick zu.

»Vielleicht musste es einfach mal weg«, sagte sie.

Gustavs Mundwinkel zuckten. »Ja, ja, so ein Rudel kann ziemlich anstrengend sein.«

»Der Fachausdruck ist Kolonie«, sagte Flo.

»Schön«, sagte Gustav. »Da haben wir doch alle was gelernt. Und du gehst jetzt.«

»Tut mir wirklich leid wegen …«

»Sollte es auch! Ich bin wirklich stinkig, Kleiner.«

Gustav sah, dass die beiden einen Blick tauschten, den er nicht richtig deuten konnte. Mitleidig, vielleicht. Belustigt. Das war aus ihm geworden. Eine Witzfigur, um die man sich bestenfalls noch Sorgen machen konnte. Er seufzte.

»Er könnte ja helfen, die Klos zu schrubben«, sagte Lale mit einer furchtbar fröhlichen Stimme, die Gustav in den Ohren schmerzte. »Als Wiedergutmachung, mein ich. Und ich wette, du hast noch hundert andere Aufgaben, bei denen er helfen kann.«

»Ich brauche keine Hilfe«, sagte Gustav zu seiner Pizza.

»Die Rezeption müsste mal auf Vordermann gebracht werden«, sagte sie. »Das alte Zettelkastensystem. Ausmisten. So was.«

»Mach ich gern«, sagte Flo.

Lale lächelte ihm zu. Aufmunternd. Gustav kannte diesen Blick. Ein Kümmerer, das war sie. Nur, warum? Weil er ein alter, kranker Mann war? Weil er ihr Vater hätte sein können? Weil er erbärmlich kümmernswert wirkte?

Hier ging es doch um irgendetwas anderes, was er nicht wirklich kapierte. Leistet dem einsamen Alten Gesellschaft, oder so was. Darauf konnte er verzichten.

»Hier geht's doch nicht um den Platz, oder?«, sagte Gustav.

»Doch«, behauptete Lale ein wenig zu schnell. »Natürlich. Je mehr Helfer, desto besser.«

Er warf ihr einen düsteren Blick zu.

»Flo, willst du mitessen?«, fragte sie.

Diese Lale war in sein Leben gewirbelt, okay, schön und gut, er mochte sie, aber der Junge war immer vollends zufrieden gewesen, ihm von seinen Ställen aus zuzuwinken. Und so würde das auch schön bleiben.

»Will er nicht«, sagte Gustav. »Und wisst ihr was, mir ist auch der Appetit vergangen. Ich gehe hoch. Ihr wisst ja, wie's rausgeht.«

Und damit ließ er sie sitzen, schlurfte zur Treppe und stieg langsam die Stufen nach oben. Er plumpste auf das viel zu weiche Bett und angelte nach der Packung Schmerztabletten. Drückte eine Tablette heraus, spülte sie mit dem Rest des abgestandenen Wassers neben seinem Bett hinunter. Seine Hände zitterten, sein Atem ging stoßweiße. Er brauchte Ruhe, er brauchte niemanden, der ihm Pizza und Kekse brachte. Er brauchte keinen kaputten Zaun und keine Hausrenovierung und auch kein Abendessen mit fremden, schönen, sehr jungen Frauen. Er wollte einfach nur seine letzten paar Monate – Wochen, womöglich! – in Frieden verbringen, nicht nachdenken, über nichts, vor allem nicht über die Vergangenheit.

Und dann, im Herbst vielleicht, wenn er ein letztes Mal im dunkelgrünen Seewasser geschwommen war, ein letztes Mal den Sonnenuntergang über den Feldern betrachtet, ein letztes Mal den Duft von gemähten Wiesen gerochen hatte und barfuß hinüber zum Wald gegangen war, dann wollte er einfach in Frieden sterben. Allein.

Erschienen bei FISCHER Taschenbuch
Frankfurt am Main, Juni 2022

Hedderichstr. 114, D-60596 Frankfurt am Main
Redaktion: Volker Jarck
Printed in Germany
ISBN 978-3-596-70620-4

Kristina Pfister

Ein unendlich kurzer Sommer

Roman

In den Zug steigen, weil nichts mehr geht und erst an der Endstation aussteigen. So strandet Lale auf Gustavs heruntergekommenen Campingplatz. Sie weiß, das ist kein Ort an dem sie ihr Leben verbringen sollte, mit Mitte 30. Und doch ist es genau richtig in diesem Moment. Jeden Tag die gleiche Latzhose und Birkenstocks tragen. Dem alten, grantigen Mann beim Renovieren helfen. Bloß nicht nachdenken. Über das, was war und das, was sein könnte. Und dann bringt Christophe diese Routine auf bittersüße Weise durcheinander. Angereist vom anderen Ende der Welt und eigentlich auf der Suche nach seinem Vater. Gemeinsam erleben sie den einen Sommer, der bleibt.

368 Seiten, Klappenbroschur

Weitere Informationen finden Sie auf
www.fischerverlage.de

AZ 596-70620/1